日本史探究
授業の実況中継
[近現代]

4

語学春秋社

授業を始めるにあたって

――新課程教科書準拠版

『日本史探究授業の実況中継 1 ～ 4』は，(1)わかりやすく，(2)ていねいに，(3)必要なことは繰り返し触れることを心がけて行ってきた，河合塾での私の日本史授業を再現したものですが，新課程への移行にともない，教科書に準じて必要な箇所を修正しました。また，なによりも(1)楽しく，(2)厳しく，(3)手抜きせずに進めてきた授業ですが，本づくりにあたっては，授業を再現するだけでなく，次のような工夫と指導方針を徹底しました。

①授業ノート(別冊)・日本史年表トーク

この2つの教材を念頭に，実際の授業と同じ環境を整えることに努めました。**授業ノート**の赤字部分は，いわゆる「サブノート」で言えば空欄に該当する重要語句です。**年表**も見やすく，わかりやすくしました。

日本史年表トークは，この年表に沿って時代の流れを整理するため，授業の要所で繰り返し指摘する重要な出来事・事項をムダなくまとめたものです。**授業音声は無料でダウンロード**できます。(ダウンロード方法は，別冊 iii ページをご参照ください)

②史料は全訳・ルビつき

史料は，授業で話す全訳，意訳をそのまま示してあります。史料が苦手な人も，自然に史料の読解力そのものがついてくるようになっています。また，ルビもついています。

③定期テスト・模擬試験対策

そこで，定期テスト・模試などの前には，必ず，(1)授業ノートを見直し，(2)授業音声を聴きながら年表を確認し，(3)史料部分の要点を復習してください。

④すべてのテストの前提となる基本的な授業

中間・期末テスト，共通テスト，国公立私大といったタイプ別のテストを意識する前に，まずは**しっかり基本を学ぶ**ことを重視してください。共通テストだから，難関私大だから，二次論述だからといった区別は，基本的な勉強が終わってから考えるものです。

⑤本書が扱う範囲

しかし，この授業は河合塾の授業ですから，**日常学習から入試まで**を配慮したものとなっています。その場で暗記してしまうことは，実際に暗記の方法を示し，いっしょにその場で覚えてもらいます。読み飛ばさないで，指示を守って着実にやっていってください。**ゴロ合わせや暗唱コーナー**などで，楽しく読み進められるはずです。

では，本書のイメージを示しておきます。**本書が扱う範囲を 100 とします。**定期テストや入試で高得点を確保するためには 80 ぐらいが必要でしょう。それでどんな問題もクリアーできます。実際には 60 ～ 70 の範囲を確実に得点できれば OK です。

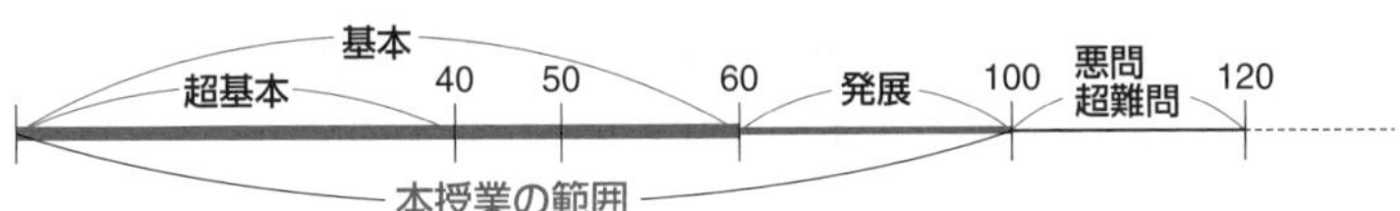

入試の難問にも対応するためには，120 程度の知識が要求されます。しかし，これではあまりにも負担が重すぎます。他の教科の勉強時間を奪ってしまいます。そこで，この授業は **0 ～ 100 を目指している**のです。それで共通テストは満点，難関大でも 8 割は確実に得点できます。

100 学んで，80 を得点に結びつければどんな試験でもクリアする

ことを忘れないでください。そこで，

忘れることを前提に，100 学んで，20 は忘れても OK

というのが本書の基本的な目標です。ここは始めにしっかり意識してください。

なお，新課程になって教科書の記述から削除された事項でも，入試対策上，必要なものは加えてあります。

●本書第４巻の学習目標

第４巻は「近代史(後期)から現代史」。第１～３巻と同じく，現代までていねいに進めていきます。日本史が得意な人にとっても量が多すぎてイヤになるところですが，政治・外交だけでなく，文化や経済のシステムを理解するよう，熟読してください。

史料も長いものが多くなりますが，がまんしてください。史料に強くなることは，得点力を身につけるために避けられません。

★本書の学習のしかた

(1)本編の授業を読む

寝転んだままでも，電車の中でも，ともかく本編を読んでいってください。できれば１～３回分まとめて読んでください。例えば，

〈第１日〉……第53～54回を読む
〈第２日〉……第53～55回を読む
〈第３日〉……第54～56回を読む

こんなふうに，かならず前回の部分を通読してから次の回へ進むこと。(集中すれば，約１週間で近代史(後期)・現代史をひととおり勉強することが可能です)そして，定期的に，史料だけの復習を行ってください。

(2)授業ノートを参考に熟読する

最低２回，通読したら，今度はちゃんと授業ノートを開いて本編を熟読してください。

赤字・太字の用語はできれば鉛筆で書いてみましょう。くれぐれも思い込みで誤字を書き込むことがないように，１字１字確認してください。

(3)授業ノートを自分のノートにしよう

授業ノートに情報を書き加えて，自分自身のノートにしていく。授業の中での注意事項や，自分の使っている教科書，学校での勉強などのすべての情報を書き込んでいってください。

(4)音声(日本史年表トーク)を聴く

ある程度，学習が進んだなと思ったら，別冊の年表を見ながら授業音声を聴いてください。年表や授業ノートを開いて，私の音声が聞こえてくるようになれば，ベストです。

(少しでも時間があったら，繰り返し聞くようにしてください)

(5)総仕上げ！

(1)～(4)までが一応終わったら，そこで，個別の復習を試みてください。例えば，

A　史料だけをチェックする。

(赤字の語句の穴埋めができるかどうか試す。出典・著者などを確認する)

B　年表で主要年号をチェックする。

(年号を見て事項が暗記できているか，事項から年号が出てくるか)

あとは，問題集や過去問をどんどん挑戦していってください。

本書が，単なる授業の再現ではなく，まさに日常学習から入試レベルまで，無理なくカバーする『実況中継』になったのは，語学春秋社社長の井村敦氏の陣頭指揮，藤原和則氏以下の編集スタッフの皆さんの熱意によるものです。本書が広く，日本史を学ぶ多くの高校生・受験生の力になることを信じています。

2024年5月

石川晶康

授業の内容(目次)

第
53
回

近代 (12)

資本主義の成立

いよいよ明治から**大正**へ。あわてずに明治時代の基本を頭にしみ込ませてから大正へ行きましょう。

そこで，今回は松方財政期以降の**経済の近代化**をまとめて，大正以降に備えることにします。まだ明治ですよ。

「**富国強兵**」のために，経済を何とか欧米のような，**機械制大工場・資本主義体制**にもっていくこと——明治政府が何よりも優先して取り組まなければならない課題でした。

もし紡績業や綿織物業を**大型機械**による生産に切り替えていくことができず，あいかわらず綿織物輸入が続いてしまったらどうなるか？ やがて，**日本人は日常的な衣料をすべて輸入に頼らなければならなくなる**。ましてや，ほかの工業製品もどんどん外国製品を買うことになる。その頂点にあるのが軍艦・大砲といった武器。これを自国で生産できなければ，やがて外国の侵略を防ぐことも不可能になる。残る産業は**農業**だけ。結果は欧米の植民地になってしまう。

そこで，**政府はどうやって経済の近代化を達成しようとしたのか**。今回は，その道筋と特徴を学習していきます。

具体的には，**紡績業の近代化**とそれを支えた**製糸業の近代化**がメインテーマです。大正から現在にいたる経済の成長や挫折を理解するための基本となる条件が整う時期です。ここでつまずくと，今後，ずっと経済は不得意になってしまいますから，しっかり理解するよう心がけてください。

1　産業革命の進展

授業ノート p.1 参照

企業の勃興

明治政府の大目標は「**殖産興業**」・「**富国強兵**」。

そのためには「**産業革命**」が必要。手工業段階から，大型の機械と**動力**を使った**工場制**の生産に変えていかなきゃいけない。その契機となったのが**松方デフレ**の時期です。覚えてますか？ **寄生地主**が成長し，彼らの富が，工業の近代化の資金に回っていく。

そこで，明治 19 年(1886 年)ごろから**企業勃興**と呼ばれる時期がやってくる。

さあそこで，具体的に，各産業分野ごとにやっていきます。

紡績業と製糸業

では，まず紡績業と製糸業の違いについて，基本的なお勉強。

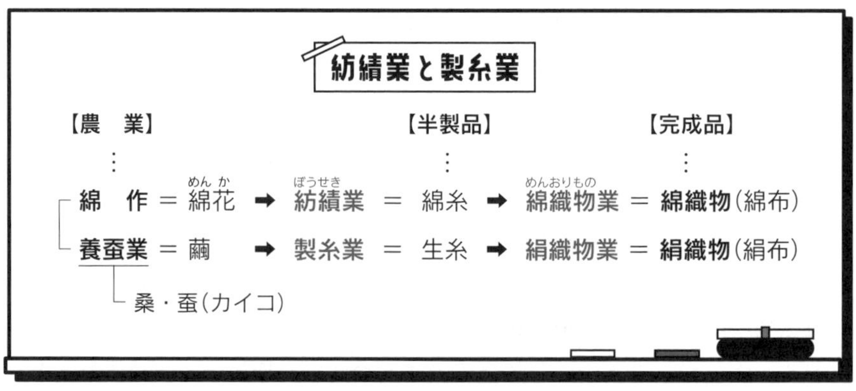

まず黒板をよく見て。いいですか。綿(棉)作，綿花，農業段階。綿を栽培して，その実，**綿花**をとる。ここまでが農作業です。この綿花を糸にします。できあがった糸が**綿糸**。いいですか。**紡績業**は，綿糸をつくる。

次にこの糸を縦と横に組み合わせて**布**にするのが**綿織物業**。できあがった製品を**綿織物**，あるいは**綿布**と呼びます。いいですね。

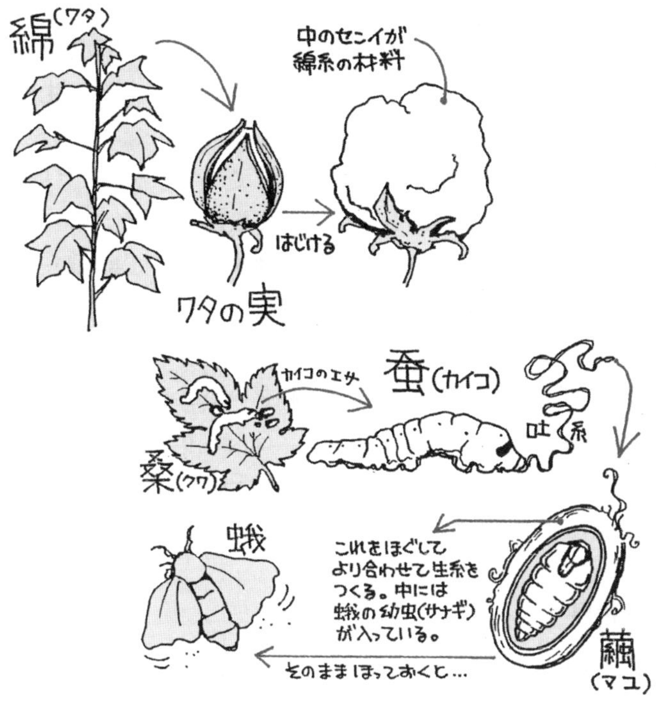

農業段階，農産物。その次が糸で，これを半製品，そして布の段階を**完成品**と呼びます。

綿は，**江戸時代に庶民の一般的な衣料**になっていた。そして近代においても，綿織物が国民の「衣食住」の「衣」の中心です。

ということは，これを外国からの輸入品に頼るということになると，工業の未熟な，完全な後進国ということになってしまう。自分の国のなかで，国民が身につける衣料をつくれないということになりますからね。これは国の経済，生活の基本にかかわることです。

生糸をつくる「製糸業」

次に**製糸業**です。まず最初の段階。これは桑畑から始まります。**桑**の木を植える。その葉が**蚕**の餌になるからです。蚕を飼う事業を**養蚕業**といいます。さらに，その蚕の**繭**が**生糸**，シルクの材料になるんですね。

そこで，農産物として農家が桑づくりとともに生産するのが繭。もちろん江戸時代にもやっています。その繭から糸をつくる。これが**製糸業**。いいですね。糸をつくるのが全部製糸業とは思わないで，この際，「**生糸をつくるのが製糸業**」だと思いなさい。

次に，細い動物性の繊維である生糸を織って布にする。これにはさまざまな技術があって，すでに**西陣織**とかいろんな織物が発達しています。生糸を使って織物を織ることが，文字どおり**絹織物業**です。できあがったのは**絹織物**，**絹布**。もちろんこれも，桑づくり，養蚕，繭までが農業段階，そして半製品が**生糸**で，完成品が**絹織物**。

ともかく，まずこの言葉を覚えてもらわないと困る。そして，生糸は言うまでもなく**高級品**であるということです。はっきり言って，なくても死ぬことはないものです。それに対して，綿製品は**日常生活の必需品**ですよ。いいですね。

幕末開港貿易

さてここで，グラフが登場します。円グラフを見てください。まず，**幕末開港貿易の輸出入品**のグラフです。

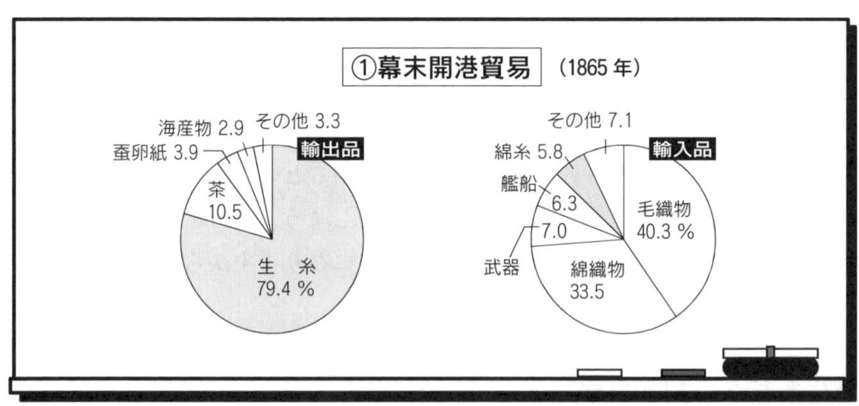

はい，輸出品の第 1 位，**圧倒的な第 1 位**は**生糸**。最初はフランスなど，やがて**アメリカ**に向けて，大量の生糸が**輸出**される。要するに，アメリカの新興階級の金持ちを対象とする生糸輸出で，まず日本の**輸出**が成り立ってい

るんだと。

ついでに，**お茶**。すなわち，**半製品**や**農産物**を輸出しているんですね，幕末は。

問題は輸入品です。**毛織物**，これは高級なウール，羊毛からの布ですよ。そして，**綿織物**が入ってきていますね。まず，とりあえずその1位・2位ぐらいを覚えておけばOKです。

さて，このままいくと，国内には近代的な紡績業，綿織物業は要らないということになっちゃう。生糸をつくっているだけじゃ近代化は達成されない。

大阪紡績会社

そこで，焦点は**紡績業**ということになるわけです。**綿糸・綿織物を国産**しなければいけない。そのためには**機械化**された**紡績業**が不可欠です。

そこで，機械によって一挙に大量の綿糸をつくるという**巨大紡績会社**がいきなり誕生するんです。

Q 1883年，渋沢栄一によって開業された紡績会社は？

——**大阪紡績会社**

これはもう入試超頻出。当時政府が目標としていた2千錘規模をはるかに上回る**1万錘**，目標の5倍の規模の巨大な会社です。動力に**蒸気機関**を使用して，昼夜2交代でフル操業をやったら，なんと**1年目から経常黒字**が出た。

工場に据えつけられた機械は，**イギリス**製の紡績機械，**ミュール紡績機**ですが，後にもっと効率のいい**リング紡績機**に切り替わっていきます。1883年，**大阪紡績会社**ですよ。これが，**日本でも，大型の近代的な機械制工場，紡績業が経営的に成り立つ**ことを示した記念碑的な会社です。

ただし，それが普及するのはもう少し先，日清戦争前後です。そこで，幕末から日清戦争ごろまでにはどのような状況になっていたかをグラフで見ておきましょう。

■日清戦争前の貿易

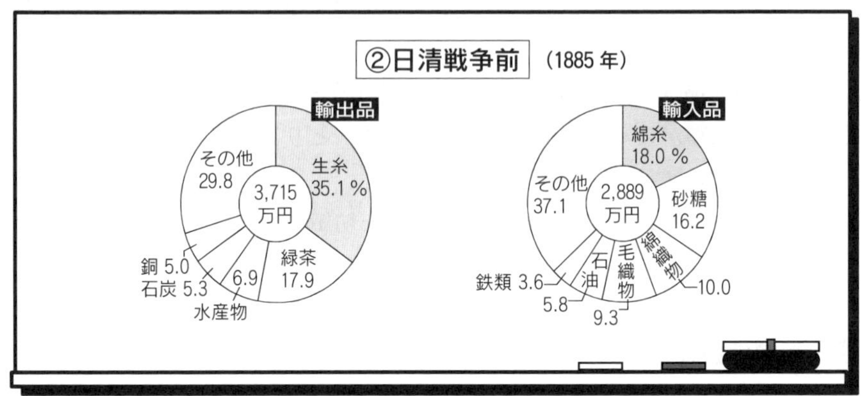

輸出品第1位は？ はい，「生糸」。**幕末からずっと生糸は第1位**。

輸入品のほうは？ 1885年段階の輸入品の第1位は「**綿糸**(めんし)」ですね。第2位は外国産の砂糖(さとう)がどっと入ってきた。そして3位が**綿織物**(めんおりもの)ですね。

幕末には綿織物，**完成品**そのものが入ってきて，綿織物をつくる材料となる綿糸は若干(じゃっかん)しか入ってこなかった。ところが，明治18年(1885年)段階だと，綿糸が**1位**になっている。これは，**国内の綿織物業者が，輸入綿糸を使って生産を回復したから**です。幕末段階で第2位，33%を占(し)めていた綿織物は第3位に後退。

幕末に，大量の綿織物が入ってきた。綿織物が大量に入ってくるということは，国内における**綿織物業が衰退**(すいたい)せざるを得ないということですね。安くて上質のものが入ってきちゃったわけですから。

さあそこで，そのまま綿織物業者は倒産(とうさん)する？ 倒産したくないでしょう。なんとかがんばろうとする。でも，いままでどおりやってたら勝てないわけだから，考えた。同じ材料を使って自分でつくっちゃえばいいんだ。綿糸そのものを輸入しようじゃないか。**綿糸を輸入してこれを織って布にする。**国内産の綿糸から外国産の綿糸に代(か)えていった。

同じ量の綿糸と綿布を輸入すると，当然，綿糸のほうが安いんです。要するに，加工の度合いが高いものほど値段は高いわけですから。たとえば1キログラムの綿の糸(綿糸)と1キログラムの綿の布(綿織物)を買おうとすると，圧倒的に綿糸のほうが安い。**完成品が圧倒的に高い。**

そこで，幕末以来の輸入綿織物に対抗して，国内の綿織物業がさかんに綿糸を輸入し，綿織物の生産を回復していった。生産の方法も，従来の**手織機**に，ジョン=ケイが発明した**飛び杼**をとり入れてがんばった。その結果，**明治10年代の後半**に入ると，**綿糸輸入が第1位になった**のだと。そして，綿織物輸入が若干減った。**幕末段階を最初に抜け出したのは，国内の綿織物業だったん**です。

ただ，そのあいだに**砂糖**がはさまってややこしい。これは，食生活が変わり，原料糖などが入ってきたからです。そこで，**甘蔗，サトウキビ栽培が衰退し**ちゃうんです。一方，**毛織物**は超高級品としてあいかわらず入ってきています。

▲ガラ紡

▲大阪紡績会社の工場

綿糸の生産量＞輸入量

さて，松方デフレ，不景気が行くところまで行ってドン底。そして，ようやく回復してきたのは1885年ごろ。日本銀行から銀兌換券が発行されて金融制度も安定。年末には内閣制度が発足。一方，高率の現物小作料を大量に手に入れるようになった**寄生地主**が成長していた。この寄生地主の資金が株式という形で企業に流れ込んで**企業勃興ブーム**が起こります。1886年から1889年ごろまで，次つぎと会社が設立されていく。その中心が**紡績会社**だった。

その結果，「**手紡**」という江戸時代以来の綿糸のつくり方，あるいは**臥雲辰致**が改良した，水力を利用した「**ガラ紡**」という紡績機械は，あっという間に衰退しまして，機械による紡績業が一挙に進んでいった。その結果，1890年には，**綿糸の生産量が輸入量を超えた**んです。国内生産量が輸入量を超えた。

あと，この年には最初の恐慌，「**1890年恐慌**」も起こっています。

1890年…綿糸の国内生産量が輸入量を超える

いいですか，1890年。第1回帝国議会，議会が始まった。そこで，とりあえず，

「帝国議会とともに綿糸は生産量 ＞ 輸入量」

と覚えてしまう。

また，資金が株式に集中した結果，金融機関の資金が不足したこと，また凶作があり，さらに生糸輸出が半減した1890年にも恐慌が起こっています。ただ，恐慌が起こるということは，長い目で見れば，産業革命，資本主義の成長過程で避けられない現象でもあったと考えられます。

日本銀行が普通銀行を通じて産業界への融資を始めるのも，この恐慌がキッカケでした。

綿糸の輸出量＞輸入量

日清戦争前後になると，生産量はどんどん増加し，綿糸はアジア向け，**中国・朝鮮**などへの**輸出品**になります。もちろん，国内の綿織物業の使用する綿糸は国産で充分に賄える段階になっているということですよ。

ただ，今度は**綿花**が足りなくなってくる。というより，日本から綿畑そのものが無くなってしまった。

幕末開港貿易で綿織物がどっと入ってきて，手紡の綿糸生産も衰退しますから，綿花をつくっても売れない。次に，綿糸が外国から入ってくるから，国内の綿作そのものが衰退してしまった。皮肉なことに，近代的紡績業が成立すると，もう，国内からは綿花を手に入れることができないから，**中国やアメリカから綿花を輸入**しなければならなくなるわけです。

政府は紡績業を輸出産業に育てるために，綿糸の輸出に税金をかけない。

材料の綿花を買うときにも税金をかけない。すなわち，**綿糸輸出税・綿花輸入税の撤廃**で，税制面からも援助していった。その結果，**1897年**には，ついに**綿糸の輸出量が輸入量を上まわる**ということまでいきます。この1897年という年は，まさに**紡績業中心の産業革命が一応の到達点に達した**，記念すべき年ということになります。1897年は明治30年。

1897年…綿糸輸出量が輸入量を超える

1897年には，日清戦争の巨額の賠償金によって**金本位制**が成立した。欧米先進国と同じ金本位制に移行した年です。工場労働者が増加し，**労働組合期成会**が成立したのも1897年。大事な年ですよ。

日露戦争前の貿易

このあたりをグラフで確認しましょう。

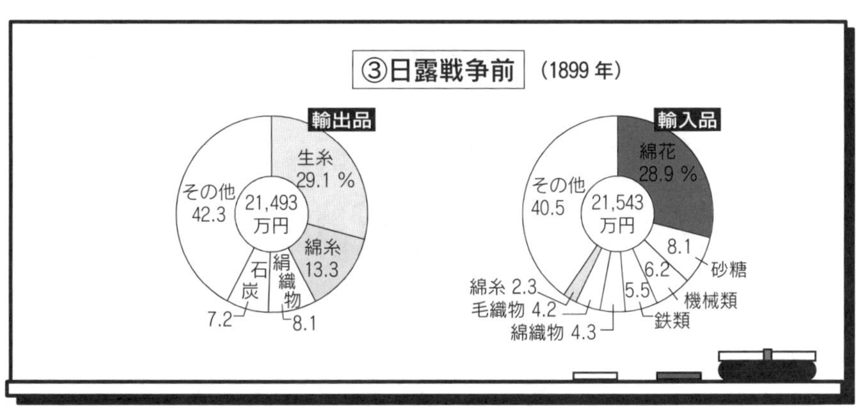

1899年ということは，日露戦争前ですよ，輸入品第1位はどうなりました？ ここは，パンパカパーンとファンファーレが鳴るところだよね。**第1位が綿花**になっている。綿糸の材料の綿花だ！

そして，輸出を見よう。もちろん1位は生糸。ところが，輸出品の第2位に綿糸がくる。

大阪紡績会社の成功，そのあと紡績会社が続々とできていって，近代的な機械紡績が飛躍的に発展する一方で，国内の綿作が衰退したため，大量の**綿花を輸入せざるを得なかった**。そして，国内における綿糸需要が十分満たされ，余剰が出てきたので，売り先を海外に求め，綿糸を**アジア市場に輸出**し始めたということです。

製糸業

次に，**製糸業**。江戸時代の**座繰製糸**から**器械製糸**への転換が進みます。「機械」じゃなくて，「**器**械」。大型機械を使わない。人の手間がかかる。そこで「器」の器械を使います。

もう一度，製糸の近代化は，座繰製糸という江戸時代以来というか，中世以来のいわば手作業による生産に代えて，**フランス**式の効率のよい器械製糸を導入していきます。

はい，近代的製糸業を導入するために政府が設立した模範工場は，群馬県の何という工場でした？ **富岡製糸場**。フランス人**ブリューナ**を招き，フランス製の器械を導入しました。

ここで，いわゆる武士の娘――「**富岡工女**」たちが，先端技術を習得して，おのおの故郷へ戻って技術指導をしていく。

▲富岡製糸場

もっとも，**器械製糸**のほうは，どんなに発達しても規模はやっぱり小さい。工場も，だから中小工場が多いんです。大型の機械を導入した**紡績工場は巨大**です。それに比べて製糸工場は器械も小さく，いわゆるマニュファクチュア，**工場制手工業**のレベルです。ともかく，輸出を伸ばすためには生糸を増産するしかない。

そして，ようやく**器械製糸が座繰製糸による生産量を上まわった**のは，**日清戦争が始まった年**，1894年です。

【製糸業】1894年…(生産量)器械製糸が座繰製糸を超える

「日清戦争とともに器械 ＞ 座繰」

と覚えてください。

注意するのは，桑，それから蚕というふうに，紡績業と違って，これは原材料の段階，農業段階から，すべて国内で賄える産業です。ですから，**利益は大きい**ということです。

貿易の構造

大事なところなので，もう一度，貿易の構造をまとめておきますよ。

近代的な紡績業がつくり出す綿糸が国内で必要な量を超えてくると，海外にも売らなけりゃならない。そのときに大事なのは，まさか機械を売ってくれているヨーロッパに向かって綿糸が売れるわけがない。アメリカに向かって売れるわけがない。アメリカには，綿(棉)畑も機械制の紡績工場もあるわけだから。

当然，いいですか，近代化の遅れている**朝鮮や中国へ売る**わけです。それが，**綿糸輸出の構造**です。ひとつその構造を示した図を見てください。

簡単にいきますよ。**イギリス**から機械を買う。**インド**から綿花を輸入する。そして**アメリカ**には生糸を売る。**中国**や**アジア**に綿糸を売る。いいですね。

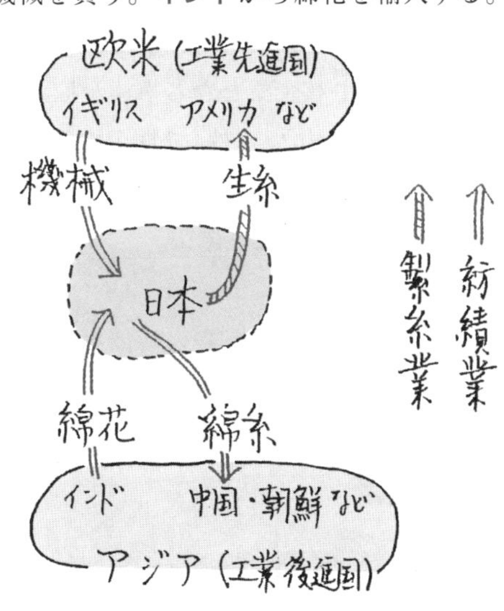

これをもう一度構造的に考えます。日本は，欧米からは，機械などの**重工業製品**などを買う。そして，生糸のような**半製品**を売る。ということは，欧米から見ると，日本は**後進国**。

はい，今度はアジアを見て。アジアからは，インドから綿花，あるいは朝鮮などから，食料，穀物なんか輸入します。アジアからは**農産物**を買う。そして，**半製品**を売るんです。ということは，アジアに対しては**先進国**なんです。

この構造は，外交で言うと，**条約改正**と**韓国併合**です。すなわち，外交的な立場で言っても，経済的な構造の立場で言っても，日本は**アジアの先進国**。ヨーロッパから言うと，最後にくっついている一番の**末端の国**になるということになるわけです。

鉄道業と鉱山業

さあ，あとはサッといきましょう。**日本鉄道会社**以降，**民営鉄道**がさかんになっていった。これはすでにやりました。そして，憲法とともに，**官営**の**東海道線**が全通。

日清戦争後になると，鉄道業・紡績業などで再び企業勃興ブームが訪れ，綿花だけでなく，機械・鉄などの輸入量が急増しますが，1900 年にまた恐慌が起こります。資本主義の成立にともなう恐慌なので「**資本主義恐慌**」と呼ばれることもあります。

また，貿易の拡大にともない，貿易のための巨額の資金を融資する特殊銀行，**横浜正金銀行**に対して政府は積極的な援助を与えていきますし，**三井物産会社**などの商社も活躍します。

官営の鉱山や工場が民間に払い下げられていったことは，松方財政のところで触れましたが(第 3 巻，p.253)，払い下げを受けた**政商**たちのなかから，後の財閥の中核企業となる事業が拡大していきました。

「官営工場の払い下げ」で覚えておくのは，**三井**の**三池炭鉱**・**三菱**の**高島炭鉱**。「三」の字が並ぶので覚えやすいが，混乱しやすい。あと，古河市兵衛が払い下げを受けた**足尾銅山**。

払い下げのポイント

糸へんは三井

三井：三池炭鉱・富岡製糸場・新町紡績所
三菱：高島炭鉱・長崎造船所

＊みつい・みいけ（3文字）
＊みつびし・たかしま（4文字）

注意するのは，江戸時代以来，住友家が経営している**別子銅山**。これは払い下げとは関係のないものです。

海運業と造船業

沿岸航路については，**日本郵船会社**の話はすでに終わっています。この日本郵船会社が外国定期航路に就航したのは，日清戦争の前の年，**1893年**が（インド）**ボンベイ航路**，日清戦争のあと，北米航路，そしてオーストラリア航路なんかです。ハイ，ボンベイ航路はマーカーです。

なんでボンベイ航路だけにマーカーかというと，いいですか，インドの綿花を運んでくるのに，日本の船会社で運びたいんです。そうしないと，運賃は外国が稼いじゃうから。その意味で，日本郵船の「**（インド）ボンベイ航路開設**」**は年号問題の焦点**です。1893年。はい，日清戦争の前の年と覚えておこう。

そして，政府は遠洋航路に就航する船会社も援助する。「**航海奨励法**」です。大型の外洋船，いわゆる大型の鉄鋼船をつくると，「**造船奨励法**」で政府は補助します。**三菱**の**長崎造船所**や**川崎正蔵**に払い下げられた**兵庫造船所**もチェック。

製鉄業

次は鉄だ。官営の**八幡製鉄所**の設立。はい，注意しましょう。

Q 八幡製鉄所が技術提供を受けた国は？ ――ドイツ

鉄鉱石のよいものがないので，中国，**大冶鉄山**の鉄鉱石を安く輸入します。そして，**筑豊炭田**の石炭で，ようやく製鉄業が成立する。操業開始は1901年です。はい，また出てきました。「困ったときの1897年」。**八幡製鉄所**の設立は1897年ですが，操業開始は1901年，「**20世紀とともに**」ですよ。

20世紀とともに…八幡製鉄所が操業開始

貨幣・通貨制度：金本位制が確立

次に通貨制度です。先ほど，ちょっと触れましたが，日清戦争の賠償金で，日本はついに「**銀本位制**」から「**金本位制**」に変わったんです。「あれ？ 下関条約には，"庫平銀二億両"と書いてあったんじゃない？」――もちろん銀貨で取りましたが，これを金に換えればいいですから。金貨の正貨準備ができたんです。

Q 1897年，金本位制を確立した法律は？ ――「**貨幣法**」

これで，1円のお札，**1円紙幣は，0.75グラムの1円金貨と交換できる**ことになります。

2 資本主義の成立

授業ノート p.3 参照

本格的な重工業の発展

さて，次。日露戦争後になると，**重工業**の本格化が目標になってくる。官営の**八幡製鉄所**に対して，

Q 1907年，北海道室蘭に設立された民営の製鋼会社は？

——**日本製鋼所**

これは，**イギリス**の技術提供を受けて成立した巨大会社です。おもに海軍の大砲など，**兵器**をつくった。はい，八幡製鉄所の場合の**ドイツ**と日本製鋼所の**イギリス**の区別をつけておいてください。

八幡製鉄所…官営，福岡県(北九州市) ←ドイツの技術
　　1897 設立，1901 操業開始
日本製鋼所…民営，北海道(室蘭市) ←イギリスの技術

明治の末ぐらいになると，日本は造船技術では世界水準に達する。工作機械も，**池貝鉄工所**がアメリカ式旋盤をつくるようになる。

そして，電力事業も発展していきます。**水力発電**が中心です。大都市には，明治の末年には**電灯**も普及してくる。

鉱山業では巻上機や排水用蒸気ポンプの導入が進み，筑豊炭田は国内最大の石炭供給地となります。

なお古河に払い下げられた足尾銅山では，近代化を進めた結果，渡良瀬川流域に鉱毒による汚染を広げていきます。反対運動の先頭に立った衆議院議員**田中正造**は議員を辞職して，1901年に天皇直訴を試みます(**足尾鉱毒事件**)。

「鉄道国有法」の制定

また，日露戦争後は，戦時に大量の物資の移動が必要になることからも，主要幹線は国有のほうがよいというので，はい，これはやった(第3巻，p.339)。1906年，「**鉄道国有法**」が制定されます。これで国が直接全国の主要幹線を支配する体制が整(ととの)います。この1906年には**南満洲(まんしゅう)鉄道株式会社**が発足しているんだったね。ここは必須の暗記。

繊維産業

繊維(せんい)産業では，早くから紡績(ぼうせき)業が発達したわけですが，**7つの大きな会社**が独占的(どくせんてき)な体制をつくり，綿織物(めんおりもの)業も同時に経営するようになっていきます。

そして，1909年には，**綿布(めんぷ)輸出量が輸入量を凌駕(りょうが)する**。すなわち，完成品についても，欧米からの輸入よりもアジア向けの輸出の量のほうが多くなった。紡績会社が大型の力織機(りきしょっき)を導入して綿織物も生産するようになりますし，中小工場では豊田佐吉(とよださきち)が考案した小型の**豊田式力織機**が普及する。

そして，中国が日清戦争に負けたあと，国が混乱し，衰退していったこともあって，同じ1909年には，日本は**生糸(きいと)輸出量で世界第1位**になります。

> **1909年…綿布輸出量が輸入量を超える**
> **生糸輸出量が世界第1位となる**

すなわち，つねに**生糸が日本の貿易を支えた**。簡単に言えば，生糸が売れたおかげで欧米から機械が買えたわけだから。それをよく示した言葉が，

「男軍人，女は工女，糸を引くのも国のため」

という「**工女節(こうじょぶし)**」です。男は軍人として華々(はなばな)しく日清戦争・日露戦争で活躍する。国のためになっていいな。いや，違う。おまえたち製糸女工(せいしじょこう)は，安い給料で一生懸命(けんめい)努力して，生糸をつくってお国の経済を支えているんだ。だから，若くして結核(けっかく)で死んでも，それは名誉(めいよ)の戦死といっしょだよという，ありがたくもない歌です。

貿易活動の状況

貿易については，**三井物産**など，いわゆる**財閥**系の会社が貿易に乗り出し，**横浜正金銀行**などが金融でこれを助けていきます。

しかし，日露戦争後，大型の機械とか，綿花に代表される原材料，それに鉄鉱石の輸入なんかが加わって，大幅な**輸入超過**で**赤字貿易**が続く。しかも，日露戦争のときの外国債などの利払いで，国は**財政難**。

「財閥」の誕生

そのようななかで，日清戦争・日露戦争の好景気のときに成立した多くの会社がつぶれていきます。そして，多くの会社がつぶれていくときには，ごく少数の会社が大きくなっている。これはもう世の中のきびしい現実です。**日露戦争後の不況のなかで中小企業が苦しくなっていくと，余裕のある会社がそれを吸収していく**。

こうして，**政商**から出発した三井や三菱などの**財閥**が，いわゆる**コンツェルン**形態をとっていくのも，日露戦争後から大正にかけてです。**三井・三菱・住友・安田**は，**「四大財閥」**と呼ばれ，各種産業分野の会社を所有する形になっていきます。

そして，そのたくさんに膨れ上がった系列会社を株式所有によって支配するための**持株会社**（財閥本社）というものが徐々に形成されていきます。とくに，**三井合名会社**，これは早い。あとは大正に入ってからですけどね。**安田保善社**がギリギリ。そして，**三菱合資会社**，**住友合資会社**。このあたりは，名前を覚えておけばOKです。

ここまでが，基本的な産業革命というところになります。

さて，ここで安心してはいけない。つねにものには裏表がある。コインに表と裏があるように，**工業**の問題というのは，実は**農業**の問題なんですよね。

さあ，明治の農業を一発で整理しよう。ひとことで，

明治の農業は (A)　　　　**と** (B)

と表現します。(A)**米**と(B)**繭**。

はい，理由はわかりますね。綿作が象徴するように，綿花輸入など，貿易構造の近代化によって，江戸時代の多様な作物が次つぎに姿を消していく。たとえば**紅花**なんかの染料は，外国製の化学染料を買ったほうが安いし，色も簡単に出る。

そこで，日本の農業は，主食である**米**――これは基本ですが，生糸輸出が非常に伸びていったために，ほとんどの農家が桑，そして蚕で，**養蚕業**を営む。そこで「**米と繭**」**の農業になった**と言えます。これは単純です。

政府は1893年には**農事試験場**を設置して稲の**品種改良**に取り組み，成果も現れますが，工業の近代化に比べてその進歩の度合は限られたものです。

「寄生地主制」と工業の近代化

やっかいなのは，「**寄生地主制**」です。小作地がどんどん増えていって，寄生地主が発生したという理解だけではダメ。

ここを工業と結びつける必要があるんです。次ページの黒板をよく見て，意味を頭に入れましょう。

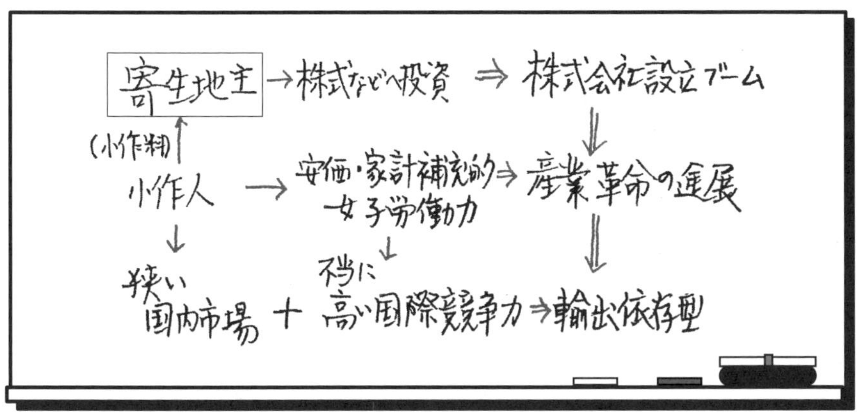

寄生地主は，小作人から奪った富を農業のためにはほとんど使わない。難しく言えば，自己資本を農業に向けない。**株式会社設立ブーム**などを支える。**小作農から奪った富を工業の近代化にまわしていく**。

「女子労働力」の経済への貢献

それで終わらないんだよ。では，一方，貧窮化した**小作農はどうなったか**。はい，露骨に言えば食べられない。お父さんとお母さんとお兄ちゃんで小作地を耕して，やっと食える。じゃ，お姉ちゃんや妹はどうするか。働きたくても，それほどの農地がないわけだから，娘たちは，次つぎに設立されていく**製糸工場**や**紡績工場**，おもに製糸工場に働きに出るんですよ。

はい，ちょっと難しい大人の表現で，

「安価で家計補充的な女子労働力」

という言葉を覚えてください。「安価」で，普通よりはうんと安い給料で，それだけでは一家を養えるようなまともな給料じゃない。「**家計補充的な**」――苦しいお父さんの家計を助ける。

もっと露骨に言うと，「娘が２人いないだけで食費が助かる」。これが切実な貧農層の叫びだから，家計を補充するという意味で，極端な場合，ご飯さえ食べさせてくれたら，お小遣い程度でいいというような**安い給料**で働く労働者ということです。

ここで「女子」を強調しなきゃいけないのは，軽工業中心の工場では，男子熟練工はほとんど要らないからです。鉱山業，鉄道業などを除いて，基本的に**軽工業においては，女子労働力で十分**だったということです。

というふうに，**寄生地主制**は，いわば資本を工業の近代化に提供する。**貧農層**が**安価な女子労働力**を生み出していった。そうすると，どうなるかというと，外国の会社に比べて**安い労働力**を確保できる日本の会社の製品は，**国際競争力**がつく。要するに，同じものをつくるにしても，安い労働者を使ってる日本の工業は，欧米に比べると安くつくれる。これは国際的に見れば，不公正，大変よくないことです。

なぜか。安い良いものをつくるということはもちろん良いことですが，それを労働者の負担によって実現するということは，同じものをつくり，まともな賃金を得ている外国の労働者の職を奪うということですよ。国際市場で安い日本の製品が有利になる。不正な，**不公平な競争力**を生んでしまうんです。

そして，貧しい農村，貧農層が多いと，彼らはあまりものが買えない。せっかく工業が近代化し，よい製品が大量に生産されても，それを買う力が農村には乏しい。むずかしく言うと，「**国内市場が狭い**」。国内で売れないと**海外市場**へこれを売らなければ経済が崩壊する。そこで，「**軍人**」さんが命を捨てて戦争に勝ち，**日本の市場を中国へ韓国へと広げていかざるを得ない**わけです。

もう一度，「工女節」。

男軍人　女は工女　糸を引くのも国のため

安価な女子労働力が輸出を支え，海外市場を軍人が命を張って広げていくという構造です。

このように，**寄生地主制**というものは，日本の経済の近代化にさまざまな影響を与えた。**経済の近代化成立**の根拠にもなったし，日本の経済が**輸出依存型にならざるを得ないような不公正な形をつくる**もとにもなったんだということです。

植民地の役割：朝鮮・台湾・満洲

それがまさに，次に出てくる**植民地の役割**とつながります。すなわち，アジアの近隣国は近代化してもらっては困る。なぜか。日本の軽工業の製品の**輸出市場**になってもらわなきゃ困るからです。

ですから，**朝鮮**に対して**綿布を移出**，**米を移入**――朝鮮は，韓国併合後は一応国内扱いになりますので，輸出・輸入と言わないで「**移出・移入**」と言います。はい，軽工業の**完成品を移出し**，国内で不足する**農産物を移入する**わけですよ。

すなわち，国内における農業の近代化は進みますけども，工業に比べては圧倒的に遅いから，農産物は足りなくなる。**台湾**においても，米や**砂糖**を大量につくらせては，日本に移入します。そして，**満洲**地域にも綿布輸出，完成品の輸出ね。で，**大豆**などの輸入を**満洲**からという構造です。

繰り返しますが，アジアに対しては，**先進国**の立場をとるわけです。幕末に日本が置かれた欧米との関係を，今度は逆に転換してアジアに押しつけた。それが，外交的に言うと**韓国併合**，そして**満洲経営**。経済で言えば，**日本の貿易構造にそれが表れている**ということになります。

そこまで，農業といっしょに工業ももう一度理解し直して，**工女節**の意味までちゃんと覚えれば，明治時代の産業の近代化のメインテーマはすべて満点がとれるということになります。

第
54
回

近代（13）

大正政変・第 1 次世界大戦

明治から大正へ。いよいよ**大正時代**です。

1912(明治 45)**年** 7 月。明治天皇没，**大正天皇**が即位します。明治 45 年は大正元年となります(明治 **45** 年＝大正**元**年)。

19＊＊年(西暦) **－ 11 ＝ 大正＊＊年**

つまり 1912 年を大正で言うと，“12 － 11”で大正元年。1914 年なら，“1914 － 11 ＝ 3”で大正 3 年ということになる。大正天皇は 1926 年に亡くなりますので，“1926 － 11 ＝ 15”で大正は 15 年で終わり，1926 年は昭和元年となります。

1912 年 7 月，大正天皇が即位。内閣は**第 2 次西園寺内閣**ですが，12 月，上原勇作陸相の単独辞任，**陸軍のストライキ**で西園寺内閣が総辞職に追い込まれると，なんと，内大臣兼侍従長になっていた桂太郎がまた首相に。**第 3 次桂太郎内閣**が登場。憲政擁護運動が起こり，ついに，**民衆デモ**によって桂内閣は打倒されます。「大正」時代になっていきなり起こった政変なので，「**大正政変**」と呼びます。

代わって，**山本権兵衛内閣**。ところが山本内閣は**シ(ジ)ーメンス事件**で総辞職。次は**第 2 次大隈重信内閣**。

ところが，**第 1 次世界大戦**が勃発。日本はイギリス・フランス・ロシアの「**三国協商**」側に立って積極的に参戦します。

今回は，この政変と第 1 次世界大戦がメインテーマです。

1 第1次護憲運動と大正政変

授業ノート p.5 参照

第2次西園寺公望内閣（2個師団増設問題）

今回は日露戦争後，第2次**西園寺公望**内閣から。**日露戦争後の長い不況**のなかで，緊縮財政でいくしかない。

ところが，1910年の**韓国併合**。そして1911年，第2次西園寺内閣が発足した2カ月後に，中国で**辛亥革命**が起こります。**陸軍**は**2個師団増設**を要求しました。

日露戦争後の長い不況。1907年の**帝国国防方針**（第3巻，p.336）がなかなか実施できない。日露戦争のための借金がなかなか返せず，債務国という状態で軍備拡張は無理だった。とはいえ，いま言った中国情勢と，併合したばかりの朝鮮半島の流動的な状況に対処するため，陸軍は師団の増設を要求したわけです。

しかし，「**行財政整理**」を目標に掲げた西園寺内閣は，閣議で陸軍の要求を**拒否**します。

すると，陸軍大臣**上原勇作**が単独で天皇に会って辞職し，陸軍は次の陸軍大臣を推薦しません。内閣を無視して，単独で天皇に会って意思を述べる。これを「**帷幄上奏**」と呼びます。統帥権の独立にかかわるものです。

「帷幄上奏」というのは，**参謀総長・軍令部長・陸海軍大臣**は首相や内閣の承諾なしでも天皇に直接会って裁可を求めることができるという制度。**統帥権の独立を象徴する制度**ということです。上原は内閣の一員ですが，単独で天皇に会って意見を述べ，さらに単独で辞表を提出した。

思い出しましょう。1900年，第2次山県有朋内閣で決められた「**軍部大臣現役武官制**」があった。陸軍はこれを利用し，現役の大将・中将から1人も陸軍大臣を引き受ける者を出さない。そのために，西園寺内閣は総辞職に追い込まれました。「**陸軍のストライキ**」なんていいます。

第３次桂太郎内閣（第１次護憲運動／大正政変）

次はだれになるか，ごたごたが続いたあげく，また「カサカサカ」の「カ」(p.51) で桂太郎ということになって，**第３次桂太郎内閣**が登場します。このあたりの首相は，山県ら，**元老**が天皇に推薦していました。

当時，桂は**内大臣兼侍従長**という地位にありました。府中を去って，**宮中**にいた。ところが，また府中に戻った。これでは近代的な内閣制度の意味がないじゃないか。「**宮中・府中の別**」(第３巻，p.263) を乱すものだという反対運動が起こったのです。

この反対運動を，**第１次護憲運動**といいます。知識人から庶民まで幅広い国民が立ち上がった。では，

Q 第１次護憲運動のスローガンは？　――「閥族打破」，「憲政擁護」

「閥」というのはグループという意味ですから，閥族というのは軍閥あるいは藩閥，藩単位や軍という単位で固まっているグループが，世論を尊重するべき政治を邪魔しているんだと。

「憲政擁護」とは**憲法の趣旨を守れ**ということ。桂たちが憲法に違反しているわけじゃないですよ。ここは誤解しないように。「憲法に示された世論尊重の選挙にもとづく衆議院，あるいは政党というものを政治に生かせ」という運動です。そこで，

Q 第１次護憲運動の先頭に立った政治家を２人あげなさい。
――犬養毅，尾崎行雄

立憲国民党の**犬養毅**，そして**立憲政友会**の**尾崎行雄**らです。もっとも，立憲国民党がみんな反桂になったわけではない。あるいは，立憲政友会が一致して全員が反桂というわけではありません。

注意しておいてほしいのは，後に**犬養毅**は，**立憲政友会**総裁として総理大臣となって，「**五・一五事件**」で暗殺されます。そこでついつい第１次護憲運動のときも「立憲政友会の犬養や立憲国民党の尾崎が」(×) というような誤文にひっかかる。第１次護憲運動のとき，**犬養**は立憲政友会ではなくて**立憲国民党**に属していたということです。

立憲国民党＝犬養毅

(1925 革新倶楽部が立憲政友会と合体, 29 **立憲政友会総裁**, 31 組閣, **32 五・一五事件**で暗殺)

立憲政友会＝尾崎行雄

(立憲改進党の創立に参画。その後, 立憲政友会, 憲政会などを渡り歩く。「憲政の神様」と呼ばれる)

▶尾崎行雄の議会演説

史料をチェックしておきます。尾崎の演説のキーポイントです。

史料

1　尾崎行雄の議会演説

……内大臣兼侍従長(ないだいじんけんじじゅうちょう)の職を辱(しょくをかたじけの)うして居(お)りながら……宮中府中(きゅうちゅうふちゅう)の区別(くべつ)を紊(みだ)ると云(い)ふのが, 非難(ひなん)の第一点(だいいってん)でありまする。……

桂は, 内大臣兼侍従長という職にありながら宮中府中の別を乱して, また総理大臣を引き受ける。これが非難すべき第1の点である。

彼等(かれら)は常(つね)に口(くち)を開(ひら)けば, 直(ただ)ちに忠愛(ちゅうあい)を唱(とな)へ, 恰(あたか)も忠君愛国(ちゅうくんあいこく)は自分(じぶん)の一手(いって)専売(せんばい)の如(ごと)く唱(とな)へておりまするが, 其為(そのな)すところを見(み)れば, **常(つね)に玉座(ぎょくざ)の蔭(かげ)に隠(かく)れて, 政敵(せいてき)を狙撃(そげき)する**が如(ごと)き挙動(きょどう)を執(と)って居(お)るのである。(拍手起こる)

薩長藩閥の連中は, 常に口を開けば忠君・愛国を唱え, 忠君・愛国は自分たちが一手に担っているというようなことを言っているが, そのやっているところを見ると, いつも天皇の蔭に隠れて　政敵を狙撃するような行動ばかりとっている。

彼等(かれら)は玉座(ぎょくざ)を以(もっ)て胸壁(きょうへき)となし, 詔勅(しょうちょく)を以(もっ)て弾丸(だんがん)に代(か)へて政敵(せいてき)を倒(たお)さんとするものではないか。……

藩閥グループは, 天皇の地位を防弾チョッキのように利用して, 敵を倒すのに詔勅を使って自分たちの身を守っているではないか。

桂(かつら)は**宮中(きゅうちゅう)・府中(ふちゅう)の別を乱(みだ)している**こと, そして, 藩閥グループは天皇の権威を利用して, **詔勅(しょうちょく)**をもって議会を乗り切ろうとしているんだと。

▶大正政変(1913年)

さあそこで，**憲政擁護大会**という反桂の政治集会が各地で開かれます。そして，1913年2月，桂内閣はついに，日本で初めて**民衆のデモ**に国会を包囲され，総辞職に追い込まれてしまいます。

民衆デモで倒された最初の内閣…第3次桂太郎内閣

この間，桂は，伊藤博文のまねをして，政党をつくって政権を補強しようとします。このとき桂が「立憲政友会に対抗する新しい政党をつくろう」と呼びかけたのが**立憲同志会**なんです。このへん，ややこしいですね。

立憲国民党の犬養のグループは反桂ですが，ほかの多くの立憲国民党員は，桂のほうにすり寄っていった。**伊藤博文**のつくった立憲政友会に対抗するために，桂と組んで，**山県・桂**グループといっしょになろうとしたわけです。

ところが，新政党の発足を宣言した直後，デモ隊によって国会を囲まれた桂内閣はあっさり倒れてしまった。さらに，そのすぐあとに桂は**急死**してしまう。桂の新党が立憲同志会として正式に発足するのは2カ月後，年末のことです。

さあ，このような政変が，大正2年，**1913年**，明治から大正に変わったところで起こったので，これを「**大正政変**」と呼びます。3度目の桂内閣はわずか53日で終わってしまった。

ちょっと政党の変遷をチェックしておきます。

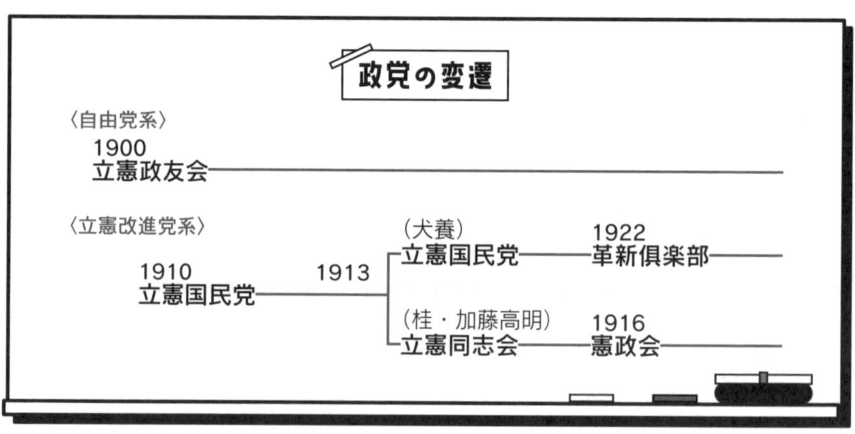

ついでに，犬養の立憲国民党はその後，**革新倶楽部**。立憲同志会は**憲政会**と名前が変わります。小政党などが合流したりして名称を変更しているんです。年号まで覚える必要はありませんが，第２次護憲運動のところで覚えなければならないので，ここで一度見ておこうということです。

第１次山本権兵衛内閣（シーメンス事件）

山本権兵衛

そこで，元老たちが選んだのは薩摩出身，海軍のボスである山本権兵衛。山本権兵衛は**立憲政友会**と手を結んで次の内閣を引き受けました。これが，**第１次山本権兵衛**内閣です。立憲政友会が与党にくっついた。

▶「軍部大臣現役武官制」の廃止

さあそこで，山本権兵衛内閣は，西園寺内閣がつぶれる原因になった「**軍部大臣現役武官制**」**を廃止**します。ただ，これは誤解をしないように。廃止といっても**現役制を廃止**した。だれでもいいというわけではありません。普通のお役人さんとか一般人はいけません。予備役・退役という，第一線を離れている陸軍大将・中将でもよい，「**現役制限を外した**」ということです。

▶「文官任用令」の再改正

さらに，第２次山県内閣のときに「**文官任用令**」を改正して，政党勢力が官僚の世界に入ってこないようにしていましたが，あまりにも官僚の世界を閉鎖的にしてしまうということで，文官任用令を**再改正**し，**官僚の任用制限を少しゆるく**して，政党員に高級官僚への道を開きます。

▶シーメンス事件（1914年）

ところが，この内閣は**海軍高官の汚職**，**シ（ジ）ーメンス事件**で世論の非難を浴びて，総辞職に追い込まれてしまう。ドイツの重工業会社，武器会社，ジーメンス社からの武器の輸入をめぐって，海軍の上層部に賄賂を取ったやつがいたという事件です。イギリスのヴィッカーズ社という会社からの賄賂事件も同時に発覚します。

立憲政友会もかばいきれず，山本は総辞職。

〈軍部〉　〈藩閥〉
陸　軍…長　州…（第３次）桂太郎内閣
↓　↓　↓
海　軍…薩　摩…（第１次）山本権兵衛内閣

「なんだ，**陸軍・長州**の桂も桂だけど，**海軍・薩摩**の山本権兵衛内閣だっていっしょじゃないか」ということになった。

ここで完全に行き詰まるんですね。薩・長，そして陸・海，あいついで両方つぶれた。しょうがない，**肥前**でいくか。肥前出身の大物がいた。国民的人気の高い，**大隈重信**がいるじゃないか。

第２次大隈重信内閣（与党：立憲同志会）

大隈重信

この第２次大隈重信内閣には，**立憲同志会**が**与党**としてくっつきます。**立憲同志会**は**桂太郎**の組織した新しい政党です。本来なら桂が総裁のはずでしたが，死んでしまったので，総裁を**加藤高明**が引き受けます。

加藤高明の奥さんは**岩崎弥太郎**の娘。同じ岩崎弥太郎の娘，すなわち姉妹，もう１人を奥さんにもらっていたのが，**幣原喜重郎**。

ちなみに，岩崎弥太郎を育て，**三菱**財閥を育てていった大物の政治家が**大隈重信**です。その大隈がつくった政党は**立憲改進党**。その流れの**立憲国民党**の主流が，桂の呼びかけで**中央倶楽部**と合体したのが**立憲同志会**です。中央倶楽部というのは**吏党**の系統です。

▶「２個師団増設」を実現

加藤高明は外務大臣で入閣します。そして，この第２次大隈内閣のもとで1915年の総選挙となり，**立憲同志会が立憲政友会に圧勝**し，**懸案**であった**２個師団増設を議会でとおします**。

2 第１次世界大戦

授業ノート p.6 参照

三国協商 vs 三国同盟

さて，**第２次大隈重信内閣**はいきなり世界史の大事件，第１次世界大戦に出くわします。

産業革命を経て飛躍的に工業力を増したヨーロッパやアメリカ，そして，一応その末端につらなった日本は，海外に市場を求め，いわゆる「**帝国主義**」と呼ばれる**植民地再分割競争**を激化させていきます。

ちょうど明治の後半ぐらいから，ヨーロッパでは，**ドイツ**が膨張政策をとりだす。すると，ドイツの周辺が騒がしくなってきて，**ロシア**と**フランス**が，「ドイツを抑えようぜ」というので「**露仏同盟**」を結び，これに「**英露協商**」，「**英仏協商**」で**イギリス**が加わって，**イギリス・フランス・ロシア**が提携する「**三国協商**」が形成されます。

これに対抗して，ドイツもまた，**オーストリア**，**イタリア**と提携関係を結んでいく。そこで，ヨーロッパに大きな２つの主要国のグループができました。はい，ドイツのグループ，すなわち，**ドイツ・オーストリア・イタリア**が「**三国同盟**」です。

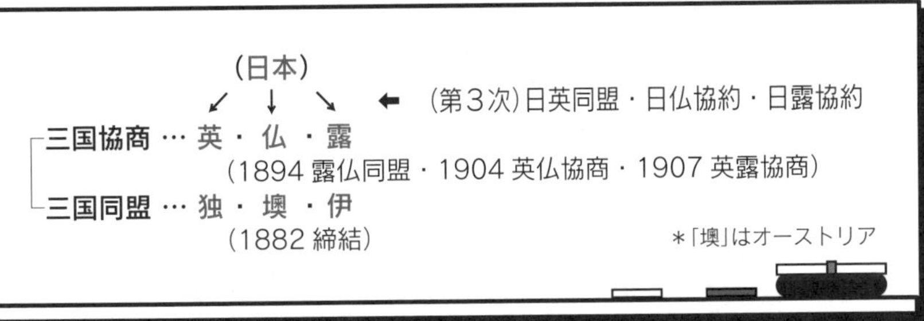

「協商」と「同盟」が逆にならないように。第２次世界大戦のときの三国同盟と混乱する可能性がありますから。日本は三国同盟側ではなく「**三国協商」の側**ですよ。

第 1 次世界大戦の勃発

そこに, 1914 年夏, **オーストリア皇太子（帝位継承者）**の暗殺事件, **サライェヴォ事件**が起こります。これをきっかけに，一挙に**三国同盟側**と**三国協商側**が戦争に突入してしまう。**1914 年の第 1 次世界大戦**の勃発です。

事件の起こったバルカン半島は「**ヨーロッパの火薬庫**」と言われるような，非常に複雑な民族的要素が絡み合っていた地域です。

ただ，ここで注意しておかなければならないのは，**イタリア**は国境問題を抱えていて，必ずしもオーストリアなんかとは一致していなかったので，当初，**参戦せず**，1915 年に**三国協商**側に立って参戦し，戦勝国になります。

さて，そこでまず，このような大きなできごとは，最初に年号を覚えてしまう。**1914 年**。はい，思い出しましょう。**1904 年**は**日露戦争勃発**。そして，**10 年後**に**第 1 次世界大戦勃発**と。いいですね。

ただし，日露戦争は翌年にはポーツマス条約で終了ということになるのですが, 第 1 次世界大戦は 4 年余りの長い戦争。しかも, 2 国間の戦争どころか，複数の主要国が参戦し，「**総力戦**」と呼ばれる，国力のすべてを戦争に注ぎ込む戦争となったのです。

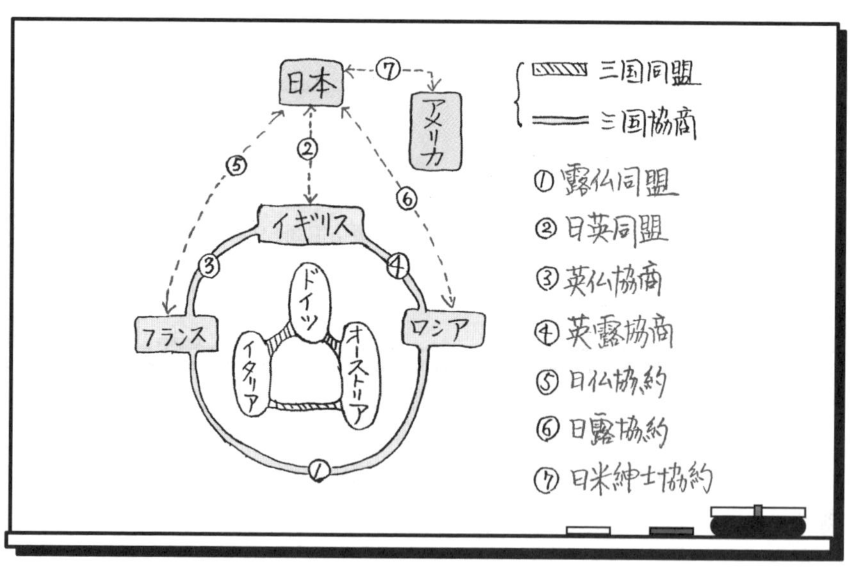

日本はなぜ参戦したか

さあそこで日本の立場ですが，なんと，もろ手をあげてこれを歓迎し，みずから**積極的に参戦**しました。前ページの黒板を見て，当時の日本の立場を確認してください。

はい，第2次大隈重信内閣の外務大臣**加藤高明**がなぜ第1次世界大戦に参戦したかについて，後に述べた史料です。

史料

2　第1次世界大戦への日本参戦の意図 / 加藤高明

日本は今日同盟条約の義務に依って参戦せねばならぬ立場には居ない。
現時点で，日英同盟の義務によって日本が第1次世界大戦に参戦するという状態にはなっていない。

……たゞ，一は英国からの依頼に基く同盟の情誼と，一は帝国が此機会に
ただし，1つはイギリスからの協力の依頼にもとづく日英同盟の友情と，もう1つは，

独逸の根拠地を東洋から一掃して，国際上に一段と地位を高めるの利益と，
日本がこのチャンスにドイツの東洋における利権を奪って，国際上に地位を高めるという利益，

この二点から参戦を断行するのが機宜の良策と信ずる。
この2つの点から，速やかに参戦するのがタイミングのよい政策であると信じる。

「同盟」はもちろん**日英同盟**。そしてイギリスが1カ国で複数の国と戦っていれば日本はいっしょに戦う義務が発生しますが，複数対複数ですから「同盟」の条文により日本に**参戦の義務はない**。協力の依頼はあったものだから，これを理由にしてドイツに宣戦布告をした。

もちろん，真の目的は，「チャンスだ，**ドイツ**（**独逸**）の権益である中国の**山東半島**の**膠州湾**を奪ってやろう」。膠州湾にはドイツが築いていた**青島**という重要な港もあります。あるいは，ドイツ領の**南洋諸島**，現在のサイパン島なんかを奪ってしまおうと。そのためには，**ドイツに向かって宣戦布告**をすれば，堂々と奪える。そして，**アジアにおける利権を拡大したい**。これが加藤外務大臣の説明です。

そして，あっという間に**青島**を攻略して**山東省のドイツ権益を接収**し，**赤道以北のドイツ領南洋諸島を占領**してしまいます。

清朝の崩壊

その中国はやっかいなことになっています。日清戦争に負けて以来ガタガタになっていった**清朝**がつぶれます。1911年の**辛亥革命**によるものです。

Q 辛亥革命の中心人物はだれか？ ——**孫文**

海外で中国の近代化のための革命運動を行っていた**孫文**が中国に戻って，一時この新しい中国の代表者になります。

清朝最後の皇帝，ラスト・エンペラー，**溥儀**は帝位を奪われます。ところが，中国の急激な近代化を嫌う列強の意向もあって，清朝時代のボス，実力者であった**袁世凱**が，結局，辛亥革命後の中国の主導権を握り，**孫文**は中国革命の指導者の地位を奪われて，一時，**日本に亡命**します。

そこへ第1次世界大戦が起こった。そしたらいきなり日本が攻めてきたんですね。ということは，この段階の中国の代表者は**袁世凱**です。日本は，参戦して確保した中国におけるドイツの利権を袁世凱に認めさせなきゃならない。ひとことで言えば，「**ドイツの権益は，戦争が終わったら日本がもらう**からな，あらかじめ納得しろよ」と要求した。

袁世凱の書き方を1回練習しておきましょうか。

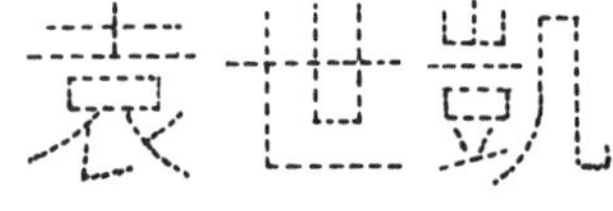

「二十一カ条の要求」(1915年)

その際，山東半島に関するものだけでなく，ついでにいろんな要求をくっつけた。これが**1915年**の有名な「**二十一カ条の要求**」です。ポーツマス条約から**10年**ですね。史料をみてみましょう(次ページ)。

史料

3-(1)　二十一カ条の要求

第一号(山東省に関する件四条)

第一条　支那国政府ハ，独逸国ガ山東省ニ関シ，条約其他ニ依リ支那国ニ対シテ有スル一切ノ権利・利益・譲与等ノ処分ニ付，日本国政府ガ独逸国政府ト協定スベキ一切ノ事項ヲ承認スベキコトヲ約ス。

中国政府は，ドイツが山東半島に持っている中国に対するあらゆる権利をどう処分するかについて，日本とドイツのあいだで協定を結ぶであろうから，これを必ず無条件で承認するということを約束する。

第 1 号(山東省のドイツ権益継承)

これが「二十一カ条の要求」の中心です。「中国政府がドイツに奪われている利権を，戦争が終わったときに速やかに日本にそのまま渡すことをあらかじめ納得しなさい」ということです。

文章が非常にややこしいので，これは史料で覚えないで，内容で覚える。「**支那国政府は～を約す**」というのが文章の構造です。その「～」の中身は，ドイツが**山東省**に持っている支那国，中国に対するあらゆる権利等をどう処分するかについて，**日本とドイツが将来協定を結んだらそれをそのまま承認する**。

中国が戦勝国になっても，ドイツに奪われている利権はおまえの国には戻らないよ，うちがもらうんだよ，ということです。いいですね。次は第 2 号。

3-(2)　二十一カ条の要求

第二号（南満洲及び東部内蒙古に関する件七条）

第一条　両締約国ハ，旅順・大連租借期限並南満洲及安奉両鉄道各期限ヲ，何レモ更ニ九十九ケ年ヅツ延長スベキコトヲ約ス。

日中両国は，旅順・大連の租借期限および南満洲鉄道などの日本の借りている期間を，さらに 99 年延長することで合意する。

第四条　支那国政府ハ，……南満洲及東部内蒙古ニ於ケル諸鉱山ノ採掘権ヲ日本国臣民ニ許与ス。

中国政府は，南満洲および東部内蒙古における鉱山の採掘権などを新たに日本に与える。

■第 2 号（南満洲・東部内蒙古の権益の期限延長）

この第 2 号要求は，既得権益，すでに持っている**満鉄などの権益を 99 年延ばせ**ということです。「**南満洲**および**東部内蒙古**」の「**南**」と「**東部**」をしっかり確認しておくこと。この地域については，**日露両国間**で密約を結んでいますからね。

ハイ，第 2 号の対象は次のうちどれでしょう？

満洲の「南」，「東部」「内」蒙古，南・東・内をマーカーでチェック。

3-(3)　二十一カ条の要求

第三号（漢冶萍公司に関する件二条）

第一条　両締約国ハ将来適当ノ時機ニ於テ漢冶萍公司ヲ両国ノ合弁
日中両国は，将来適当な時機に至ったら，漢冶萍公司を日中合弁の会社とする

トナスコト……ヲ約ス。
……ということを約束する。

第３号（漢冶萍公司の共同経営）

大戦が勃発すると，日本は「**大戦景気**」。メチャメチャ景気がよくなった。ところが，**鉄**が足りません。そこで中国が誇る最大の鉄鋼コンビナート，**漢冶萍公司**を日中合弁の企業にしよう。簡単に言えば，「鉄を半分よこせ」みたいなものです。

漢冶萍公司というのは，**漢陽**の鉄廠，製鉄所と，**大冶**鉄山と，**萍郷**の炭坑，これを合併した**製鉄会社**です。大冶鉄山は，八幡製鉄所の操業開始のときに安価な鉄鉱石を提供したことで，すでに出てきたところです。

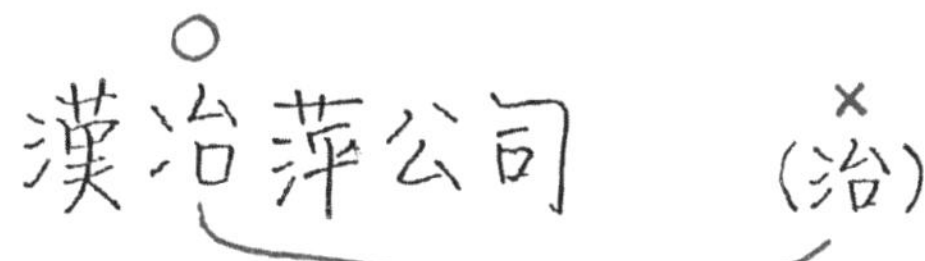

第４号（沿岸不割譲），第５号（日本人顧問の採用）

続いて第４号（次ページ）は，**中国沿岸の不割譲**の要求。

第５号（次ページ）は**希望条項**といって，プラスアルファの要求です。ほかにも厚かましいのがいっぱいあります。大隈を首相に引っ張り出した山県もあきれ，怒ったということです。

3-(4)　二十一カ条の要求

第四号（沿岸島嶼不割譲に関する件一条）

……支那国政府ハ支那国沿岸ノ港湾及島嶼ヲ他国ニ譲与シ若クハ

中国政府は，中国沿岸の港や島などについては，今後一切，日本以外の国には

貸与セサルヘキコトヲ約ス。

貸したり与えたりしないということを約束する。

第五号（懸案其他解決に関する件七条＝希望条項）

一，中央政府ニ政治財政及軍事顧問トシテ有力ナル日本人ヲ傭聘

中国中央政府に，日本人の政治・財政・軍事顧問を招くこと。

セシムルコト

中国の「国恥記念日」（「二十一カ条の要求」の受諾）

日本は「二十一カ条の要求」について**袁世凱**政府に秘密で交渉し，「すぐにハンコを押せ」と言ったんです。中国にとってこんな要求を突きつけられる理由なんてない。袁世凱だって黙っちゃいませんから，すぐにこれをヨーロッパやアメリカに向かって発表します。

アメリカなんかが怒って干渉してくるとヤバい。早く片づけようというので，袁世凱に，希望条項の第５号は大部分外してもいいよ，**４号までをなんとかしろ**といって，若干中身を組み替え，**最後通牒**を発して調印を迫りました。最後通牒というのはもう交渉の余地はない。「イエスかノーか」迫るという通告です。

「ノーと言ったら，簡単に言えば**宣戦布告して戦争にしちゃうよ**」という意味ですから,革命後の中国にそんな力があるわけはない。袁世凱の権力だってそんなに盤石なものではない。泣く泣く受諾したのが５月９日。以後，中国ではこの**５月９日**を「**国恥記念日**」と呼びます。

しかし，結局は，５月25日に「**山東省に関する条約**」・「**南満洲及東部内蒙古に関する条約**」が締結され，日本の要求が実現します。

すなわち，その内容は，こうです。

旅順・大連・南満洲鉄道の権益の99年延長

さらに翌1916年になると，**第4次日露協約**を結び，極東における日露両国の権益を確保するための軍事同盟的な相互援助を約しています。

寺内正毅内閣（シベリア出兵，米騒動）

寺内正毅

それにしても**大隈重信**内閣，**加藤高明**外相はやりすぎでしょう。「これは危ない」ということになって，大隈内閣はなんと途中で引きずり下ろされ，1916年10月，代わって**寺内正毅内閣**が登場します。長州出身の**陸軍**の大物です。当時流行した，ビリケン人形に似ていたため，ダジャレでビリケン（非立憲）と呼ばれます。

寺内は「挙国一致」を掲げ，政党との衝突を避けようとしますが，前内閣，大隈内閣の与党だった**立憲同志会**がほかの小政党と合流した**憲政会**は内閣不信任案を提出して対決姿勢をとります。そこで，翌1917年4月，衆議院を解散し，総選挙となりました。

第一党だった立憲同志会，憲政会は第二党に転落，**立憲政友会**が第一党。犬養毅の立憲国民党が第三党となります。

そこで，寺内は，後藤新平内相ほかの意見にもとづいて，外交問題が政党間の争いの種になったりしてはいけない，みんなで相談していこうと，原敬・犬養毅ら政党代表にも参加を求め，閣僚などとともに天皇直属の審議機関として**臨時外交調査委員会**を設置します。この臨時外交調査委員会はその後，1922年の**ワシントン会議**まで存続することになります。

戦争のほうは1917年になって，いよいよドイツが苦しくなってきます。**無制限潜水艦作戦**――「ドイツの指定する航路以外をとおっている船は，普通の船だろうが，どこの国の船だろうが，みんな潜水艦で撃沈するぞ」という宣言をします。

そこでイギリスが日本海軍の駆逐艦の地中海への派遣を要請し，日本はこれに応じて日本海軍が派遣されることになりました。その際，戦後の講和会議で**日本がドイツの権益を引き継ぐことを支持する**という密約がイギリス，フランスなどと交わされます。

しかし，ドイツの潜水艦による攻撃は止みません。そこで，4月には**アメリカ**が第1次世界大戦に参戦します。

▶「石井・ランシング協定」(1917年)

アメリカの参戦に際して，**日米は中国問題で妥協**します。それが，「石井・ランシング協定」です。これも，史料をチェック。

史料

4　石井・ランシング協定

合衆国及日本国両政府ハ，領土相近接スル国家ノ間ニハ特殊ノ関係
アメリカと日本は，領土を接している国家間には特殊な関係があることを認める。

ヲ生ズルコトヲ承認ス。従テ合衆国政府ハ**日本国ガ支那ニ於テ特殊ノ**
そこで，アメリカは，日本が，ほかの国に比べて中国において

利益ヲ有スルコトヲ承認ス。　日本ノ所領ニ接壌セル地方ニ於テ殊ニ
特殊な利益を持っていることを承認する。とくに日本と領土を接している地域においては，

然リトス。　……合衆国及日本国両政府ハ，毫モ支那
そのような利益があることは認めよう。アメリカおよび日本政府は，わずかでも中国の独立を

ノ独立又ハ**領土保全**ヲ侵害スルノ目的ヲ有スルモノニ非ルコトヲ声明ス。
侵害したり，領土を奪おうとするような目的は一切持っていない。

且右両国政府ハ，常ニ支那ニ於テ所謂**門戸開放**又ハ商工業ニ対スル
かつ，日米両国は，常に中国に対するいわゆる門戸開放および商工業に対する機会均等主義

機会均等ノ主義ヲ支持スルコトヲ声明ス。
を守っていくことを改めて声明する。

史料の前半では，アメリカが日本の中国に対する「**特殊**」な関係，日本の利益を認め，史料の後半では，決して中国の領土を奪ったりしない，いわゆる「**領土保全**」，そして「**門戸開放**」・「**機会均等**」というアメリカの従来の主張

を確認し，日本もこれを守ることを約束しています。

▶西原借款

寺内内閣は，公にやるとまずいので，寺内の私設秘書，**西原亀三**という個人の名前で，巨額の資金を中国政府に貸し与えます。

Q 西原借款を与えたときの中国政権の代表者は？　　——段祺瑞

はい，段祺瑞。袁世凱が二十一カ条の要求に屈して，まもなく急死し，その後継者が段祺瑞です。

▶ロシア革命・シベリア出兵

1917 年は重要事項の重なる年です。アメリカが参戦とともに金輸出を禁止しますが，日本もこれにともない，**金輸出を禁止**しています。

さらにこの年には**ロシア革命**が起こる。ロシア帝国は崩壊し，レーニンのボリシェヴィキ(のちの共産党)が**ソヴィエト政権**を発足させます。

皇帝を殺して**労働者**の国ができた。日本にとっては，まさに最悪のできごとです。日本で言えば，天皇を殺し，資本家や寄生地主を全部追っぱらって，労働者だけの国になってしまうということですから。

しかも，翌年にはソヴィエト政権はドイツ・オーストリアと**ブレスト=リトフスク条約**を結んで単独講和，勝手に第 1 次世界大戦から離脱してしまいます。

そこで，「もう一度ロシアをもとの**帝政に戻そう**よ」というので，革命政権を倒すために**共同出兵**をアメリカが呼びかけます。日本はさっそく，**米・英**などとともに，**チェコスロヴァキア軍**がロシア領内に残っているのを助けるという名目で戦争に乗り出す。これが**シベリア出兵**です。

▶尼港事件(1920 年，原敬内閣)

次の「**尼港事件**」は原敬内閣のときのことになりますが，ここで話しておきます。

シベリア出兵は結局失敗に終わって，日本は 1922 年に軍隊を引き上げますが，1920 年，ニコラエフスクというところで，ロシアの革命軍によって，出兵した日本軍が大量に殺されるという事件が起こります。この**尼港事件**

――正確には「**ニコラエフスク事件**」は日本にとって極めて屈辱的なできごとで，これに対する報復ということで，1925 年まで，日本は**北樺太**に軍隊を派遣しています。

シベリアからの撤兵 … 1922 年
北樺太からの撤兵 …… 1925 年
(日ソ基本条約，p.72 参照)

「出兵」という名称ですが，戦費は 10 億円，戦死者も 3000 人という犠牲をともない，何の成果もない戦争だったのです。

▶寺内内閣「米騒動」で瓦解

ところで，寺内内閣がシベリア出兵を宣言したとたんに，これは米価が上がるというので，米屋が米を売らなくなり，あっという間に米価が上がって，普通の人がだんだん米が買えなくなった。

富山県魚津市の一主婦が呼びかけて米屋を襲った，いわゆる「**越中女一揆**」を契機に，**米騒動**が全国に広がって，軍隊まで出動する大騒ぎになってしまい，寺内内閣は治安責任を問われ，総辞職。代わって，**立憲政友会**の**原敬**内閣が登場します。

そしてまもなく **1918 年**，ドイツでは革命が起こって帝政が崩壊。11 月，**オーストリア・ドイツは降伏**し，第 1 次世界大戦は終結しました。

第 1 次世界大戦は，国内政治で言えば，**第 2 次大隈重信・寺内正毅・原敬**と，3 代の内閣にまたがる長期で大規模な戦争でした。国内のできごとと戦争の経緯とが交錯してしまいます。最後にそのあたりを年表形式でちょっとまとめておきます(次ページ)。

第１次世界大戦

1914	4	第２次大隈重信内閣
	7	**第１次世界大戦勃発**
	8	日本参戦
	9～11	山東半島・ドイツ領南洋諸島制圧
1915	1～5	二十一カ条の要求
1916	7	第４次日露協約
	10	寺内正毅内閣
1917	2	ドイツの無制限潜水艦作戦 ➡日本海軍の地中海派遣
	3	ロシア(3月)革命
	4	**アメリカ参戦**
	9	**金輸出禁止**
	11	**石井・ランシング協定**
		ロシア(11月)革命
1918	1	**アメリカ大統領ウィルソン14カ条**を提唱 (秘密外交の廃止，経済的障壁の除去，国際的連合の創設)
	3	**ブレスト=リトフスク条約** (ソヴィエト政権：レーニンとドイツ・オーストリア単独講和)
	8	シベリア出兵宣言 **➡米騒動**
	9	原敬内閣
	11	ドイツ革命　ドイツ皇帝退位
		第１次世界大戦終結

第55回

近代(14)

大戦景気・原敬内閣

1912年…7月29日，明治天皇没，**大正天皇**即位
「明治」から「**大正**」へ(明治**45**年＝大正元年)

19＊＊年(西暦) − 11 ＝ 大正＊＊年

ハイ復習，いいですか。西暦から11引いて大正＊＊年ですよ。亡くなったのは1926年，大正15年。わずか15年間と短い。

その間の最大のできごとは**第1次世界大戦**です。

日露戦争後の**長い不況**が一挙に吹っ飛んで，**大戦景気**。一挙に**重化学工業が発展**する。**原敬内閣**という本格的政党内閣が登場する。日本的なデモクラシー，「**大正デモクラシー**」が全盛期を迎える。天皇主権を前提とするが，その枠内で民主主義的な政治をめざす「**民本主義**」と「**政党内閣**」がその象徴です。

国際情勢も，**国際連盟**が発足し，**ワシントン体制**が成立し，平和を希求する協調主義的外交が展開されるのです。そのなかで，戦勝国，大国の一員として，日本は当初から**常任理事国**の地位を担うことになる。

今回は，まず**大戦景気**の内容と，戦後，まもなく発生した**戦後恐慌**までを学習します。次に，内政では**原敬内閣**の政策について，その成果と限界を概観していきます。

わかりやすい時代とテーマですから，逆に，慎重に学習しなければなりません。

1 大戦景気

授業ノート p.9 参照

アジア市場を独占

日露戦争後は重工業化に向かってさらに経済の近代化が進んでいきますが，戦争のために多額の借金を外国からしていますので，その利息の支払いだけでも大変。貿易も赤字で不況が続く。大正に入ってもそのまま不況が続く。

ところが，第１次世界大戦が始まると，急激に好景気となります。「**大戦景気**」，読んで字のごとしで，第１次世界大戦にともなう好景気です。

ヨーロッパの主要先進国が戦争を始めたので，それまでアジア市場に流入してきていたそれらの国からの輸出品が消えていく。代わってその**アジア市場に日本の綿製品などがどんどん輸出されていく**。

加えて，英・仏・露などに対する軍需品の輸出も伸びていきます。

海運業：キーワード「船成金」

産業別でいくと，一番最初に，**海運業**が活発になります。これは，世界の主要な海運国がみんな戦争を始めてしまったために，物を運ぶ手段，通常の民間用の物資を運ぶ船が足りなくなったということです。

世間の注目を集めたのが，「**船成金**」。船を持っていることで急に金持ちになった人という意味です。

海運業の急速な発達で，日本は**世界第３位の海運国**に躍進します。

世界第３位の海運国

貿易：1915年より輸出超過

貿易は，1915年から**輸出超過**(出超)になります。輸出が輸入を上まわる。**貿易黒字が続く**。次ページのグラフで確認してください。

赤のところが輸出，グレーのほうが輸入です。

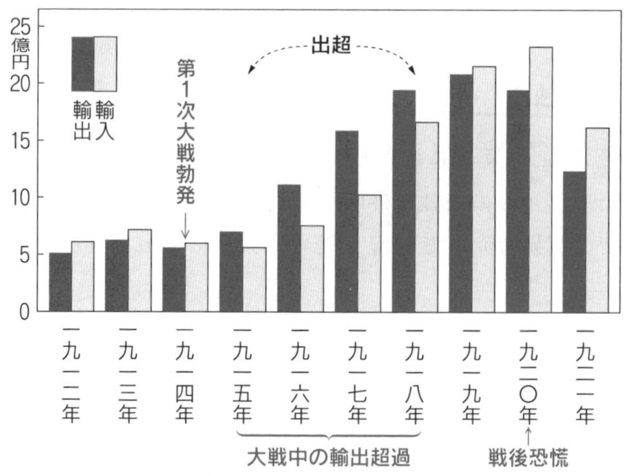

グラフを３つに分けますと，左のまず最初の３分の１のパートが**日露戦争後の輸入超過**(入超)の時期。**貿易の赤字が続いている**。

次が，1914年に戦争が始まって，翌1915年から1918年までの**世界大戦中の輸出超過**(出超)，**黒字の続く時期**です。貿易額そのものも飛躍的に伸びている。1914年では**11億円の債務国**だった，借金のたまった国だったのが，1920年には**27億円以上の債権国**になっています。

次が右３分の１，ここが一転してまた**入超**。すなわち，戦争が終わると，当然，戦争で売れていた物が売れなくなる，欧米がアジア市場に戻ってくるから，あっという間に**輸入超過**になってしまいます。

そして1920年に，**戦後恐慌**が起こり，株価・地価が大暴落。

なぜ金輸出を禁止したか

さあそこで，もう一度もとへ戻って，貿易は，1915年から大戦期間中は，輸出超過ですよ。ところが，ここに１つ大きな問題が起こっています。アメリカが第１次世界大戦に参戦したのは？ **1917年**。参戦したアメリカは金輸出を禁止する。ドル金貨をアメリカの外へ出すことを禁止する，すなわち金輸出の禁止です。

日本も「**金輸出を禁止**」します。イギリス以外のヨーロッパの主要国はすでにこの措置をとっています。

大戦が終結すると**世界はふたたび金輸出を解禁する**んですが，日本はこれに乗り遅れます。これは**昭和史の大問題**ですので，ここで意識しておいてください。

ところで，**なぜ金輸出を禁止するのか？** 戦争中の国は，どんな国だって**貿易は赤字**になるから，その貿易の赤字分を，金そのもの，金貨（正貨）で外国に払ってしまう，江戸時代で言えば小判でどんどん払っていくと破産しかねません。そこで第１次世界大戦に参戦した国々は，次つぎに金の輸出を禁止するんです。

一方，日本とアメリカは儲かる一方でしたから心配がないので，金輸出を認めたままだったのですが，**アメリカ**がいよいよ**大戦に参加**し，金輸出を**禁止**するということになって，アメリカの好景気に依存し，アメリカとの経済関係が非常に強かった日本も，**アメリカ**と歩調を合わせるために，当然金輸出を禁止せざるを得なかったということになります。ここはしっかり覚えておいてください。

紡績業：キーワード「資本の輸出」

さて，**軽工業**ですが，**紡績業**は綿糸を輸出する段階から**資本も輸出する段階**に進んでいきます。

「**資本の輸出**」というのは，物ではなくて資金そのものを外国へ持っていく。今で言うと，日本で生産した自動車を輸出するんじゃなくて，日本の自動車会社が外国に進出して現地で会社をつくり，工場を建設して現地で自動車を生産する。資本そのものが輸出される。

逆に，外国の会社が日本で会社を設立し，日本で生産すると，日本は資本の輸入を受け入れたということになります。

そこで，日本の紡績会社が中国で土地を買って工場をつくり，中国の人を日本よりも安い労働賃金で働かせて，**中国で生産をする**ようになる。資本の輸出ですね。

Q 中国に生産の拠点を置く日本の紡績会社は何と呼ばれたか？

——「**在華紡**」

第55回 大戦景気・原敬内閣

重工業：鉄鋼・造船ブーム

次に，重工業が急激に発達します。海運業をやっていれば儲かる。船が足りないから当然，造船ブームが起こります。造船業では，船の注文はあっても鉄がないという状況になってきます。

そこで製鉄業も拡大されます。まず，八幡製鉄所が拡張される。そして，

Q 南満洲鉄道株式会社によって中国に設立された大製鉄所は？

——鞍山製鉄所

さらに，民間鉄鋼会社の設立があいつぎます。

化学工業：「国産化」が進む

次に重化学工業の，とくに化学事業ですが，従来，化学製品の多くがドイツなどからの輸入品でした。**化学工業の進んだドイツ**から薬品，化学染料，あるいは硫安などの化学肥料を輸入していた。

ところが，そのドイツと戦争を始めたものだから，輸入は途絶える。まさか戦っている相手に化学製品を売るバカな国があるわけはない。そこで，ないものは**国内でつくるしかない**って話になる。

そこでね，ちょっと極端な話をしてしまうと，ドイツの鎮痛剤だったら1錠飲めば痛みが治まるんだけど，まあ，2錠飲めばなんとか治まるだろうというふうに，少々品質は劣っていても，ともかく日本でつくるしかない。そこで，薬品とか化学染料とか肥料の国産化が進んでいくんです。

このような重化学工業の発展の結果，工業生産額のうち重化学工業生産額が占める割合が30%に達しました。

ただ，ここでの問題は，まだ日本の化学工業は国際市場で戦えるほどの技術水準には至っていなかったということです。戦争で輸入ができなくなった部分は国産化でまかなうしかなかった。

電力事業：「長距離送電」の成功

次に重化学工業と密接な関係にある電力事業。

電力の需要が増加し，**電力事業**が発展します。流れの速い川の多い日本では，**水力発電**が中心です。

東京・横浜あたりの最先端の化学工業，重化学工業の生産地帯では，電力が不足してきまして，近くの発電所からのものでは足りなくなっちゃう。そこで，**長距離送電**が必要となります。

福島県に**猪苗代湖**という美しい湖があります。猪苗代湖はわりと海抜の高いところにありますから，そこからパイプで水を落とし，タービンを回して電力を起こして，これをなんと電線を引っぱって東京まで持ってくることに成功するんです。

現在でも，猪苗代発電所は操業していますけれども，この**猪苗代・東京間の長距離送電**が可能になった。これが大戦期間中の電力事業の発展を象徴するできごとです。

そうすると，それまでは大都市にしか普及していなかった家庭用の**電灯**が，長距離送電の結果，その途中のところで枝分かれして地方に普及していくんです。

長距離送電 ➡ 電灯の地方への普及

そして，産業全般にかかわる動力，工場の機械を回す原動力，**工業原動力**が，「**蒸気力**」中心から「**電力**」中心に移っていきます。すなわち工業原動力の電化が進み，電力使用量が2倍になった結果，1917年には，**蒸気力よりも，電力の利用のほうが多くなります**。

工業原動力… 電力 > 蒸気力

「債務国」から「債権国」へ転換

以上の結果，日本全体の生産を，工業と農業に分けると，1919年までには**農業生産額よりも工業生産額のほうが多く**なります。これも簡単な円グラフで見ておいてください(次ページ)。

生産額より見た産業構造の変化

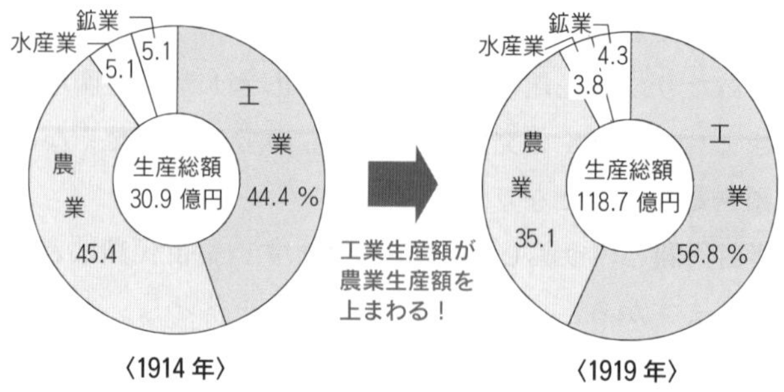

1919 年では，生産総額のうち，工業生産額は 56.8%を占めています。

この 2 つの円グラフを見ると，1914 年の大戦景気前，生産総額そのものが 30.9 億，約 31 億円ですね。大戦景気を経過して 118.7 億円ですから，工業・農業，その他を合わせて，生産規模そのものが，金額，額面で言うと，4 倍弱になっています。もちろんインフレがありますから，生産量そのものには比例しませんが。

生産総額そのものが額で 4 倍近くなった上に，工業生産額の占める割合が 44.4%から 56.8%になっている。すなわち，**飛躍的に工業生産が増えた**ということになるわけです。

1919 年…工業生産額が農業生産額を超える

その結果，工場労働者数が **150 万人**を突破する。とくに男子労働者が飛躍的に増えた。

工場労働者…150 万人を超える

ハイ，ポイントを確認しましょう。大戦景気の前と比べながら，大戦景気の成果を 1 つひとつ確認してください(次ページ)。

(日露戦後)不況		大戦景気		戦後恐慌
●輸入超過(入超)	➡	15～18 輸出超過(**出超**)	➡	19～ **入超**
●債務国(11 億円)	➡	債権国(27 億円以上)		
●農業生産額＞工業生産額	➡	工業生産額＞農業生産額		
●蒸気力＞電力	➡	**電力**＞蒸気力 長距離送電(猪苗代～東京) 重化学工業の成長 (工業生産額の 30% を占める) 工場労働者の飛躍的増加(150 万人)		

(1897)金輸出解禁……………1917 **金輸出禁止**……………(1930)解禁

金輸出の禁止，解禁，そして再禁止という一番やっかいな課題は，焦点となるところです。第 59 回で，あらためて丁寧に説明することにします。

戦後恐慌

さあところが，戦争が終わった。当然のことながら反動が来まして，1920 年，「**戦後恐慌**」がやってきます。もちろん，戦争が終わると，だいたい恐慌が来るものでして，日清戦争後の恐慌は 1900 年，「**資本主義恐慌**」。日露戦争後にも恐慌が発生している。そして，大戦後の恐慌はとくに「戦後恐慌」と呼びます。この「戦後」は**第 1 次世界大戦の**「**後**」ですよ。

ヨーロッパ列強がふたたび生産を回復し，輸出市場に戻ってくる。すると，輸出市場は狭隘，狭くなる。要するに，**空白のアジア市場にふたたびヨーロッパ・アメリカの製品が戻ってくる**ということです。

しかし，大戦期間中にできあがった会社は，あいかわらず物をつくり続けますから，**生産が過剰**になる。そこで，**原材料の輸入は減らない**のに**輸出が不振**になり，入超に転換する。

株価が暴落し，**銀行の閉鎖**がいくつか起こりますし，紡績業・製糸業は，さあ難しい言葉，「**操業短縮**」――略して操短，業界で話し合って機械を止めて，生産量を少なくする。日本銀行も特別の救済融資を行って，なんとか企業の倒産を防ごうとします。

独占資本化が進む

しかし，中小企業のいくつかが没落し，船成金たちはほとんど例外なく全部ダメ。見事に**船成金は没落**するんです。

しかし，みんなが苦しいときに，一部の連中が金持ちになる。これはもう世の中の常。明治の末ごろまでに体制を整えていたいわゆる財閥が，業績不振の企業などを買収して強大化する。そこで一方では，**財閥の独占資本化**が進んでいくというのもこの時期です。

戦後恐慌もまとめておきましょう。

戦後恐慌

- 株価暴落 ➡ 恐慌，銀行休業・〈紡績業・製糸業〉操業短縮（操短），成金没落
- 列強の生産回復（空白のアジア市場に戻ってくる）

  ➡ 輸出不振　＊輸入はさほど減少せず
- 財閥の成長
- 日本銀行による救済融資

2 原敬内閣

授業ノート p.10 参照

さて，ここで国内に話を戻しましょう。

というか，このあたりで明治から大正末までの歴代内閣を，瞬間的に思い出せるように，首相の名の最初の音で覚えてしまいましょう。もう覚えている人は確認するだけでいいです。

最初の第１次伊藤内閣なら「伊藤」の「**イ**」。桂は「**カ**」。西園寺は「**サ**」。だから，桂園時代は「**カサカサカ**」です。では，明治時代の歴代内閣。

明治時代の歴代内閣

長	薩	長	薩	長	薩	長	肥	長	長	長	(公家)	長	(公家)	長
イ	ク	ヤ	マ	イ	マ	イ	オ	ヤ	イ	カ	サ	カ	サ	カ
❶伊藤博文	黒田清隆	❶山県有朋	❶松方正義	❷伊藤博文	❷松方正義	❸伊藤博文	❶大隈重信	❷山県有朋	❹伊藤博文	❶桂太郎	❶西園寺公望	❷桂太郎	❷西園寺公望	❸桂太郎

《注》❶，❷，…は内閣の「第○次」を示す。

イクヤマイマイオヤイカサカサカ
イクヤマイマイオヤイカサカサカ

はい，３回から４回ぐらい繰り返せばだいじょうぶでしょう。もちろん１次と２次といった区別は必要ですが，それより，まずは，各内閣で最初に思い浮かぶ超重要事項とか内閣の別称とかが出てくるようにしておいてください。

たとえば，

明治時代のおもな内閣とキーワード

❶伊藤＝**鹿鳴館外交**　黒田＝**憲法**　❶山県＝**議会**　❶松方＝**選挙大干渉**

❷伊藤＝**日清戦争**　❷松方＝**松隈内閣**　❸伊藤＝**地租増徴案**　❶大隈＝**隈板内閣**

❶桂＝**日露戦争**　❶西園寺＝**日露戦後経営**　❷桂＝**戊申詔書・韓国併合**

❷西園寺＝**陸軍２個師団増設問題**　❸桂＝**大正政変**

続いて，大正時代の歴代内閣です。

大正時代の歴代内閣

ヤ	オ	テ	ハ	タ	カ	ヤ	キ
❶山本権兵衛	❷大隈重信	寺内正毅	原　敬	高橋是清	加藤友三郎	❷山本権兵衛	清浦奎吾

ヤオテハタカヤキ
ヤオテハタカヤキ

いいですか。復習を兼ねてもう一度。

大正政変で**第３次桂太郎内閣**に代わって，薩摩・海軍出身の**第１次山本権兵衛内閣**。

立憲政友会と提携したんですが，シーメンス事件で総辞職。ところが有力な後継首相が不足，というか見当たらないので，国民的には人気が高い**大隈重信**ということになった。外相は加藤高明，桂の新党，立憲同志会総裁。

ところが，**第 1 次世界大戦**参戦，袁世凱に**二十一カ条の要求**。元老山県有朋も困ってしまうような強硬外交。ロシアとも**第 4 次日露協約**。極東における両国の特殊権益を確認し合う。

そこで山県は，このままではマズいということで，長州・陸軍閥の**寺内正毅**を首相に選んだ。しかし，提携する政党はない。寺内は官僚出身者を中心に組閣し，挙国一致を掲げました。立場を超えて，みんなで力を合わせていこう，国を挙げて一致協力を呼びかけた。軍部も政党勢力もみんなでがんばろうというわけです。

そもそも，衆議院議員の過半数を超えるような政党そのものが存在していません。それどころか，山県直系の長州・陸軍系統の内閣に対して，**立憲同志会**は前内閣のときの与党を吸収して新政党を立ち上げた。

Q 1916 年，立憲同志会を中心に少数政党が合同してできた政党とその党首の名は？
――憲政会・加藤高明

そこで，寺内は衆議院を解散し総選挙ということになったのですが，結果は**立憲政友会**が第一党となり，それまで第一党だった立憲同志会は第二党になってしまいます。

寺内は立憲政友会の**原敬**，立憲国民党の**犬養毅**を閣内に取り込み，さらに，政党間の政争などにより外交政策がコロコロ変わらないように，統一された外交方針をまとめるための審議機関として，1917 年 6 月，**臨時外交調査委員会**を設置します。原敬・加藤高明・犬養毅の 3 党首が委員に指名されますが，加藤はこれを拒否しています。

なお，寺内が**米騒動**によって総辞職に追い込まれると，山県は**原敬**を後継に選びました。原内閣もこの臨時外交調査委員会を舞台に外交を展開します。

原敬内閣

原敬

原敬は「**平民宰相**」と呼ばれます。平民，すなわち華族令の対象となるような特権階級出身ではない。しかも，衆議院議員，**衆議院に議席を持った首相**です。もちろん政党，**立憲政友会**の党首。

第１次大隈重信内閣，隈板内閣は**最初の政党内閣**というが，大隈さん自身は維新の元勲，肥前出身の大物で，選挙になんか出ませんからね。そこで原内閣は**最初の本格的な政党内閣**だと評価されます。

> **第１次大隈重信内閣**（隈板内閣）…**最初の政党内閣**
> **原 敬 内閣**（平民宰相）…**最初の本格的政党内閣**

▶積極的な内政政策

さあそこで，この原内閣は，**国防の充実**，**鉄道の拡充**，そして，**高等教育の拡充**などの，積極的な政策を展開します。政友会の支持者には，地方の地主や有力者が多く，地方での鉄道建設などは彼らが歓迎する施策でもあったわけです。そこで，「我田引水」をもじって「我田引鉄」などと言われました。

また，高等教育の拡充策である「**大学令**」によって民間の高等教育機関としての大学が誕生するんです。高等学校も，単科大学も増えます。

▶選挙法の改正：小選挙区制の導入

原内閣の内政で注意を要するのは**選挙法**の問題です。納税制限のある選挙法を改正して，普通選挙を要求する声が高くなっています。しかし，原は，衆議院議員選挙法を改正することでこれを抑えてしまいます。つまり，**選挙人資格の制限を大幅に緩和する**。

Q 第２次山県有朋内閣のときに10円以上になっていた納税制限を，原敬内閣はいくらにしたか？

——３円以上

思い切って3円以上に引き下げます。ところが原はさすがに大政治家で，同時に選挙区制度を変更します。**小選挙区制**に変えた。「選挙法主要改正表」を見てみましょう。

選挙法主要改正表

公布		実施		選挙区制	直接国税	選挙人		
						性・年齢	総数	全人口比
						(以上)	万人	%
1889	黒田	1890	❶山県	小選挙区	15円以上	男 25歳	45	1.1
1900	❷山県	1902	❶桂	大選挙区	10円以上	男 25歳	98	2.2
1919	原	1920	原	小選挙区	3円以上	男 25歳	306	5.5
1925	❶加藤(高)	1928	田中	中選挙区	制限なし	男 25歳	1241	20.0
1945	幣原	1946	幣原	大選挙区	制限なし	男女20歳	3688	48.9
1947	❶吉田	1947	❶吉田	中選挙区	制限なし	男女20歳	4091	52.4

第2次山県有朋内閣のときに**大選挙区制**に変わっていたのを，ふたたび**小選挙区制**に戻した。

小選挙区制というのは，1つの選挙区から1人しか当選者が出ませんから，ある選挙区で立憲政友会の支持率が15%でほかの政党が12%とか，13%以下となれば，立憲政友会の候補者が当選する。隣の選挙区も，立憲政友会は25%の支持率，ところが相手党は20%。ここも立憲政友会が勝つ。ということは，**比較して支持率のいちばん高い第一党(比較第一党)が，ほとんどの選挙区で勝てる**という選挙制度ですよ。要するに圧勝する。

比較第一党であった**立憲政友会**は，この新しい選挙制度で**衆議院の過半数をとる**んです。次ページの円グラフで確認してください。

ただ，このように世論の動向が選挙結果に現れたとはいえ，まだ制限選挙のままであったことに注意しておくことが必要です。普通選挙を求める声もまだ大きかった。

1916(大正5)年，**吉野作造**は**民本主義**を提唱していますが，吉野は天皇主権のもとでの民主政治をめざそうと呼びかけた。ここは大正デモクラシーのところで話しますが，具体的には，吉野作造は，納税額による制限のない「**普通選挙**」と「**政党内閣**」をめざそうとしていたのです。

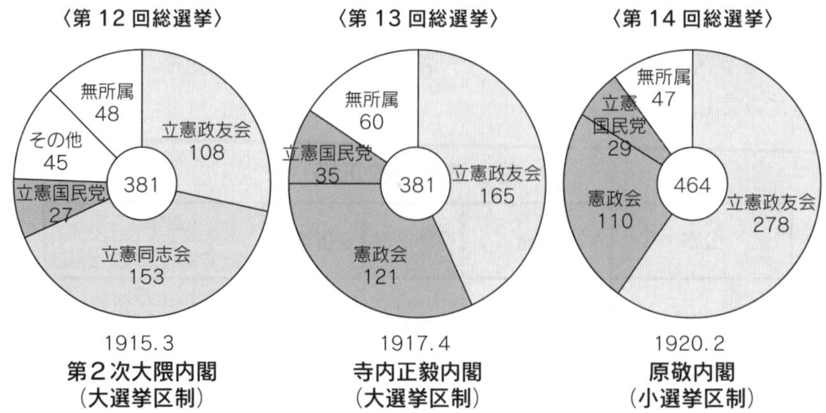

▶森戸事件：思想の弾圧

原内閣のときに，もう1つよく出るのが「**森戸事件**」。東京帝国大学経済学部の助教授**森戸辰男**が，革命思想家として有名な**クロポトキン**という人の思想に関する研究論文を雑誌に発表し，危険思想だというので休職処分を受けた事件です。

▶朝鮮統治の状況

原内閣の外交上の問題は**パリ講和会議**に臨んだことですが，これについては回を改めて話します。

朝鮮の独立はもちろん認めません。**韓国併合**のままです。ただ，朝鮮では大戦が終わると，**独立運動**が起こります。

Q 1919年，「独立万歳」を叫びながら朝鮮全土に広がった民族独立運動とは？
――三・一独立運動

そのきっかけになった事件を「**万歳事件**」といいます。これで朝鮮統治が変更されます。暴力をあまり前面に出さないで，「**文化政治**」というふうに，若干，植民地統治を柔らかくしますが，基本的にはアジアでは何も動きはありません。

もう1つ。ロシアから引き継いだ旅順・大連を中心とする**関東州**を支配していた植民地統治機構の**関東都督府**が行政面，軍事面担当の2つの組織に分かれます。

Q 1919年，関東都督府の軍事面を担当したのは？　――**関東軍**

後に「**柳条湖事件**」を起こす関東軍です。行政面を担当したのは**関東庁**。ここは穴になるところですよ。

1906 関東都督府 ─┬→ 1919 関東庁
　　　　　　　　　└→ 1919 関東軍

そして，**戦後恐慌**がくる。やがて，庶民の原に対する夢は消えていくというようなところを背景に，**原は，1921年11月，東京駅で暗殺されます**。

今でも東京駅丸の内南口の改札入り口の手前の，原が倒れたところには，タイルにポイントが打ってあります。

高橋是清内閣

高橋是清

立憲政友会の原が暗殺された。暗殺されたときは，政権の主体は代えません。暗殺で，もしも立憲政友会から違う勢力に政権が移ると，テロによって政治が変えられるということを認めてしまうことになるからです。

そこで，立憲政友会総裁を**高橋是清**が急遽引き受けたので，そのまま総理大臣になります。

そこで，「**ワシントン会議**」という，今度はアジア太平洋方面についての国際会議が開かれる。

この高橋是清のときに，「**新婦人協会**」という婦人解放団体の要求によって，例の1900年の**第2次山県有朋内閣**のときの弾圧立法であった「**治安警察法**」から第5条の第5項が削減されて，**女性の政治活動が許可**されるようになります。

ここまで，原・高橋内閣までが，まず大正の前半のヤマ場ということになります。

さて，明日から，しばらく，

「**イクヤマイマイ　オヤイカサカサカ**」

と唱(とな)えてください。そして，授業ノートの年表で内閣を確認しながら主要な事項をチェックしてください。

お疲れさまでした。

第
56
回

近代（15）

ワシントン体制・政党内閣の成立

今回は，**第 1 次世界大戦後**の世界と日本の関係，そして**国内政治**の展開がテーマです。

寺内正毅内閣は米騒動で総辞職。元老山県有朋らは，薩長，陸海軍のボスたちのなかから次の首相を選ぶことをあきらめて，**立憲政友会**総裁の原敬の内閣を選びます。

海軍・薩摩閥の山本権兵衛，陸軍・長州閥の寺内正毅の代わりが見つからないし，米騒動で民衆の力を見せつけられた。しかも，山県は原の政治力を評価していた。

そこで，**最初の本格的な政党内閣**として**原敬内閣**が登場したわけです。そして，まもなく第 1 次世界大戦が終結。まずは，**戦勝国**として講和会議に臨むことになります。

日本は中国におけるドイツの旧山東省権益の継承，赤道以北の旧ドイツ領南洋諸島の委任統治権を獲得します。そして，発足した**国際連盟**では常任理事国となります。

国内政治は混乱が続きます。原が暗殺され，高橋是清が立憲政友会総裁を引き受けて**高橋是清内閣**が誕生しますが，派閥争いを抑えられず短命に終わると，**加藤友三郎内閣**，**第 2 次山本権兵衛内閣**。ところが**関東大震災**。虎の門事件で山本権兵衛内閣が総辞職。なんと，超然内閣の時代に戻って**清浦奎吾内閣**が誕生すると，**第 2 次護憲運動**が起こります。そして，再び政党内閣となります。

1　パリ講和会議

授業ノート p.11 参照

「ヴェルサイユ条約」：ドイツの処分問題

第１次世界大戦が終わって最大の問題は**ドイツの処分**と**ヨーロッパの体制**をどう新しく築くかです。これを決めたのが，**パリ講和会議**。ヴェルサイユ宮殿で講和条約が結ばれたので，**「ヴェルサイユ条約」**と呼びます。

日本の全権代表は，**西園寺公望**。ほかに**牧野伸顕**，牧野は大久保利通の息子です。

さて，最初に年号の暗記から。

> 1919
> 「**行く行く**ホテルヴェルサイユ」
>
> ゴロゴロ
> ➡ **1919年，ヴェルサイユ条約**

深く考えないで，**1919年**，パリ講和会議，**ヴェルサイユ条約**です。いいですね。**ドイツ**は領土を大幅に削減され，軍備も制限され，1320億マルクという天文学的と言われる**賠償金**を課される。

会議の主導権を握ったのは**アメリカ**です。1918年１月に，アメリカ大統領**ウィルソン**が大戦終結のために提唱した**14カ条**――秘密外交の廃止，経済的障壁の除去，国際的連合の創設などの原則を前提に会議は始まったのですが，内容はフランスなどの強硬意見が反映してドイツにきびしいものとなりました。

一方，ウィルソンが唱え，戦後の世界秩序の原則とされた**「民族自決」**の原則――「世界の各民族は，自分たちのことは自分たちで決めていいよ」という思想のもと，東欧諸国が独立を実現します。

加えて，植民地支配を受けている人々も，当然これを希望の言葉として受け取った。朝鮮民族は日本から独立したい。**朝鮮**における**独立運動**である**三・一独立運動**（三・一運動）は，３月１日，京城（現ソウル）のパゴダ公園での独立宣言朗読会を契機として全国に広がった。

1917年に参戦し，**戦勝国側**の一員となった中国でも，**五・四運動**が起こります。中国からすれば，やっつけたドイツに奪われていた権益をそのまま日本が手に入れることを認めるわけにはいかない。

三・一独立運動…朝鮮における反日・独立運動
五・四運動………中国における反日運動

五大国会議

さて，ヴェルサイユ条約はアジア太平洋問題よりも，ほとんどヨーロッパのことだけで終わってしまうんですが，日本は，**赤道以北の旧ドイツ領南洋諸島の委任統治権**，さらに，**山東省の旧ドイツ権益の継承**を認められます。

ただし，もう1つ，日本が要求した**人種差別撤廃**を条約に入れることは，アメリカなどによって拒否されました。日本としては，アメリカでの**日本人移民排斥運動**が念頭にあったのですが，アメリカには，そもそも深刻な人種差別問題があったので，この条項は内政干渉の意味をもったんでしょう。

さて，講和会議では，日本は唯一のアジアの大国として，**五大国**のなかに入っています。

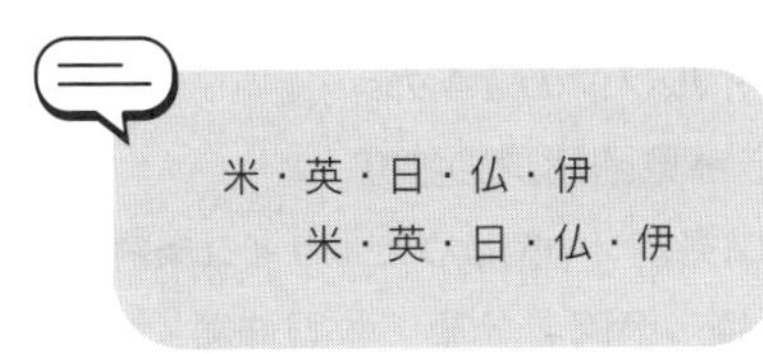

これが五大国。順序が大事ですから，「米」から耳につくまで繰り返す。

パリ講和会議は**五大国会議**が仕切っていった。

国際連盟の発足(1920年)

さて，**ウィルソン**の提唱した国際的な平和機関は，条約で**国際連盟**として実現します。本部はスイスの**ジュネーヴ**。

さすがに，「民族自決」を求める国際世論もあって，日本の植民地支配も若干の手直しが試みられます。朝鮮総督・台湾総督の任用資格が**軍人**に限定されていたのを改めて，**文官の総督を認める**官制の改正が行われ，**台湾総督**には文官の**田健治郎**，**朝鮮総督**には海軍軍人の**斎藤実**が就任した。

斎藤実は，後に**挙国一致内閣**を組織し，最後は**二・二六事件**で暗殺されます。朝鮮総督としては，憲兵警察による「武断政治」を改めて「**文化政治**」と呼ばれる，柔らかな統治をめざした。田健治郎も台湾に対する差別的な扱いを是正することを目標としました。

国際連盟の常任理事国

こうして1920年，**国際連盟**が発足します。はい質問。五大国は？ ―― **米・英・日・仏・伊**。そこから「米」を取ると，**英・日・仏・伊**。この4カ国が，**国際連盟の常任理事国**になります。ここはポイントですよ。五大国から**アメリカ**を除く。

なんと，**アメリカ**は議会（上院）の反対で，**国際連盟に参加できない**んです。でも，世界のリーダーがアメリカであることには変わりありませんが。ちょっと，まとめておきましょう。

ヴェルサイユ体制

＊アメリカ大統領ウィルソンの14カ条

＊「民族自決」の原則 ➡東欧諸国の独立

1919　ヴェルサイユ条約（**中国はヴェルサイユ条約には調印せず**）

- 日本全権…西園寺公望・牧野伸顕
- ドイツに巨額の賠償金，領土の一部割譲
- 日本…山東省の旧ドイツ権益の継承
  赤道以北の旧ドイツ領南洋諸島の委任統治権

➡ 1919 中国…五・四運動　　朝鮮…三・一独立運動

1920　国際連盟（**42カ国，アメリカは参加せず**）

- 常任理事国…英・日・仏・伊
- 事務次長に新渡戸稲造

2 ワシントン会議

授業ノート p.12 参照

1921年，**アメリカ**が，パリ講和会議で未解決となってしまったアジア・太平洋問題について，国際会議を呼びかけます。これが**ワシントン会議**です。

ここでちょっと思い出そう。1921年，原敬が暗殺されちゃったんですね。はい，代わって，**立憲政友会**総裁になって内閣総理大臣を引き受けたのはだれですか。**高橋是清**。

さあ，内閣はヴェルサイユ条約のときの原から高橋に代わる。アメリカ大統領もここでウィルソンから代わります。

Q ワシントン会議を提唱したアメリカ大統領は？ ——ハーディング

パリ講和会議……(日本)原敬内閣————(米)ウィルソン
ワシントン会議…(日本)高橋是清内閣——(米)ハーディング

ハーディングは一番忘れやすいアメリカ大統領だから注意！ ウィルソンからハーディングですよ。

この会議では，アメリカから日本に対する強い不信感が出てくる可能性があるので，だれも代表は引き受けたくない。とくに**太平洋における日米の海軍の対立**もあるので，ここは海軍大臣が行くのが一番いいだろうと，海軍大臣**加藤友三郎**が全権を引き受けさせられる。当時，駐米大使であった**幣原喜重郎**も全権に加わります。

「四カ国条約」(1921年)：日英同盟廃棄

ワシントン会議は，1921年から翌22年にかけて行われた国際会議です。2年間にまたがっていることを確認し，まず，最初の年，1921年に妥結したものを覚えてください。これが，「**四カ国条約**」です。はい，

Q 四カ国条約を締結した国は？ ——米・英・日・仏です。

今度は五大国から**イタリア**を外した４カ国です。

内容は，**太平洋**方面において，新しい領土，新しい利権を求めない，**現状維持**でいこうというものです。そして，**アメリカ**の強い意向で**日英同盟の廃棄**が決定されます。

イギリスは日英同盟はそのままでいいと思っているんです。日本はもちろん日英同盟を守りたい。ところが**アメリカが強硬に反対する**。じゃ，日・米・英の三国同盟でどうかといったら，それもイヤだ。それならいっそ，フランスも入れて四カ国にしようということで，日英同盟は破棄ということが決まりました。

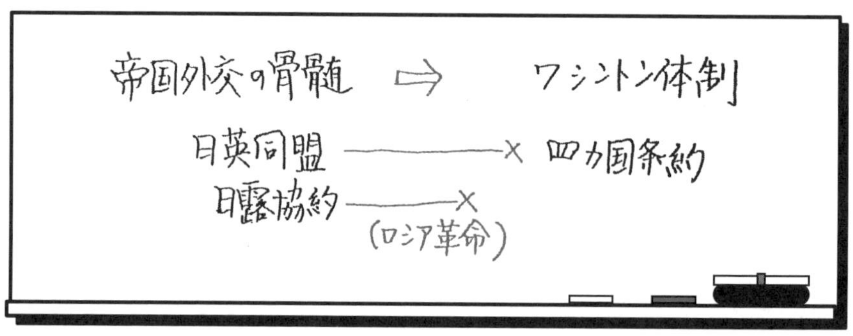

「ワシントン海軍軍備制限条約」(1922年)：主力艦保有を制限

年が明けて1922年。あと２つ重要な条約が結ばれます。１つが「**九カ国条約**」，もう１つが「**ワシントン海軍軍備制限**（**軍縮**）**条約**」です。

ワシントン海軍軍備制限条約からいきましょう。なぜか。はい，パリ講和会議の五大国は，**米**・**英**・**日**・**仏**・**伊**。では，

Q ワシントン海軍軍備制限条約を締結した国は？

——**米・英・日・仏・伊**

五大国会議と同じ５カ国の海軍軍備制限に関する条約です。

ここでは，その５カ国における軍艦の保有量の比率を覚えてください。**1万トン以上の船**を**主力艦**といいます。ワシントン海軍軍備制限条約は，この**主力艦**についての保有制限を決めたもので，

主力艦保有制限
米5：英5：日3：仏1.67：伊1.67

米・英・日・仏・伊の順番どおり，**5：5：3：1.67：1.67**と，そのまま覚えましょう。“5：5：3”の3が日本だから，日本は米・英に対して6割ということになります。海軍軍令部は対米7割を主張したんですが，加藤がこれを抑えて実現したものです。

主力艦の総トン数の上限も決められ，さらには，主力艦を最新鋭のものにかえるのもだめ。**新しい主力艦はつくらない**。「**10年間の主力艦建造中止**」も合意されました。

「世界は軍縮に向かっていったんだ」と言えば話はきれいですが，実は，まもなく，1万トンにちょっと欠ける，ギリギリの9,999トンみたいな**補助艦**といわれる軍艦がどんどんつくられます。

あるいは，潜水艦が大きくなっていくというふうに，軍縮条約が結ばれると，その対象となった部分以外のところで軍備拡張競争，技術革新が進んでいくというのが実際でした。

「九カ国条約」(1922年)：中国問題の合意

では，次。九カ国条約。

Q 「九カ国条約」を締結した国は？

——**米・英・日・仏・伊・白・蘭・葡・中**

これは，「米・英・日・仏・伊」に，あと4カ国加えなきゃいけません。「**ベルギー・オランダ・ポルトガル・中国**」。はい，ベルギーは，漢字で表記するとき「白」と書きます。オランダは，蘭学の「蘭」ですからいいですね。ポルトガルは「葡」，そして中国。

九カ国条約は，**中国**についての条約ですから，**中国を含む9カ国**です。

内容はアメリカの主張どおりで，「**中国の領土主権の尊重**」，そして，例によって「**門戸開放**」・「**機会均等**」。これによって，暫定的に結ばれていた「**石井・ランシング協定**」が**破棄**になります。

問題は，山東半島の旧ドイツ権益です。ヴェルサイユ条約では，アメリカなどは日本に山東半島におけるこの権益の継承を認めたんですが，さすがに中国が会議にやってくると，日本は妥協せざるを得ない状況になります。

すなわち，**山東省旧ドイツ権益**については，日本と中国の**2国間**で話し合うという形になり，アメリカの仲介によって，日本が自主的に**山東権益を中国に返す**ということになります。**九カ国条約**の趣旨にしたがって，「**山東懸案解決条約**」が結ばれています。

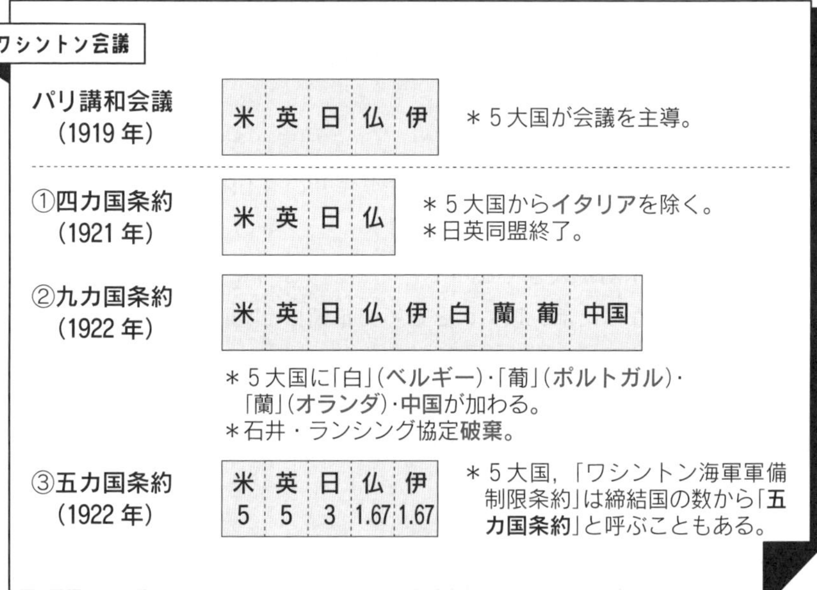

では，「**四カ国条約**」の史料から。これが楽チンなんですね。

5　四カ国条約

第一条　締約国ハ互ニ太平洋方面ニ於ケル其ノ島嶼タル属地及島嶼タル領地ニ関スル其ノ権利ヲ尊重スヘキコトヲ約ス

米・英・日・仏，4カ国は，太平洋方面においては，現在のおのおのの権利を尊重し，一切これに変更を加えず，現状を維持することを約束する。

はい，条文のなかの「**太平洋**」，そこだけ覚えなさい。太平洋という言葉が出てきたら，それで**四カ国条約**。で，「**現状維持**」，それで終わり。

続いて「**九カ国条約**」の史料です。

史料

6　九カ国条約

第一条　**支那国**以外ノ締約国ハ左ノ通約定ス

中国以外のほかの8カ国は，次のように約束する。

一，**支那**ノ主権，独立並其ノ領土的及行政的保全ヲ尊重スルコト

中国の主権，独立，そして領土を，みんなで尊重し，守っていこう。

二，**支那**カ自ラ有力且安固ナル政府ヲ確立維持スル為最完全ニシテ且最障礙ナキ機会ヲ之ニ供与スルコト

中国が自分の力で安定した政権をつくるように，みんなで援助を与えていこう。

三，**支那**ノ領土ヲ通シテ一切ノ国民ノ商業及工業ニ対スル**機会均等**主義ヲ有効ニ樹立維持スル為各尽力スルコト

中国のすべての領土の内部において，すべての国の人々が商業や工業については，平等な機会を得ることを保証すること。

はい，「九カ国条約」も1か所だけ。「**支那国**」で終わりです。ワシントン会議で「支那」はチャイナで中国。「支那国」に関する条約が**九カ国条約**です。

あとは，今までたびたび出てきた，例の「**門戸開放**」・「**機会均等**」という言葉ですね。「**商業及び工業**」，あるいは「商工業」に対しては，常に「**機会均等**」という言葉をペアで覚えておけばOKです。ちょっと難しいんだけど，「機会均等」に穴があいたときに埋められるようにしましょう。

次，「**ワシントン海軍軍備制限条約**」。

史料

7　ワシントン海軍軍備制限条約

第一章　海軍軍備ノ制限ニ関スル一般規定

海軍の軍備制限についての一般的な規定

第一条　締約国ハ本条約ノ規定ニ従ヒ各自ノ海軍軍備ヲ制限スヘキコト

米・英・日・仏・伊，各国は，本条約の規定に従って，海軍軍備の軍縮で合意した。

ヲ約定ス

第二条　締約国ハ第二章第一節ニ掲クル主力艦ヲ各自保有スルコトヲ得

米・英・日・仏・伊，5カ国は，主力艦の保有をおのおの，第2章第1節に掲げるとおりに決めた。

本条約実施ノ上ハ合衆国，英帝国及日本国ノ既成又ハ建造中ノ他ノ

そして，本条約の実施の上は，アメリカ，イギリス，日本は，すでに出来上がっているもの，

一切ノ主力艦ハ第二章第二節ノ規定ニ従ヒ之ヲ処分スヘシ……

または建造中などを含めて，一切の1万トンを超える主力艦は，規定を超える分についてはこれを廃棄処分とする。

これも，「主力艦」とくれば**ワシントン海軍軍備制限条約**。それ以上のことは普通，聞かれませんから，史料としてはそれだけでOK。

イクイク
1919…ヴェルサイユ条約　(原内閣)パリ講和会議
　20…国際連盟発足
　21…四カ国条約
　22…ワシントン海軍軍備制限条約
　　　九カ国条約
(21・22)（高橋内閣）ワシントン会議

3 第２次護憲運動

授業ノート p.13 参照

さて，次は内政です。原敬が暗殺され，**高橋是清内閣**。ところが高橋是清は**立憲政友会**をまとめきれず，総辞職してしまった。

加藤友三郎内閣（海軍軍縮）

加藤友三郎

そこで立憲政友会は，ワシントン会議全権を務めた**加藤友三郎**をかつぎます。

そこで加藤は，条約にしたがって，**海軍軍縮**を実施，陸軍も**山梨半造陸相**のもとで兵力を削減します（山梨軍縮）。しかし，加藤はまもなく病死。

第２次山本権兵衛内閣（震災内閣）

そこで，同じ海軍のボスの１人，**シーメンス事件**で総辞職に追い込まれた**山本権兵衛**がもう一度ということになります。

ところが，組閣の最中に**関東大震災**が起こった。この第２次山本権兵衛内閣は，「**震災内閣**」・「**地震内閣**」なんて呼ばれます。

▶震災下の虐殺事件（1923 年）

関東大震災の混乱のなかで，デマなどによって多くの**在日朝鮮人・中国人**が虐殺される。あるいは憲兵隊の**甘粕正彦**大尉が**大杉栄**，**伊藤野枝**を虐殺する（**甘粕事件**）。あるいは，労働運動の活動家が警察署に連行されて虐殺された**亀戸事件**など，不祥事があいつぐ。

▶震災恐慌

内閣は，なんとか首都の治安を維持しなきゃいけない。とりあえず**モラトリアム**，「**支払猶予令**」を出して，銀行の窓口を閉めさせる。

すべての人がとりあえず銀行に押しかけて預金をおろそうとすると，銀行がみんな破産してしまう。無理やり政府の命令で「支払猶予令」，モラトリアムを出して，銀行の窓口を閉めさせるんです。

また，約束したお金が払えなくなって倒産する企業が続出しないように，「**震災手形**」と呼ばれる，関東大震災で被害を受けた会社の出した，現金化できなくなった手形を救済する「**震災手形割引損失補償令**」という法律を出し，会社の倒産を防止します。

取引先の銀行に特別に融資をして，その会社が振り出した震災手形が無効にならないようにしてやる。その銀行を**日本銀行**がまた救ってやるということです。

また，内相の後藤新平を総裁とする**帝都復興院**を創設して，東京・横浜の復興に着手します。

▶虎の門事件：山本内閣，総辞職

いよいよ 12 月。議会が始まる。ところが，病気の大正天皇に代わって皇太子，後の昭和天皇，摂政宮が，開院式に臨むために皇居を出て帝国議会へ向かう途中，**虎の門**でテロリスト，アナーキストの**難波大助**という男に狙撃されるんです。皇太子は無傷でしたが，即，**内閣総辞職**です。これが**虎の門事件**。

清浦奎吾内閣（第 2 次護憲運動）

清浦奎吾

次は**清浦奎吾内閣**。この人，写真を見ると鮭の頭を思い出してしまうんですが……。

貴族院を母体とした内閣で，衆議院にも政党にも関係のないまさに**超然内閣**，特権的内閣です。**原**の政党内閣からまた明治に逆もどり。

▶「第 2 次護憲運動」：選挙だけの争い

そこで，対立していた**立憲政友会**の高橋是清と**憲政会**の加藤高明が手を結ぶ。**立憲同志会**は名前が変わって「**憲政会**」になっています(p.53)。

そして，犬養毅の**革新倶楽部**も反清浦で一致します。犬養は，**立憲国民党**の一部を率いて立憲同志会と対立していましたが，政党名を革新倶楽部と変えています。

この憲政会，革新倶楽部は，「**普通選挙**を断行せよ」と迫っていた。一方，政友会は普通選挙には一貫して反対だった。ところが，ここで，**高橋是清**が普通選挙賛成にまわり，この3党は**清浦反対**・**普通選挙賛成**で，一致した。これを「**護憲三派**」と言います。

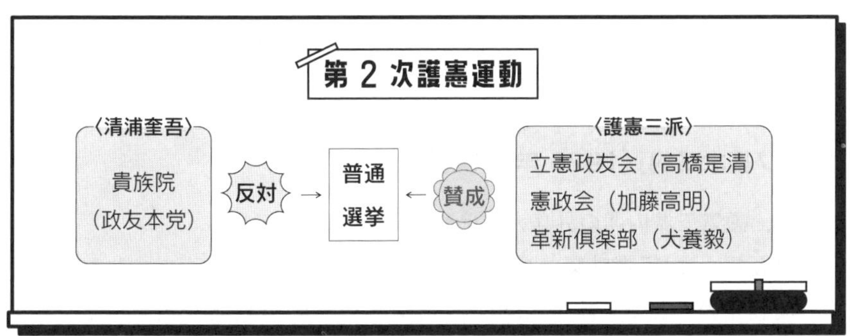

ところが，あくまでも普通選挙には反対という**立憲政友会**のほぼ半分は，出ていっちゃった。これが**政友本党**です。そして，清浦賛成にまわります。

この**清浦奎吾**内閣に対する反対運動を「**第2次護憲運動**」と呼びます。ただし，第1次護憲運動が，政党人・ジャーナリスト・学者から民衆デモまで含むような大規模な反政府運動だったのに対して，同じ護憲運動とはいえ，第2次護憲運動は**選挙で争われただけ**です。

第1次加藤高明内閣（護憲三派内閣）

加藤高明

選挙の結果，政党のなかで議席数を増やしたのは**憲政会**だけ。ほかはみんな負けたんです。ただ，立憲政友会と憲政会と革新倶楽部，3派を合わせると，圧倒的過半数ですから，**護憲三派は勝利**した。これはまちがいありません。

さあそこで，当時，いわゆる**元老**と呼ばれる人で残っていたのは**西園寺公望**だけです。そこで，天皇は西園寺公望に相談した。「どうしたものだろうか」。そうすると，西園寺は天皇に対して，「第一党になった憲政会の加藤高明が総理大臣にふさわしいと思います」ということで，天皇が加藤を呼んで，**第 1 次加藤高明内閣**が誕生します。いわゆる**護憲三派内閣**です。

▶「普通選挙法」・「治安維持法」を制定（1925 年）

そこで，加藤は選挙公約どおり，「**普通選挙法**」をとおさなきゃならない。しかし，だからといって**天皇制**を批判したり否定したり，あるいは**私有財産制**を否定してはいけない。**社会主義・共産主義運動**は認めない。革命は許さないぞというので，「**治安維持法**」を抱き合わせで制定します。

「日ソ基本条約」（1925 年）：協調外交

さて，護憲三派内閣の外務大臣は**幣原喜重郎**です。

幣原と言えば「**協調外交**」。国際連盟に忠実な話し合い外交です。そこで宇垣一成陸相のもとで，陸軍は**師団の削減**と**兵器の近代化**を実施しています（**宇垣軍縮**）。

そして，国交のなかったソヴィエトとの**国交を回復**します。これが「**日ソ基本条約**」。1922 年にはシベリアから撤兵していますが，**北樺太**からは，**1925 年**，この年に**撤兵**します。しかし，国交を結べばソヴィエトから革命思想も入ってくる。でも治安維持法はこれをちゃんと取りしまるということになっているわけです。

はい，史料をチェックしておこう。治安維持法。

史料

8　治安維持法

第一条　国体ヲ変革シ又ハ私有財産制度ヲ否認スルコトヲ目的トシテ
天皇を主権者とする日本の国のあり方を変えようとしたり，私有財産制度を否定する

結社ヲ組織シ，　又ハ情ヲ知リテ之ニ加入シタル者ハ，
ような目的を持つ結社を組織したり，またはそれを知っていながら入った者は，

十年以下ノ懲役又ハ禁固ニ処ス。
最高懲役 10 年に処す。

▶「治安維持法」のポイント

「**国体**」とは，万世一系（ばんせいいっけい）の天皇を主権者と仰（あお）ぐ日本のあり方です。いいですね。最高刑が**懲役（ちょうえき）10 年**。それで OK です。

ここまでやって，最後にもう一度，**大正時代**の内閣の順番を復習。はい，5 回繰（く）り返し。

ヤオテハタカヤキ
　　ヤオテハタカヤキ

第57回

近代(16)

大正時代の社会と文化

今回は**大正時代の社会と文化**。

政治・経済・社会・文化などの領域(りょういき)で，抑圧(よくあつ)されていた人びとが自由・平等など民主的な解放を求め，多種多様(たしゅたよう)な主張，具体的な運動を繰(く)り広げた，「**大正デモクラシー**」と呼ばれる時期です。

おもなテーマは，

大正時代の社会と文化

【思想】……**民本主義(吉野作造)，天皇機関説(美濃部達吉)**

【政治】……**第1次護憲運動，米騒動，普選デモ**
普通選挙法，政党内閣の慣行

【女性】……**新婦人協会，赤瀾会**
婦選獲得同盟

【経済・社会】…**友愛会，大日本労働総同盟友愛会，日本労働総同盟**
日本農民組合
全国水平社

【文化】……**自由教育運動**
大衆文学・プロレタリア文学

……といったところです。1つひとつは難しくありません。その代わり，漏(も)れのないようにしましょう。

1 大正デモクラシー

授業ノート p.15 参照

まず，大正デモクラシーの政治にかかわる思想から。と言えば，まずは**民本主義**と**天皇機関説**。

吉野作造の「民本主義」

はい，さっそく**吉野作造**の「**民本主義**」についての史料です。ポイントは簡単。出典は『**中央公論**』で，論題は「**憲政の本義を説いて其有終の美を済すの途を論ず**」。

史料

9 吉野作造の民本主義／『中央公論』

民本主義といふ文字は，日本語としては極めて新らしい用例である。
民本主義という言葉は，日本語としてはごく新しい用語である。

……憲政の根柢と為すところのものは，政治上一般民衆を重んじ，其間に貴賤上下の別を立てず，而かも国体の君主制たると共和制たるとを問はず，普く通用する所の主義たるが故に，民本主義といふ比較的新しい用語が一番適当であるかと思ふ。
憲法政治の基本的な目的は，政治においては民衆の意見，世論を重んじ，身分の高低などの差別を設けず，君主制，共和制を問わず，民衆の幸福を追求するという，どんな国にでも通用する考え方だから，民本主義という新しい用語が最適であると思う。

吉野は，日本における民主主義を「**民本主義**」と呼ぶことを提唱します。「政治上一般民衆を重んじ」，「貴賤上下の別を立てず」と言い，平等な権利を持ったすべての国民による民主主義を「民本主義」と呼ぼうというわけですから，それは，**普通選挙**とその結果にもとづいて**政党内閣**をめざすべきだということになるわけです。

それなら「民主主義」でいいじゃないかということになるのですが，それはまずい。大日本帝国憲法は天皇主権ですから，そう呼ぶためには，憲法を改正して国民主権に変えなければならない。しかし，憲法を変えることができるのは天皇しかいない。

そこで，実際の政治は「民主主義」で，天皇主権の憲法はそのままで行こうと言うわけです。簡単に言えば，「**天皇主権の大日本帝国憲法のもとでの普通選挙と政党内閣**」を主張した。

美濃部達吉の「天皇機関説」

それでは，憲法の規定する天皇の主権とはどういうものか？　ということになります。これに対する答えにあたるのが，**美濃部達吉**の「**天皇機関説**」。天皇の主権は絶対的な，無制限なものであるという天皇主権説ではなくて，天皇はあくまでも**法人たる国家の代表者**なんだ。だからちゃんとみずから決めた**憲法の規定の枠内でその機能を果たすべき**である。

これに対して，**上杉慎吉**らは「**天皇主権説**」を主張していたことも覚えておきましょう。従来の，本流の定説であり，天皇の地位，機能に制限をつけるべきでないとするものでした。

吉野作造は，1918 年には**黎明会**を組織して全国で啓蒙活動を展開し，大学生たちの思想団体である**東大新人会**などが結成されていきました。

美濃部達吉は，大正天皇が即位して新時代が始まった 1912 年，『**憲法講話**』を刊行し，天皇機関説や政党内閣の必要を主張しています。もちろん，山県有朋など元老は第 2 次西園寺公望内閣に代わる内閣として**桂太郎**を選んだわけですが。

その桂は第 1 次護憲運動に対して新党の設立を試みた。ここはやったところですね。ちょっと補足しておくと，桂はこのとき，単に新党を設立するだけでなく，「元老政治」からの脱却をめざそうという姿勢を示したのです。第 3 次内閣の発足時の閣議で，

史料

10　第3次桂内閣初閣議における桂の発言

従来ノ慣行或ハ政事ヲ閣外ノ元勲二私議シ……
これまでの慣習で，政治は元勲らによって支配されてきた……

故二太郎就任ノ初二於テ深之ヲ鑑ミ……将来ハ閣臣進テ此弊ヲ廃スヘシ……
そこで私は首相となったとき，　将来は内閣で大臣たちががんばって，元勲らによる支配を排除しようと考えた。

と述べ，**元勲（元老）による支配からの脱却**をめざしていました。もっともデモ隊に囲まれてあっさり総辞職してしまうんですが。

ちょっとまとめておきましょう。

吉野作造＝民本主義　➡ 1918 黎明会，東大新人会
…天皇主権の大日本帝国憲法のもとでの普通選挙と政党内閣を主張。
美濃部達吉＝天皇機関説　『憲法講話』
…国家を団体（法人）とみなし，天皇を統治権を行使する機関とする。

社会運動の発展

さて，この大正デモクラシーの思想によって，従来弱い立場，あるいは不当な差別を受けている立場に属する人々が，権利を回復するための運動を展開します。

当時の過酷な条件下における労働者たちの**労働運動**，江戸時代と同じような高率の現物小作料を取られていた**小作人**の**権利回復運動**，当時，「**部落民**」と呼ばれ，いわれなき差別を受けていた**被差別部落**の人々の**権利回復運動**，**女性**の全般的な地位の低さを回復しようという**婦人運動**，それからさらに進んで，システムとして富の不平等を解消し，偏った富を貧しい人々に分配す

べきであるとする**社会主義運動**，あるいは土地などの基本的な財産を私有するのはいけない，共有にしようというロシア革命の影響を受けた**共産主義運動**，などなどが現れてきます。

ここはもう，単純に**団体名をしっかり覚えるのが第一**です。

▶労働運動・農民運動

Q 1912 年，鈴木文治が設立した労働団体は？　——友愛会

これはいわゆる「**冬の時代**」に労働運動を絶やすまいとした一種の啓蒙団体のようなものです。**労資協調**であまり戦闘的ではない。**1911 年**に「**工場法**」が成立し，1916 年には施行されています(第 3 巻，p.338)。

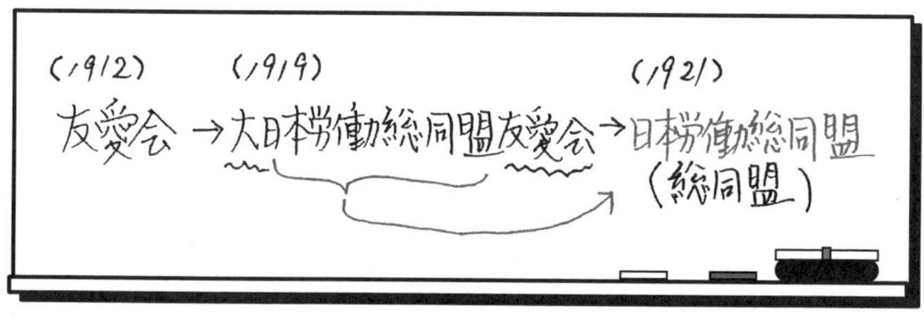

ところが，第 1 次世界大戦が終わると，友愛会は「**大日本労働総同盟友愛会**」と名前が変わり，さらに「大」と「友愛会」を取って真ん中だけ残して，「**日本労働総同盟**」になります。

そして労働者の祭典，**最初のメーデー**が **1920 年 5 月 2 日**に開催された。

このような労働運動高揚の背景には，大戦景気による産業の規模の拡大にともなう労働者の増加，とくに，**重化学工業の発展**によって**男子労働者が急増**したことがありました。家計補充的な女子労働者に比べ，一家の大黒柱である男子労働者の急増は，当然ながら労働運動の本格化につながった。物価高が戦後も続くなかで賃金の引き揚げを要求することとなり，労働争議の件数も急増した。**戦闘的な労働運動**が展開されたということです。

小作人たちの農民運動も同じような背景のもとに拡大し，**賀川豊彦・杉山元治郎**らによって，「**日本農民組合**」が結成されます。部落解放運動は**西光万**

吉らによって結成された「**全国水平社**」を覚えておく。

あと，国内の問題ではありませんが，中国で起きた「**五・三〇事件**」にも注意しておきましょう。

Q 中国で設立された日本資本の紡績業などは何と呼ばれたか？

——在華紡

その在華紡でも，1925 年，中国人労働者による待遇改善を要求するストライキが起こった。労働者・学生が加わって各地に広がり，**反帝国主義運動**となります。これを**五・三〇事件**と呼びます。国内の労働問題ではありませんが，覚えておいてください。

▶婦人運動

婦人運動は，明治時代末，**1911 年**に**平塚らいてう**（**明**）らの「**青鞜社**」が設立され，文学による女性解放運動から始まります。その雑誌『**青鞜**』の創刊号に載った「**原始，女性は実に太陽であった**」——ここだけはしっかり覚えておく。

ただし青鞜社のトウはまちがえて「踏」むという字を書かないようにね。「革」ですからね。

青鞜社という名称は，イギリスなどで女性の地位の低さに目覚め，男子と平等の権利を主張する女性たちがシンボルとしてはいた青いストッキング，“**ブルー・ストッキングズ**”を日本語に訳したものです。これは文学運動で，やがて財政難などで運動は衰えてしまいますが，第 1 次世界大戦後，

Q 市川房枝や平塚らいてうたちがつくった婦人の権利拡張のための団体は？

——新婦人協会

ここで具体的な成果として，**1900 年**，第 2 次山県有朋内閣のときの「**治安警察法**」第 5 条の第 5 項——**女性の政治活動の禁止条項の撤廃**を実現させます。

そして普通選挙運動がさかんになってくると，婦人参政権，女性の選挙権もちゃんと認めろという「**婦人参政権獲得期成同盟会**」という団体が生まれますが，やがて実現した普通選挙法案はやっぱり女性に選挙権を与えなかった。

そこで，あくまでも婦人の参政権，選挙権を求めて，「**婦選獲得同盟**」と名前を変えて運動は継続されます。

それから，女性の，今度は社会主義者たちの団体が生まれます。労働者として資本家階級から経済的な差別を受けたり，低い地位しか与えられていない現状を打破しようという社会主義運動ですが，そのなかで男性よりも低い地位に甘んじなければならない**女性たちの社会主義者団体**が「**赤瀾会**」です。

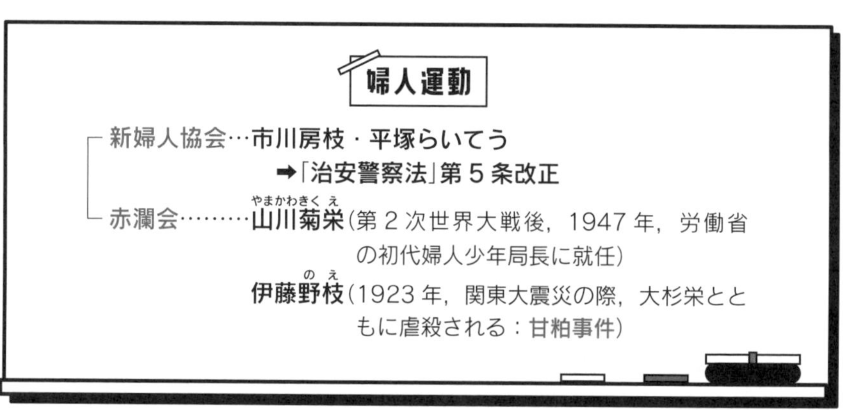

ここでは**新婦人協会と赤瀾会の区別**がポイントですよ。**菊栄の「栄」と野枝の「枝」に注意**してください。「え」ですが，「栄」と「枝」。**２人のその後にも注意**すること。

▶社会主義運動ほか

次は**社会主義**，**共産主義**。大逆事件以来の「冬の時代」から抜け出して資本主義に抵抗する思想が復活してきます。

1920 年，東大経済学部助教授の**森戸辰男**が雑誌でロシアの革命家クロポトキンの思想を紹介して休職処分となる事件，「**森戸事件**」が起こっていますが，５月には**最初のメーデー**，年末には**日本社会主義同盟**が結成され，労働運動家・学生運動家も参加しています。社会主義者の全国団体ですが，翌年には解散命令が出ます。

思想弾圧といえば昭和のファシズムの時代に集中するんですが，森戸事件は1920年，**原敬内閣**のときです。昭和の弾圧事件ではありませんよ。また，弾圧によって社会主義運動が挫折(ざせつ)したわけでもなく，全国団体ができていることも確認しておきましょう。

さらに社会主義者のなかには**大杉栄**(おおすぎさかえ)などの無政府主義者も現れてくるし，ロシア革命の影響で共産主義者，マルクス・レーニン主義者も出てくる。政府などというものは所詮(しょせん)，民衆を抑圧(よくあつ)するものだから不要だという**無政府主義**や，私有財産制を否定し，資本家を打倒(だとう)して，民衆が権力を握(にぎ)るべきだという**共産主義**が現れてくるわけです。

1922年には，非合法(ひごうほう)，要するに秘密組織ですが，**日本共産党**がソヴィエトの共産主義運動にともなって結成されます。世界に共産主義を広めるための「**コミンテルン**」の日本支部という位置づけで，**堺利彦**(さかいとしひこ)・**山川均**(やまかわひとし)らによって**日本共産党**が誕生していた。

1920 **森戸事件**…「クロポトキンの社会思想研究」で**森戸辰男**休職処分
日本社会主義同盟
1922 **日本共産党**…**堺利彦**（1903 幸徳秋水と平民社）・
山川均（1906 **日本社会党**）

さらに，社会主義を取り入れた国家主義，**国家社会主義**も登場します。1919年には**大川周明**(おおかわしゅうめい)らが**猶存社**(ゆうぞんしゃ)を設立しています。また，**北一輝**(きたいっき)は『**日本改造法案大綱**』で，クーデターを起こし，憲法を停止して戒厳令(かいげんれい)を施行し，私有財産の制限や大企業の国有化を断行(だんこう)しようと主張します。この著作は，やがて，**二・二六事件**を起こす青年将校(せいねんしょうこう)たちのバイブルのような存在となります。

もう1点，**普通選挙**。普通選挙を求める声も高まりますが，「**男子**」普通選挙の実現が目標です。女性も含めるところまではいっていません。男子普通選挙の導入(どうにゅう)は加藤友三郎内閣が検討を始め，続く第2次山本権兵衛内閣が導入に踏(ふ)み切ろうとしたのですが，関東大震災，虎の門事件で総辞職ということになって立ち消えになってしまいます。

2 市民文化の展開（大正・昭和初期）

授業ノート p.16 参照

大衆文化・市民文化の開花

では，大正デモクラシーから次の昭和の初期ごろの文化にいきましょう。**大衆文化・市民文化**が開花する時期です。

高等教育の拡充などを背景に，多くの都市民が文化の担い手として中心的な役割を担う。都市の一般大衆が文化に積極的にかかわるようになる。ちょっと難しい表現だけど，**都市中間層・知識階級の成長**がその背景にあります。

建築・鉄道・風俗

都市の景観も，市民，都市の住民の生活も，**洋風化**が進みます。関東大震災後に本格化する鉄筋コンクリートづくりのオフィスビルが都心に立ち並び，「**丸ビル**」（丸の内ビルディング）と呼ばれます。また，**俸給生活者**と呼ばれた人びとの住宅が，都心から郊外に延びる鉄道沿線に建設され，応接間や暖炉などの洋風の設備を取り入れた「**文化住宅**」が流行しました。震災後の東京や横浜には，**同潤会**が木造住宅だけでなく4，5階建てのアパートを建設していきます。

あと，本格的な西洋建築としては，アメリカ人**ライト**の設計した**帝国ホテル**。完成したのが関東大震災の1923年。なんと，大震災でも崩れなかった。その一部は現在も愛知県の明治村に保存されています。

▲帝国ホテルの玄関

そして，日本の建築学の第一人者，**辰野金吾**の**東京駅**がこの時期のものです。ちなみに，同じく辰野が設計・施工した**日本銀行本店**は1896年ですから明治時代です。

東京・大阪では**地下鉄**も現れます。自動車も増えて，1円の均一料金のタクシー「**円タク**」が登場します。東京の銀座，大阪の心斎橋には，山高帽にステッキの「**モボ**（モダンボーイ）」と呼ばれた男性，断髪にスカートの「**モガ**（モダンガール）」と呼ばれた女性が現れます。最先端を行く「モボ・モガ」の登場も都市の近代化を象徴するものでした。農村がそのように近代化，洋風化したというわけではないので，とくに目立つ風俗だったわけです。

次に**食事**。今でも人気の「**トンカツ**」「**カレーライス**」などの「**洋食**」が登場し，**百貨店**（**デパート**）も出現します。三井家の越後屋呉服店を前身とする**三越**や，私鉄のターミナルにも次つぎに誕生します。

その鉄道，私鉄の代表と言えば，**小林一三**が1907年に設立した**箕面有馬電気軌道**。1908年に阪神急行電気鉄道と改称しますが，小林は乗客を増やすために大阪・神戸間の沿線の住宅地開発を進め，さらには遊園地，温泉，そして，**宝塚少女歌劇団**などの娯楽を提供していきます。いまでも宝塚の好きな人は多いし，出身の芸能人も多い。

ちなみに，最初の**ターミナルデパート**は，阪神急行電鉄の本社ビルの1階で食料品や日用品の販売を始めた**白木屋**だそうです。

教育・学問・思想

▶教育

明治時代は高等教育を受けたごく一部の人と，大多数の義務教育レベルの人という，いわゆる二重構造だった。ところが，大正末から昭和にかけて，私立大学などを出た**俸給生活者**，ホワイトカラー，サラリーマン層が増えてきます。

それだけではありません。タイピストや電話交換手などでは女性が活躍し，「**職業婦人**」と呼ばれるようになります。

原内閣による「**大学令**」によって，それまでは大学卒の資格，学士の号を出すことができなかった**私立大学**などが大学として認められるようになり，さらに，いわゆる総合大学じゃない**単科大学**も認められるようになる。**高等学校**も拡充されてきます。このような**高等教育の拡充**が都市中間層，知識階級の成長，ボリュームアップに直接的につながっていくわけです。

また，「自由」という言葉が好まれ，「**自由教育運動**」という民間の教育運動が起こってきます。

Q 自由学園を創設し，生活と一体化した自由教育を行った人物は？
――羽仁もと子

生活教育，**生活綴方教育**も現れます。「綴方」というのは作文のことですが，作文をとり入れ，生徒たちのいわゆる自発的な学習を助長していくような生徒中心の教育が試みられます。

▶自然科学・人文科学

自然科学では**理化学研究所**，**北里研究所**などが充実していく。**KS磁石鋼**を発明した**本多光太郎**，**黄熱病**研究の**野口英世**などが活躍します。

人文科学では，西田哲学と呼ばれる日本独自の哲学体系を構築し，**『善の研究』**を著わした**西田幾多郎**。また，神話を架空のものとして排し，事実だけを取り出そうという古代史研究で有名な**津田左右吉**，**『神代史の研究』**。

「おにぎりはなぜああいう形になるの？ なぜ日本人は正月に門松を飾るの？」といった，とりわけ理由を考えることもなく，民間でみんなが守ってきているようなさまざまな行事，習慣，習俗というものを学問的に解明する「**民俗学**」という分野も生まれます。

Q 民俗学の開拓・確立に尽くした2人の学者をあげなさい。
――柳田国男，折口信夫

折口信夫は歌人としては**釈迢空**の名で有名です。**民俗**学の字をまちがえないようにね。ゲルマン「民族」とか漢「民族」の民「族」じゃないですよ。フォークロアといってドイツ語から訳した言葉です。柳田，折口ともに多くの著作がありますが，入試では柳田国男の**『遠野物語』**が出るぐらいです。

美濃部達吉と吉野作造はいいですね。そして，**マルクス主義**の研究では，**河上肇**の**『貧乏物語』**。これは文字どおり，頻出！

それと，先ほど出てきた**森戸辰男**の**『クロポトキンの研究』**。

あとは，これも先ほど触れた，超国家主義の**北一輝**。

Q 国家社会主義を唱えた北一輝の著作は？ **――『日本改造法案大綱』**

繰り返しになるけど，この本は**大川周明**らの国家主義団体，**猶存社**から秘密出版され，その後，**改造社**から刊行されて，青年将校たちに大きな影響を与えた。

文学

▶耽美派・白樺派

文学は明治末の石川啄木の時代からやがて大正の始めにかけて，「**耽美派**」，「**白樺派**」が生まれる。大正デモクラシーのまさに代表的な文学が白樺派です。授業ノートの一覧(授業ノート，p.18)を見て忘れないこと。

耽美派は「**美に耽溺する**」。美しさを徹底的に追求しちゃう。**谷崎潤一郎**，『**痴人の愛**』とかね。白樺派は入試的に言うと，「**学習院**」系がキーワード。

大地主の息子がヒューマニズム，人道主義に目覚める。「小作人のあの悲惨な生活はなんだろう，僕たちはこんな豊かでいいんだろうか」と悩む。パターンでいうと，こういうのが多い。

Q 白樺派の代表作家は？ ——**武者小路実篤**

理想主義，**人道主義**の思想を**基盤**とする芸術運動で，**有島武郎**，**志賀直哉**，**長与善郎**などがいます。

▶新思潮派・新感覚派

白樺派にちょっと遅れて「**新思潮派**」が出てきます。こちらのキーワードが「**東大**」系。

白樺派が甘ーい文学と言わざるをえないのに対して，新思潮派はクサい。いかにも東大だぞといった教養がチラチラッと出ちゃう。

Q 新思潮派の代表作家は？ ——**芥川龍之介**

あと**菊池寛**あたりでしょう。この新思潮派とよくまちがえちゃうのが，大正末から今度は昭和初期にかけての新しい流れで出てくる「**新感覚派**」。関東大震災後の都市の変化，モダニズムの影響を受けた，新しい文学の総称です。

横光利一とか，戦後，ノーベル賞を受賞した**川端康成**なんかです。もっとも，日本史の教師に新感覚派について語らせようというのは無理というもので，もちろん，日本史の試験で突っこんで問われることはありません。このあたりのくわしいことは国語の先生に聞いてください。

┌**学習院系**……**白樺派**（武者小路実篤，志賀直哉，有島武郎，長与善郎）
└**東大系**………**新思潮派**（芥川龍之介，菊池寛）
　　　　　　　　新感覚派（川端康成，横光利一）

▶大衆文学・プロレタリア文学

そこで日本史の先生がこのあたりで問題を出すとなると，「**大衆文学**」が出しやすいということになる。なぜかと言うと，大正から昭和の**市民文化**，**都市文化**の特徴がよく出てくるからです。大衆が積極的に文化にかかわるという意味で大衆文学が入試では頻出ということになる。

Q 中里介山が書いた大長篇小説は？ ──**『大菩薩峠』**

この小説や**直木三十五**の**『南国太平記』**なんかがやっぱりよく出ます。

さらに，労働運動，社会主義運動とか共産主義などとのからみから，**プロレタリア文学**が入試で大事です。**『種蒔く人』**，**『戦旗』**などの雑誌名も押さえておくこと。

作品として，絶対に覚えなきゃならないのは３点。

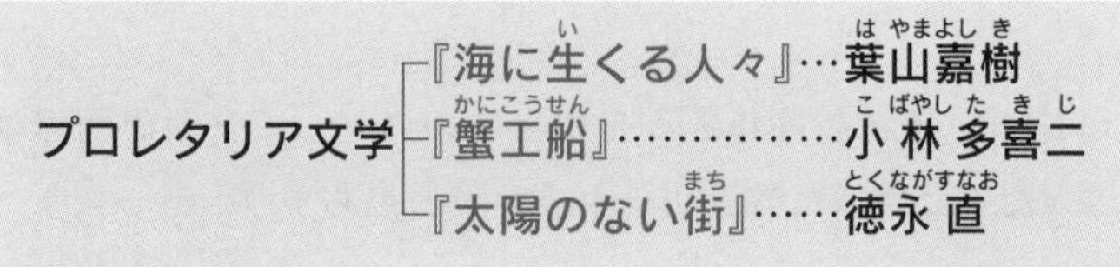
プロレタリア文学
┌**『海に生くる人々』**…**葉山嘉樹**
├**『蟹工船』**……………**小林多喜二**
└**『太陽のない街』**……**徳永直**

小林多喜二は特高警察によって虐殺されるなど，プロレタリア文学は弾圧の対象とされていきます。

雑誌の大量発行も始まります。大きく分けて**総合雑誌**と**大衆雑誌**。**総合雑誌**は学者の論説から随筆，小説まで様々な作品を掲載。**大衆雑誌**は，より娯楽面が重視された小説などが中心で，講談社の**『キング』**は400万部に達する大衆雑誌の文字どおりキングでした。経済を中心とする経済雑誌では『**東洋経済新報**』。これは**石橋湛山**が植民地放棄論など，急進的自由主義を提唱したことで注目されました。

あと，子供が文学の対象となったという意味で注目された，**鈴木三重吉**の雑誌『**赤い鳥**』も覚えておいてください。

雑　誌

- 総合雑誌……『改造』，『**中央公論**』
- 大衆雑誌……『**キング**』
- 経済雑誌……『**東洋経済新報**』
- プロレタリア文学・雑誌…『**種蒔く人**』(1921)，『**戦旗**』(1928)
- 児童雑誌……『**赤い鳥**』

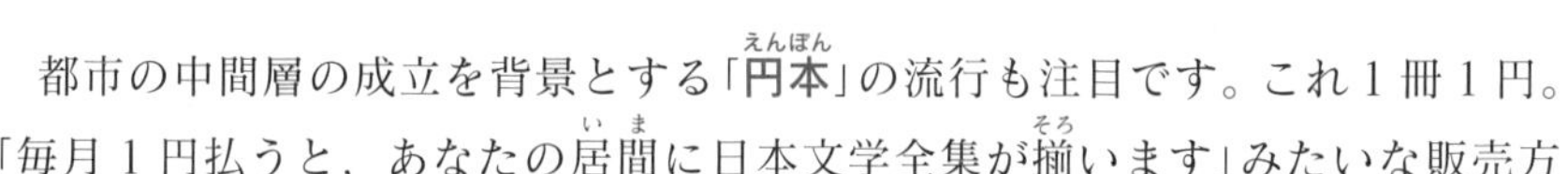

都市の中間層の成立を背景とする「**円本**」の流行も注目です。これ１冊１円。「毎月１円払うと，あなたの居間に日本文学全集が揃います」みたいな販売方法が流行する。

また，学問や古典に興味のある人に，安価にさまざまな文献を紹介していったのが「**岩波文庫**」です。いわゆる文庫本ブーム。これも大正期の市民文化の象徴です。

芸術

▶絵画・彫刻

次に絵画。洋画では，いちばんよく出るのが**岸田劉生**，「**麗子像**」です。ほかに**安井曽太郎**，**梅原龍三郎**などで，代表的な洋画団体は「**二科会**」です。

日本画のほうは明治の後半，少し衰えちゃうんですが，再び**横山大観**ががんばって**日本美術院**が再興されます。彫刻では**高村光太郎**。

洋画……二科会
日本画…(再興)日本美術院

▶演劇・音楽

演劇は島村抱月・松井須磨子の芸術座，1913年です。ところが，はい，1923年に何が起こりました？ 関東大震災。首都圏の劇場なんかが全部だめになっちゃった。そこでともかく，ちっちゃくてもいいからというので，翌年，

Q 1924年，小山内薫・土方与志たちが建設した劇場の名は？

——築地小劇場

1923年，「大」震災 ➡翌年，「小」劇場

これが覚え方。ちゃんと時代感覚をつけておく。

次は音楽。大正から昭和にかけては山田耕筰です。「赤とんぼ」なんかが代表作。「日本交響楽協会」などオーケストラもようやく大正の末にはできます。

大衆文化の成長

▶映画・新聞

大衆文化として急速な成長を遂げたのが映画です。最初は無声映画で音は出ない。映画館に弁士という人がいて，セリフなんかをしゃべる。当時は活動写真といいました。やがて音つきの映画，トーキーに変わっていきます。

新聞はあいかわらず，『大阪毎日新聞』，『大阪朝日新聞』などが大新聞です。

▶ラジオ放送

次に，大戦景気を経て電気事業が飛躍的に発達したことによって，民間レベルにも電気が利用されるようになってきます。そして，東京，大阪，名古屋でラジオ放送が始まり，翌1926年には日本放送協会，今のNHKが発足します。

はい。お疲れさまでした。疲れたついでに，ちょっとあいだをおいて，明治の文化(第3巻，第52回)に戻り，それからこの大正期の文化の復習を試みてください。とりあえず覚えようとしなくていい。近代の文化のメインテーマが見えてくればOKです。

作品の暗記は，入試本番までにチャレンジということにしましょう。教科書を開いて，写真版や本文の太字をまず覚えていきましょう。

第58回

近代(17)

金融恐慌・山東出兵

いよいよ**激動の昭和史**に入ります。さて，昭和と西暦の関係を確認しておきましょう。

昭和元年＝1926年　19＊＊年(西暦)－25＝昭和＊＊年

さて，大戦景気が終わって，日本の経済は連続する**恐慌**に見舞われます。再び好景気となるのは**満洲事変勃発後**です。

	1920	1923	1927	1930
(大戦景気)	➡**戦後恐慌**	➡**震災恐慌**	➡**金融恐慌**	➡**昭和恐慌**

政府は日本銀行を通じての救済で企業の倒産を防ごうとしますが，経済は再生せず，最後に**昭和恐慌**が発生します。政治は，いわゆる**政党内閣の時代**。2大政党が交互に政権を担った。もちろん，現在のように国会が首相を選ぶ議院内閣制ではなく，最後の元老と呼ばれた**西園寺公望**が天皇に次の首相を推薦することで，「**憲政の常道**」によって政党内閣が続いた時期です。

そこで，政権が交代するとその外交政策も変わる。**協調外交と積極外交が交互に繰り広げられる**。憲政会・立憲民政党内閣では**幣原外交**と呼ばれる**協調外交**。立憲政友会は**田中義一内閣**の**積極外交**です。

今回は，**第1次若槻礼次郎内閣**から**田中義一内閣**の時期。経済は，大戦景気以後から，もう一度復習していきます。

1 金融恐慌

授業ノート p.20 参照

政党内閣の時代

大正の末に登場した**清浦奎吾内閣**は選挙で敗北。**護憲三派**によって退陣に追い込まれて以後，犬養内閣まで「**政党内閣**」の時代が続きます。まず暗唱から。

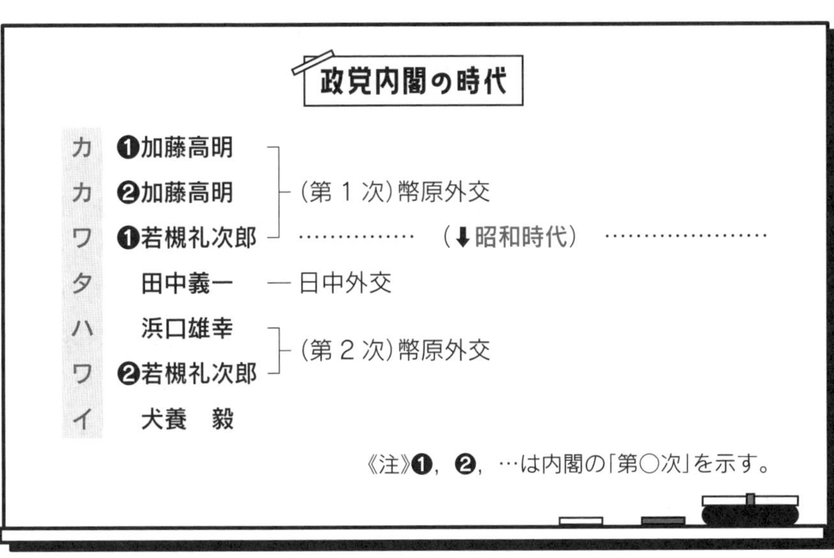

さて，今回は**金融恐慌**と**山東出兵**がメインテーマです。

経済の流れを再チェック！

では，第１次世界大戦後の経済の動向からいきましょう。1920 年に**戦後恐慌**が起こっています。空前の好景気の反動。これを原内閣は，**積極財政策**でなんとか切り抜けていきました。

ところが，1923 年，今度は**関東大震災**，「**震災恐慌**」に見舞われます。首都圏が壊滅した。首都復興のために，膨大な資材の輸入とか，莫大な経済的損失をカバーしなきゃいけない。なによりも，震災恐慌による会社の倒産を防がなければならなかった。第 56 回で，ここまではやった。

震災手形

Q 日本銀行が震災手形を救済した結果，損害をこうむったときに，政府が１億円を限度に補償することとした法律は？

——(日本銀行)**震災手形割引損失補償令**

法律名ぐらいは覚えていましたか？ 内容は，関東大震災の被災地の会社などが，手形を決裁できなくなって倒産するのを防止するのが目的。

被害を受けた会社の手形が「**震災手形**」と呼ばれたわけですが，この場合の「手形」というのは**支払いを約束した証書**ですから，「**約束手形**」と呼ばれるものです。何年何月何日に何万円払いますと約束した証書。

受けとったほうは，期日が来たらそれを現金化できる。その前でも，銀行などに現金化してもらうことも可能です。期日前に現金化することを「**割引**」，「割引きする」といいます。その場合は，もちろん手数料や利息分は額面から引かれます。要するに，手形というのはお金を払うことを約束したものです。

そこで，期日に，振り出した会社が現金を持っていない，その会社の銀行口座に預金がちゃんとないと現金化できません。できないと倒産。現金化できない手形を「**不渡り手形**」「手形の不渡り」などと言います。不渡りを出されると，現金化できる予定だった会社のほうもお金が入ってこないから，**倒産する危険**，連鎖的に倒産することもある。大雑把にはこう考えておいてください。

さて，もう一度。震災地の会社の手形が不渡りになる。こうなると，通常なら健全経営の会社でも危ない。膨大な不渡り手形が発生し，受け取ったほうの会社も倒産ということになっていく。

これを防止するために，**政府が日本銀行に融資させた**んです。要するに，震災手形を割引かせた。銀行が割引し，さらにそれを日本銀行が再度，割引く。日本銀行の再割引で銀行・会社に現金を流した。もちろん，一定期間が来たら会社はその借金を返す，銀行も日本銀行に返す予定です。しかし，立ち直れず，返せない会社も当然出てくるだろう。その場合は，**１億円を限度として日本銀行が被った損害は政府が補償**しましょうということになった。

それが，「**震災手形割引損失補償令**」です。震災手形を日本銀行に割引させるが，損失が出た場合は政府が補償するということです。日本銀行のこのときの割引高は約４億３千万円。

そこで，次の疑問が出てきます。

「なんで日本銀行はそんな巨額(きょがく)の融資ができたのか？」

日本銀行は紙幣(しへい)を発行できたから。それはそうですが，本来，日本銀行はそんな巨額の紙幣を発行することはできないはずだった。現在なら，日本銀行の判断で紙幣の増発(ぞうはつ)はできますが，当時の制度ではできなかった。ところが，**金輸出が禁止されていたので増発できた**んです。

金本位制

金本位制を思い出しましょう。1897年の**貨幣法**で，１円紙幣は0.75ｇの金貨と兌換(だかん)，いつでも交換(こうかん)できる。100円紙幣なら75gの100円金貨と交換できる。そして，アメリカでは50ドル紙幣が75ｇの50ドル金貨と兌換できた。イギリスなどの先進資本主義国は，同様の通貨制度をとっていた。「**国際金本位制**」などという体制です。自国の金貨が海外に出て行くことも，外国の金貨が入ってくることも制限しない。自由でした。

金が出て行くことを「**金輸出**」と言います。これが自由。このような状態を「**金解禁**」と呼びます。黒板をみてください。

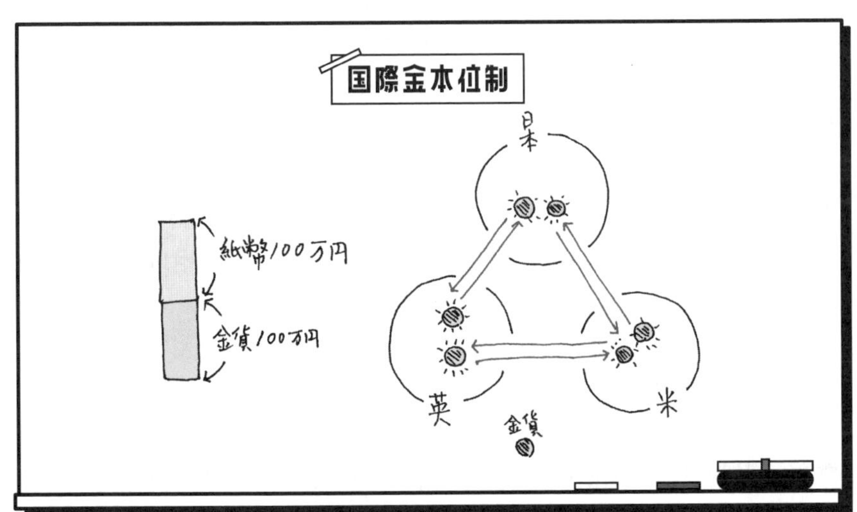

イメージはこんなふうになるでしょう。**紙幣の発行高と金貨の保有高は1：1**でなければならない。そして，その**金が国境を越えて自由に出入りするも自由**。

この国際金本位制だと，貿易の赤字が巨額で，それが続くようだと，やがて金は全部海外に出て行って，国は破産。輸出するものは資源とか農産物になってしまう。工業製品は輸入するしかない，完全に後進国に転落。

そこで，**第1次世界大戦の交戦国は次つぎに金輸出を禁止していった**んです。

交戦国は戦争のための巨額の資金は要るし，貿易だって，必要以上に物資を輸入するから，赤字。ほっておいたら国が破産するから，金輸出を禁止します。そうすれば金は国内にキープできる。

もう1つ，金輸出を禁止すると，金本位制の原則を破って，金貨の保有高を超える紙幣を発行することもできる。もちろん，国内では兌換を制限しなければなりませんが。そこで，**紙幣を増発**する。

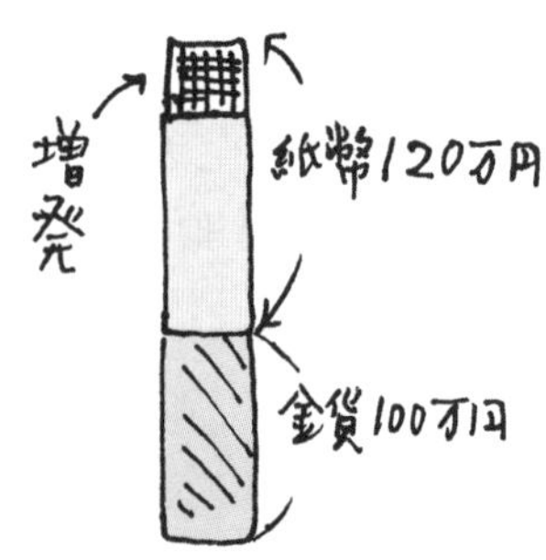

すると，国内は**インフレ**になる。そして，円だけが金輸出禁止で，相手国が金輸出解禁の状態だと円とドルの交換，為替相場で円は下落していきます。欧米先進国は第1次世界大戦にともなって金輸出禁止に踏み切り，戦後の経済の再建にともなって金解禁した。ところが，**日本は禁止のまま**。

100円＝50ドルでほぼ固定されていたのが，110円＝50ドル，120円＝50ドル。と思ったら，115円＝50ドルと円が上がったりする。大戦後，日本の円とドルの関係は，**円相場が動揺しながら下落する**という状態でした。

ちょっと理屈っぽい話ですが，ポイントはしっかり理解してください。

話を**震災手形**に戻しましょう。

関東大震災の被災地の企業の大量倒産を防ぐため，救済のために，政府は**「震災手形割引損失補償令」**で日本銀行に手形の再割引をさせた。要するに，お金を，紙幣を増発して，緊急事態を乗り切った。それができたのは，1917年からの**金輸出禁止が続いていたから**です。そこで，金保有高を超過する増発分の紙幣を減らさなければ兌換制度には戻れない。そうしなければ「金解禁」，金輸出の禁止を解禁することもできない。しかし，**戦後恐慌**，**震災恐慌**と恐慌が続く。貿易は赤字に転落したまま。それを日本銀行の融資でなんとか抑え込んでいったので，金輸出を禁止したまま。**増発した紙幣を減らすことができない**。

企業が立ち直って銀行も健全経営となり，貸したお金が日本銀行に戻ってくれれば，その紙幣を消却していけばいいんですが，企業のほとんどが立ち直れないためにどうにもならなかったというわけです。日本銀行の4億円あまりの特別融資は，1926年末になっても半分ほどしか返ってこない。

政府はさらに日本銀行を通じてなんとかお金を補給してやらなきゃいけない。政府も貧乏だから，日本銀行にお札を刷らせてそれを借りるという方法しかない。それが，いわゆる「**震災手形処理法案**」の審議です。

第1次若槻礼次郎内閣(金融恐慌)

若槻礼次郎

このときの内閣は**第1次若槻礼次郎内閣**。

もう一度ちょっと復習して，「カカワタハワイ」の最初の「カ」。**護憲三派**内閣の第1次加藤高明内閣。ところが，1925年に立憲政友会総裁に**田中義一**という陸軍，長州の大物が就任し，革新倶楽部が政友会に吸収され，護憲三派の連携が破れてしまいます。

しかし，天皇は，「もう一度，加藤高明，君がやりなさい」。で，**憲政会**単独で**第2次加藤高明内閣**。ところが加藤高明が，1926年，議会の最中に病死してしまうんです。

そこで，憲政会を引き継いだ**若槻礼次郎**が内閣総理大臣になります。もちろんすべて西園寺公望の判断です。これが憲政会の**第1次若槻礼次郎内閣**。この内閣が最初にぶつかった最大の問題が，「**震災手形処理法案**」の審議でした。

▶大蔵大臣の失言で「取付け騒ぎ」

ところが，この法案の審議の最中に，大蔵大臣片岡直温が「早くこの法案をとおしてくれないと，今日もまた(東京)渡辺銀行が倒産しそうだ」というようなことを口走ってしまった。

大蔵大臣が，ウントカ銀行がヤバいと言った瞬間に，本当にその銀行はつぶれますよ。預金者が仕事もすぐにほっぽり出して，ともかく預金通帳を握ってその銀行に駆けつけます。預金者が不安にかられて銀行に払い戻しに殺到することを「**取付け**」，あるいは「**取付け騒ぎ**」といいます。これが起こった。

▶第１次動揺(1927年３月)：東京の二流銀行休業

渡辺銀行は休業に追い込まれます。休業というと言葉は簡単ですが，預金の払い戻しができないということです。まともな銀行だって，一斉に預金者が押しかけて払い戻しを請求したら，それは返せませんからね。

うわさはうわさを呼んで，二流の，中小レベル銀行がいくつか休業に追い込まれてしまいます。実は，この最初の「**第１次動揺**」というのは，一応収まったんですよ。

▶第２次動揺(1927年４月)：台湾銀行休業

ところが，これもよくある話で，大物がその後出てきました。それが，**台湾銀行**が危ないという話です。

Q 台湾銀行が大規模な融資を行っていた総合商社は？　――鈴木商店

大戦景気のなかで鈴木商店は三井・三菱に迫る勢いだった商社ですが，これにお金を貸しすぎた。恐慌につぐ恐慌で業績は悪化したまま。鈴木商店に貸しすぎた台湾銀行も経営が行き詰まってしまった。

負債が大きすぎて，鈴木商店がつぶれちゃうと，台湾銀行もつぶれてしまう。簡単に言うと預金者に預金が払い戻せなくなってしまい，金庫はからっぽ。さらに，

Q 台湾銀行につづいて休業に追いこまれた銀行は？　――第十五銀行

この第十五銀行は，日本史が得意になってきた人，難関私大受験者は授業ノートにマーカーを塗って花マル。そして，「明治10年，**西南戦争**」と書いておく。思い出そう。あのとき，戦費が足りなくなった政府が無理やりつくらせた銀行でした(第3巻，p.245)。

華族のための銀行として発足した**第十五国立銀行**は，その後，第十五銀行と名称を変えますが，「**宮内省の金庫番**」という別名があって，皇族なんかの預金を預かっている，格調高く，信用のある手堅い経営で有名だったんです。その銀行が取付けにあった。

これで，一挙に金融機関に対する信用が崩壊しました。**全国的に取付け騒ぎが拡大**していって，全国で休業銀行が37におよんだ。そこで若槻内閣は，例の「**緊急勅令**」で台湾銀行を救済しようとします。

ところが，これを「ノー」と拒否された。だれが？ 緊急勅令を出すか出さないか，天皇は重要な案件として**枢密院**に諮詢した(意見を求めた)。そうしたら，その枢密院がノーと言った。「出す必要はありません。この内閣の大蔵大臣の失言から始まったことですから，内閣に責任をとらせるべきだ」と。そこで，若槻内閣は総辞職に追い込まれました。

そこで西園寺公望が天皇に呼ばれて，「**憲政の常道**」――政党内閣の慣行を守って，野党第一党に政権をまわしましょうと進言し，**田中義一内閣**が誕生します。

田中義一内閣(金融恐慌を収拾)

田中義一

野党第一党は**立憲政友会**。総裁は陸軍大将で長州の大物，田中義一です。そこで，**田中義一政友会内閣**が誕生したというわけです。

▶モラトリアム発令(1927年)

さっそく田中内閣は，緊急勅令による**モラトリアム**，「**支払猶予令**」で危機を乗り切ろうとします。天皇はふたたび枢密院に諮詢する。すると「オーケー」，あっさりと枢密院は，OKを出しました。田中義一の責任じゃないからということですね。

そこで，「**3週間**，銀行の窓口を閉めなさい」ということになって，なんとか沈静化するわけです。

Q このとき金融恐慌を収拾した大蔵大臣は？ ――**高橋是清**

かつて総理大臣を務め，立憲政友会総裁もやった高橋是清です。

Q 高橋是清蔵相はどのような施策を打ったか？

――**日本銀行の非常貸出**

はい，「非常貸出」の「**非常**」がキーワード。

なんと，24時間フル操業でお札を刷って，トラックに満載して，夜，銀行の裏口からお札を投げ込んでいったんです。

ともかく，もう想像を絶するようなお札大増刷作戦で，モラトリアムで窓口を閉めている銀行に，札束の非常貸出をやって，そして窓口を開けたんですよ。

預金者は自分の預金が引き出せれば，とりあえずは「ああ，よかったな」で終わる。**台湾銀行**も救済され，これで金融恐慌は収まったんです。もちろん，金解禁からはますます遠ざかった。兌換制度に戻るのはほとんど困難という状態ですが，とりあえずは落ち着いた。

金融恐慌の結果は？

ところで，このとき政府は，かなり危ない銀行はつぶしちゃう。中小銀行の整理をしてしまいます。

さらに，預金者たちはどうしたか。またこんなことが起こっちゃいやだから，一番安心なのは大きな銀行だ。「三井や三菱がつぶれるわけねえよ」というんで，中小銀行の口座から預金を下ろして大銀行に移す。**大きな銀行に預金が全部動いちゃう**んだね。

はい，暗唱です。その結果，預金が集中した5つの大きな銀行，「**五大銀行**」，これを英語でカッコよく言うと“Big Five”です。ハイ，声を出そう。

三井・三菱・住友・安田・第一
三井・三菱・住友・安田・第一

まさに財閥系の巨大銀行に預金が集中して，財閥は**自前の巨大銀行**を持ち，産業だけでなく**金融支配を一挙に進めた**のです。

2 山東出兵

授業ノート p.21 参照

大正時代からの外交史を再チェック！

次は話が一転して**昭和初期の外交**，国際情勢です。大正時代からちょっと復習しましょうか。1911 年から。**辛亥革命**で**清朝**が倒れた。

Q 「三民主義」を掲げ，新しい中国の代表者にかつがれた人物は？
——孫文

ところが，この孫文はトップの地位を奪われて追い出されてしまいます。

Q 孫文に代わって，新中国の代表におさまったのは？　——袁世凱

これ，漢字書けなきゃまずいよ。

Q その袁世凱に対して，1915 年，二十一カ条の要求を突きつけた内閣は？
——第 2 次大隈重信内閣

いいですね。その後，袁世凱が死んだ。

Q 袁世凱のあと，寺内正毅内閣が西原借款を与えた袁の後継者は？
——段祺瑞

これも漢字が難しい。その後も中国は混乱が続いている。

共産主義運動の世界的拡大

そこで 1924 年になって，ふたたび**孫文**が本気で中国の革命に立ち上がります。

ところが，1 つややこしい事態が生じていて，資本家や地主を倒して労働者中心の国をつくろうという**ソヴィエトの共産主義運動**が世界に広がっていった。日本でも **1922 年**，**日本共産党**が誕生した。

中国でも，1921年に上海で**中国共産党**が結成されています。中国共産党も，もちろん中国の革命をめざします。孫文もまた，中国の近代化のための革命にずっと熱意を燃やしていた。

孫文は，革命の母体である**中国国民党**という政党をつくっていまして，これを開かれた政党として，いよいよ中国の本格的な改革にもう一度乗り出そうとしたのです。

第1次国共合作（1924年）

しかし，思想の違う共産党をどうするか。中国共産党と，中国国民党が争っていると，古い勢力がいつまでも安閑としてのさばったままになる。

そこで孫文は，たぶん自分の命がもう短いことを悟ったのでしょう，「**国共合作**」に踏み切ります。はい，国共合作の「国」は**中国国民党**の「国」，「共」は**中国共産党**の「共」です。

すなわち，中国国民党と中国共産党が「合作」，協力する態勢をつくった。後にもう一度起こりますので，今回を「**第1次国共合作**」といいます。

孫文は共産党と提携し，「**反帝国主義**」・「**軍閥打倒**」を掲げて，中国革命に乗り出した。翌**1925年**には，上海の**在華紡**でストライキが発生し，中国人労働者が中国の官憲によって大弾圧されます。中国政府が**在華紡**を守ろうとしたことから，大規模な反日事件，「**五・三〇事件**」が起こっています。

北伐（1926年）

このような事件もあって，いよいよ「**北伐**」が始まります。清朝以来，各地に残っている戦国大名のような地域的な権力者，これを軍閥，とくに北の方にいるのを**北方軍閥**といいますが，この軍閥をやっつけようという革命運動が**北伐**です。

ただし，ここで注意しなきゃいけないのは，その直前に，孫文は死んでしまうんです。

Q 孫文の後継者として中国国民党を引き継いだのは？ ——蔣介石です。

蔣介石は，中国国民党の軍事の責任者でしたが，国民党を引き継いで，広東から北に向かって北伐を開始します。1926年のことです。

国共分離(1927年):第1次国共合作の崩壊

北伐は，またたく間に長江流域まで進み，南京，上海を占領します。ところがその上海で，蔣介石はクーデターを起こして，共産党を追い出しちゃうんです。

はい，ここで，第1次国共合作が崩壊します。「**国共分離**」です。そして，蔣介石は，**南京**に根拠地を決めて(**南京国民政府**)，さらに北伐を進めていきます。

▲上海の中心街

幣原「協調外交」への批判

国内に目を転じると，ちょうど**田中義一**内閣に代わるところなんですよ。すなわち，**若槻礼次郎**内閣が，金融恐慌の収束に失敗して倒れた。

なぜ倒れたか。いまやったばっかりだから覚えてるよね。「緊急勅令」による「支払猶予令」の発布を，枢密院に拒絶された。では，なぜ枢密院は支払猶予令を認めなかったか。それは簡単。**枢密院は幣原外交を嫌った**からです。

第1次・第2次加藤，第1次若槻内閣の外相はずっと**幣原喜重郎**です。しかし，幣原のような**協調外交**では，中国にある在華紡や，日本の利権，とくに満洲地域，満鉄などが守れない。軍事力を背景とするもっと強硬な姿勢をとるべきだというので，金融恐慌を利用して若槻内閣を倒したわけだ。

そこで，代わった立憲政友会の**田中義一**はみずから外務大臣を兼ね，「**積極外交**」に転ずるわけです。

幣原協調外交から田中積極外交へ
(軟弱外交) ➡ (強硬外交)

山東出兵

田中義一は，枢密院にモラトリアムを認めてもらって，金融恐慌を収束したあと，いわば枢密院の期待に応える形で，日本の権益を守り，居留民を保護するとの名目のもとに，軍隊を中国に派遣するんです。これが**山東出兵**です。それほど大規模なものではないんですが，27年から28年にかけて，1次，2次，3次と，3回にわたって出兵します。

Q 第2次山東出兵で，北伐途上の中国国民党の正規軍と日本軍がぶつかった戦闘を何というか？
——済南事件

難関私大がよくこの漢字を書かせます。

Q 1927年，田中義一が植民地の行政官ら関係者を集めて開いた対中国問題についての会議は？
——東方会議

会議の結果，田中が発表したのが「**対支政策綱領**」といいまして，中国革命によって日本の利権が重大な被害を受けた場合には，断固たる処置をとるというものです。

建前上は中国の内戦には干渉しないと言いつつも，**満洲**地域などの利権については断固これを守るということを宣言します。

満洲某重大事件（張作霖爆殺事件）

山東出兵のいざこざが一応，一段落すると，蔣介石はふたたび**北京**をめざします。北京には，当時，**満洲**の中心，奉天省のあたりを根拠地とし，日本の支援を受けた**奉天軍閥**，**張作霖**がいました。張作霖は，関東軍や日本の支援を受けて，段祺瑞のあと北京を押さえて，一応中国の代表者のような顔をしている。

日本のヒモのついた張作霖がいれば安心なわけです。しかし，張作霖の軍隊は古いタイプ，あまり強くないんだよね。

そこで，田中義一は考えた。張作霖が北京を守ろうとして崩壊すると，そのまま革命の余波が満洲におよぶ。北京はあきらめて「本拠地の奉天に戻れ。

◀張作霖爆殺現場（奉天郊外）
張作霖が爆殺された現場。上は旧満鉄の線路。歩く姿が，ちょっと腰が引けている？ このトンネルの妙な感覚は，今でも覚えています。

おれたちが守ってやるから」と張を説得した。

張作霖はシブシブ列車に乗って，奉天に向かった。ところが，奉天の駅の直前に来たところで，自分の乗っていた客車ごと，屋根の上から**爆破され，死んでしまった**んです。

これが「**張作霖爆殺事件**」。日本では，報道管制で，「**満洲某重大事件**」と呼ばれました。だれがやったか？ もちろん，**関東軍**の河本大作大佐らが企てた謀略です。河本らは，軍事力で中国の東北部，いわゆる**満洲地域**を直接支配し，中国の本体から切り離してやろうともくろんでいました。

関東軍は田中義一や陸軍中央部の予想をはるかに超える強硬手段に出てしまった。

ところが，計画がずさんで，まもなく，これが謀略事件だということがバレちゃう。大きな混乱も起こらない。そして，田中は河本を停職にするだけでお茶をにごそうとする。そんな態度に天皇が不信感を表したため，**田中義一内閣は総辞職**に追い込まれます。

「不戦条約」の調印（1928年）

ただし，ここで注意しなければならないのは，田中内閣といえども，**ヨーロッパに対しては，あいかわらず協調外交**です。補助艦の海軍軍縮をめざしたジュネーヴ会議にも参加していますし，「**不戦条約**」も締結しています。

田中外交	対中国…**積極外交**：山東出兵，東方会議
	対欧米…**協調外交**：ジュネーヴ会議，（パリ）不戦条約

ジュネーヴ会議には全権斎藤実らが派遣されましたが，イタリア・フランスは不参加。しかも英米が対立して不成功に終わりますが，不戦条約は成立しました。

不戦条約は提唱者の名から，「ケロッグ・ブリアン条約」，あるいは，パリで結ばれたので，「パリ不戦条約」と呼ぶ場合もあります。いまでも生きている条約で，「**戦争放棄に関する国際条約**」というのが正式の名前。国際紛争を戦争によって解決することはやめましょうという条約です。ただ，違反した場合の罰則，制裁についての規定がないので，効果には限界があります。はい，史料。

史料

11　不戦条約

第一条　締結国ハ国際紛争解決ノ為戦争ニ訴フルコトヲ非トシ，
この条約を結んだ15カ国は，国際紛争が起こったときに，戦争によってこれを解決することをいけないことだと決め，

且其ノ相互関係ニ於テ，国家ノ政策ノ手段トシテノ**戦争ヲ放棄**スル
また，そのお互いの関係において，国家の政策の手段として，戦争というものに訴えること

コトヲ，　其ノ各自ノ**人民ノ名ニ於テ**厳粛ニ宣言ス。
を放棄することを，各締結国の国民の名において厳粛に宣言する。

意訳を読んでもらうまでもなくわかるような簡単な内容ですね。ところが，「**人民ノ名ニ於テ**」という部分が問題になりました。

アメリカ，フランスなどは国民主権の国だから“人民＝国民”が宣言してもいいが，日本は天皇主権じゃないか。天皇主権を無視しているのはけしからん。なんと，野党**立憲民政党**が，田中義一内閣を議会で攻撃するんです。

ところで，なんでここでいきなり立憲民政党になったんでしょう。アレ？さっきまで憲政会のはずだったのに。

次の図を見てください。

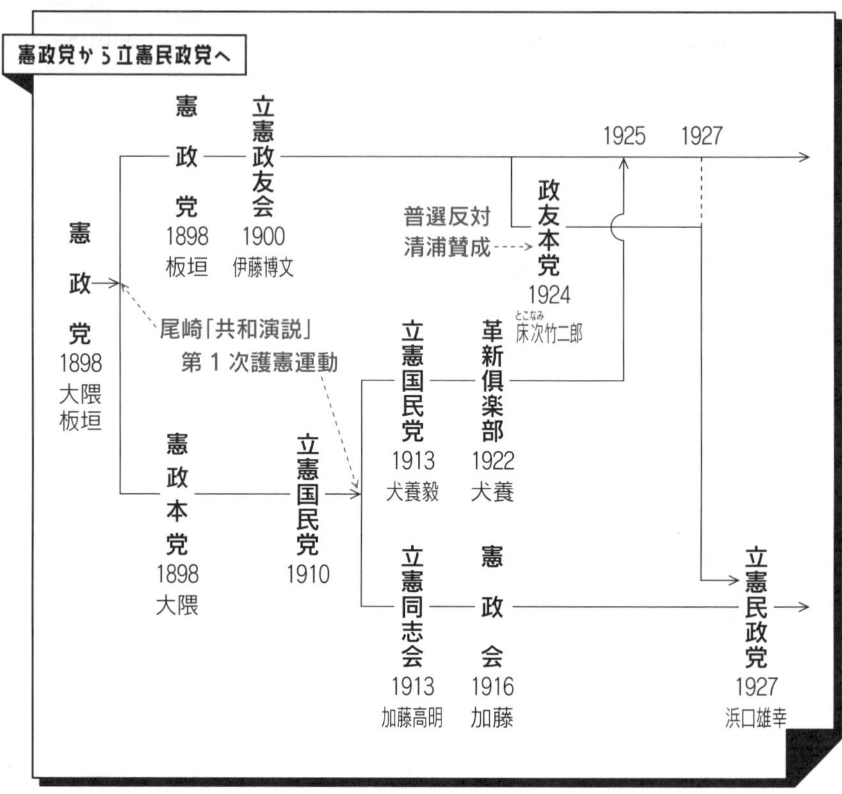

護憲三派内閣のときに，立憲政友会から分かれた**政友本党**が，田中義一内閣に反発して，**憲政会**といっしょになっちゃったんです。そこで，1927 年に，憲政会は政友本党と合体して，名前を「**立憲民政党**」と改めています。

田中は，「不戦条約」をめぐるこの紛糾はなんとか乗り切った。

第１回普通選挙と「治安維持法」改正

もう１つ，国内でも，この **1928 年**は大変大事です。第１回目の普通選挙がようやく実施されます。そして**無産政党**から，８名の衆議院議員が当選してきた。大ショック。

労働者，農民の側に立つ社会主義を前提とする政党を「無産政党」と総称しますが，1926年には労働農民党（労農党）が誕生しています。しかし，まもなく共産党系の勢力が伸びてくると，分裂して社会民衆党・日本労農党が登場しています。

そこで，政府は「**治安維持法**」を緊急勅令で**改正**し，**死刑**を最高刑にした。ここは史料のポイントです。

史料

12　改正治安維持法

第一条　国体ヲ変革スルコトヲ目的トシテ結社ヲ組織シタル者，又ハ
天皇中心の日本の国のあり方を変えようとする目的の組織をつくった者，または，
結社ノ役員其ノ他指導者タル任務ニ従事シタル者ハ，**死刑**又ハ無期
その代表者，役員，その他，指導者的な仕事を果たした者は，　死刑もしくは無期
若ハ五年以上ノ懲役若ハ禁錮ニ処シ，……
懲役，あるいは5年以上の懲役，あるいは禁錮に処す。

覚えるのは，もうたった1カ所，「**死刑**」。治安維持法は，**1925**年のものと28年の改正のものとの区別が必要です。

まずは「治安維持法だな」とわかったら，はい，絶対覚えましょう。「**10年以下の懲役**」——最高で懲役10年だったら，**1925**年，最初の「治安維持法」。「**死刑が最高刑**」だったら，**1928**年，「**改正**治安維持法」。もちろん，改正というより「改悪」ですが。

三・一五事件，四・一六事件：共産党の弾圧

さらに，この治安維持法の緊急勅令による改悪の前に，**共産党**の弾圧も起こっています。

昭和3年（1928年）が「**三・一五事件**」です。覚えられますね。翌年に，漏れた共産党員をさらに摘発して弾圧します。昭和4年（1929年），「**四・一六**

事件」です。はい，三・一五の3に1足して4，15に1足して16。しかもうまいことに，昭和3年，4年。

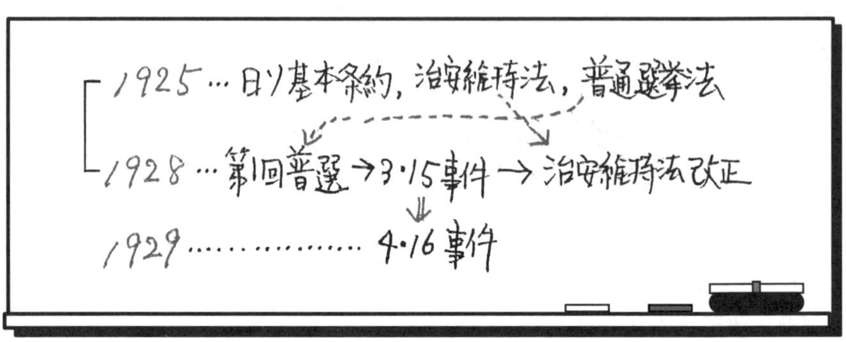

また，1929年には，これらの動き，とくに治安維持法の改悪を批判した労農党の衆議院議員**山本宣治**が，右翼によって暗殺されています。

さらに，警視庁に置かれていた**特別高等課（特高）**を全国に広げていきました。

はい，田中義一内閣の時代のポイントはここまでです。1927年4月から，天皇におこられて総辞職する1929年7月まで。

絶対覚える1928年

- 第1回普通選挙実施
- 三・一五事件
- 北伐再開
- 第2次山東出兵
- 済南事件
- 張作霖爆殺事件（満洲某重大事件）
- 改正治安維持法
- 不戦条約
- 国民政府の中国統一

昭和史に強くなるために，以上の事項を年表でも確かめてください。

第59回

近代（18）

昭和恐慌・協調外交

今回は立憲民政党の**浜口雄幸**内閣を集中して扱います。

1929年7月，田中義一内閣が総辞職し，元老西園寺公望が選択したのは立憲民政党の**浜口雄幸内閣**です。立憲政友会から民政党に代わって，政策もガラッと変わる。

十大政綱を掲げた浜口内閣は，井上財政・幣原外交を車の両輪とする明確な目標を掲げた内閣でした。

浜口雄幸内閣

- 井上財政 ➡ 緊縮財政，金解禁
- 幣原外交 ➡ 協調外交，ロンドン海軍軍備制限条約

協調外交は軍備の縮小を可能にします。緊縮財政で**金解禁**に踏み切った。しかし，**昭和恐慌**が起こる。立憲政友会，軍部などの反発が高まるなか，1931年4月，浜口は東京駅で右翼に狙撃され，総辞職せざるをえなくなる。

1 金解禁と昭和恐慌

授業ノート p.22 参照

大戦景気の後の日本経済はなんで行き詰まったのか。なぜ恐慌が反復してしまったのか。大きな原因を確認しておこう。

不換紙幣の増発

Q 日本の金輸出禁止は何年だったか？ ——1917 年

アメリカの金輸出禁止に日本も同調した。そして国内でも金兌換を制限した結果，紙幣を増発しても，金貨が国外に流出することはなくなったということです。**正貨準備を気にしなくても紙幣が発行できた**んだ。こうして，**不換紙幣を増発**してしまったのが１つ目の原因です。

国際競争力の不足

２つ目の原因は「**国際競争力の不足**」。アメリカやイギリスの製品と国際市場で競争してもなかなか勝てない。同じような値段でも，品質が米・英などの製品に比べて劣る。国内ではよくても**世界の市場で戦えない**。そういう状態を「国際競争力の不足」と言います。

なぜそうなったか。**大戦景気**のときに，ともかく会社をつくってものをつくればどんどん売れた。乱立した企業が，その後も，ものをつくり続けているわけです。

戦争が終わって，アメリカやヨーロッパ諸国がふたたび輸出に乗り出してくると，品質の落ちる日本のものは当然売れなくなる。しかし，あいかわらず，日本企業は**国際競争力が不足したままで原材料の輸入を続けている**。輸入は減らないのに輸出が減退する。いいですか。**貿易は赤字続き**。

本当は，国際的に通用しない企業は，はっきり言ってつぶしてしまわないといけないわけですよ。自由貿易のなかで競争することが可能ならよいが，ダメな企業は普通ならつぶれる。

企業倒産の救済策

ところが，昔も今も政党内閣とか多くの政治家は，支持者に票を入れてもらうことが命です。当選することが第一。政党は，権力を握って政権につくことが第一目標になってしまうんですよ，どうしても。

大戦景気だから成り立っていたような会社はつぶれなきゃいけないところを，「**積極財政**」で，国ぐるみ，政治家ぐるみ，財界ぐるみで，ともかく紙に数字を刷って，日本銀行券，紙幣を増発して企業の倒産を防いだ。

言葉というのは魔法で，「大量の失業者が出て庶民が生活に苦しまないように」，「苦しんでいる企業を助けて日本の経済を活性化するために」，ここは，**国が，日本銀行が，企業を助ける**んだ。「金融秩序のシステムを守るために」，ここは苦しいけれども，赤字国債を発行してでも……，と平成不況でも同じです。

いいかな？ 日本銀行が，お札を刷って銀行に貸す。その銀行が，苦しんでいる企業にお金を貸す。しかし，企業がいつまでも立ち直らないと，銀行に借金が返せない。すると，銀行は日本銀行に返せない。

そこで日本銀行に生じた損害は政府が責任を持って，「**震災手形割引損失補償令**」でちゃんと補償しますよとやった。それが関東大震災のときの企業救済の方法だった。

だけど，そこでちょっと考えなきゃいけないのは，政府が責任を持って日本銀行に損失は補償するからといっても，政府がなんか仕事をやってお金を稼いでいるわけじゃない。結局，政府は国民から**税金**を取るだけです。

これを冷静に外国人の目で見てみればどうなるか。要するに日本は，ただ印刷機を回してお札を刷っているだけだ。

外国為替相場の不安定

さあそこで，次に３つ目の原因が大きくなってきます。それが「**外国為替相場の不安定**」です。

ここも復習です。

Q 1897年，**金本位制を定めた**貨幣法**で，1円は何gとされたか？**

——0.75g

100円だったら，75g。

「貨幣法」の金兌換比率…1円＝金0.75g（100円＝75g）

さて，アメリカで，紙幣50ドルを金貨に替（か）えると，75グラムのドル金貨に替わる。100円札も50ドルのアメリカの紙幣も，75グラムの金との交換券です。**金兌換券**だからね。

だから，円とドルを交換しようとすると，裏づけとなる金の値（ね）うちが一定だから，100円≒50ドルでほぼ動かない。微動（びどう）はしますが，**為替相場はほぼ固定される**。

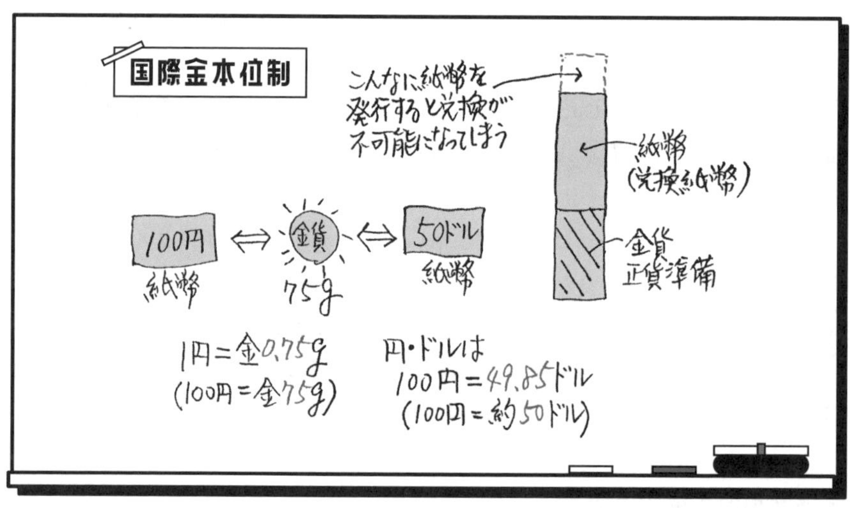

第1次世界大戦が勃発（ぼっぱつ）し，それが長引くと，この**国際金本位制は一時ストップ**します。

交戦国（こうせんこく）は巨額（きょがく）の戦費で赤字予算，そして貿易収支は大幅な赤字になってしまう。景気がよくなったのはアメリカと日本。ほかの国はほとんどが赤字貿易で金が流出し始める。とくに，負けそうな国に物を売った場合，その代金は金でとっておかないと，後からでは手遅れになる。そこで，財政，貿易収支のきびしい国から，**金輸出の禁止**が実施(じっし)されていきます。

金の国外への持ち出しを禁止する。アメリカも参戦にともなって金輸出を禁止する。アメリカに対する依存(いぞん)度の高い日本もあわてて金輸出を禁止します。もちろん，為替は不安定になります。そこで，大戦が終結すると多くの国はもとの**国際金本位制**にもどるべく，金輸出の禁止を解除する。金の海外への流出を禁止していたのに，これをふたたび許可する。これが「**金解禁**」です。

ちょっと表を見てください。金輸出の禁止に踏み切った国は？

金輸出の禁止・解禁・再禁止

国名	禁止	解禁	再禁止
イタリア	1914,8	1927,12	1934,5
フランス	1915,7	1928,6	1936,9
ドイツ	1915,11	1924,10	1931,7
アメリカ	**1917,9**	1919,6	1933,4
日本	**1917,9**	1930,1	1931,12
イギリス	**1919,4**	1925,4	1931,9

イタリア→フランス→ドイツ……，ときてアメリカと日本が 1917 年。イギリスは国際金本位制の中心，世界の金融の中心としてがんばった。金輸出禁止は 1919 年 4 月ですから，第 1 次世界大戦が終わってからですね。

ところが，ところが，その 2 カ月後に，なんと**アメリカが金解禁**。以後，各国が次つぎに金解禁に踏み切る。敗戦国のドイツも，アメリカの復興援助(ふっこうえんじょ)資金(しきん)を得(え)て 1924 年には金解禁。

そして，日本は？ 何と，**日本だけが 1930 年**，ほかは 1920 年代に金解禁。**国際金本位制は日本を除(のぞ)いて復活していった**わけです。そして，アメリカがその復興のリーダー。アメリカに金が集まってるという感じですよね。

インフレを招く紙幣の増発

こんな状態で，日本だけ金輸出が禁止されたままだとどうなるか？ 外国人は日本の紙幣を手に入れても，それを「金」という形に替えることはできない。

しかも，日本銀行券を，紙幣をどんどん発行し続けている。

こうして，**日本銀行券の増発はインフレを招きます**。経済が成長していないのに，市場に出まわる紙幣，お金の額面だけが増えるわけですからインフレ傾向になります。そうすると外国為替の世界では，円がどんどん安くなる。100 円＝50 ドルだったのが，120 円＝50 ドル，130 円＝50 ドル，ということです。

「インフレ」で「不景気」!?

しかし，インフレが起こっているのに，**不景気**が続く。わけがわからない話なんだよね。

インフレというのは，少なくとも景気がよくて，企業は倒産せず，失業者は出ないものですよ。普通に生活していると，基本的に前よりもたくさんのお札がふところに入ってくるわけです。だから，だいたい**好景気**になるわけ。

そこで，経済状況というのは，普通は「インフレ」か「デフレ」，あるいは「安定」かに分かれるんだけども，このころは，戦後恐慌・震災恐慌・金融恐慌を経て，なんと**インフレが急激に進むのに不景気**だということになる。それは不景気でしょうよ。貿易はずっと赤字だし，国際競争力はないし，お札をどんどん注ぎ込んで，どうにか企業や銀行の倒産を防いでいるわけだから。

ちょっとキタナイたとえですが，便秘で苦しんで頭がボーッとしているのに，変なものを食べて下痢になった。すなわち，便秘と下痢が同時に来てる。便秘薬を飲んでいいのか，下痢止めを飲むべきなのか？「どっちの薬を飲むの？ どっちを飲んでも死にそうな気がするー」みたいな話になってるわけだ。

円は“動揺しながら下落する”

さて，これを外国から見るとどうなるか。日本は，抜本的な経済の建て直しをやらないでお札ばかり刷っている。もちろん，正貨，金として入手できない紙幣ですよ。

ということは，どうなるかというと，**円の価値が下がる**。はい，「**為替レート**」――異なる２つの通貨を交換するときの価値，額のことを為替レートというんですよ。

円為替レートは，国際金本位制のもとでは微動するだけですが，金輸出を禁止したために，大量の円の紙幣の発行によって，**円が下落**する。

それだけではありません。ときどき円が上がることもある。しかし，結局はまた下がる。すると，当然，「円を買ってドルを売ろう」，「円を売ってドルを買おう」というふうに，円とドルを買ったり売ったりする。それでお金が儲かるわけですよ。**投機的な円買いや円売り**が起こってきます。そうして，円は全体的には下落していく。はい，正確に覚えましょう。

1917年（金輸出禁止）から，
ずっと日本の円は「動揺しながら下落する」

いいですか，「**動揺しながら下落する**」がキーワードですよ。

貿易では**為替の動向**はもっとも注意しなければならないポイントです。為替の変動で，せっかくの利益が減少したり，へたをすると赤字になってしまう。**国際金本位制**では，為替は安定している。そこで，**日本の円だけが動揺しながら下落**している。為替が動揺していると，**貿易そのものが縮小**してしまうんです。そんな国とはつき合わないほうがいい，となってしまう。

「円安」って何？

さあそこで，もう一度初心に戻って確認しておきましょう。“100円＝50ドル”が，まずありました。そこで質問です。

Q 円が１ドル100円から150円になった。ハイ，円は（A）上がったのか，（B）下がったのか？
――（B）下がった

「円が下がった」というのは，たとえばどういうことか考えてみよう。従来，50ドルのアメリカのものを買うときには100円で買えた。ところが，極端に言えば，“200円＝50ドル”になった。**円安**です。円の価値が半分になったということですよ。

“100円＝50ドル”が“200円＝50ドル”になった。「100円が200円になったんだから高くなったじゃない」といったら，これはアウトだよ。

50ドル得るのに100円でよかったのが200円必要になったということは，**円の価値が下がっているん**ですよ。いいですか。

しかしね，一挙に200円にはならないの。100円が120円になったと思ったら，115円になり，また円高に戻ったと思ったら，117円と，また円が安くなる。こういうふうに，円の価値はジグザグジグザグと，**動揺しながら下落**していった。外国為替相場での円の不安定は，イコール，日本の**貿易そのものを縮小させる**ということですよ。

さあ，ここまでがわかれば，あとは一挙に解決します。

金輸出禁止・戦後恐慌・震災恐慌・金融恐慌

＊恐慌から恐慌へよろめく

政府・日銀の救済

↓ 紙幣の増発＝円の下落・動揺

国際競争力の不足

→ 貿易不振 輸入超過

浜口雄幸内閣

浜口雄幸

さて，具体的な話に戻ります。**田中義一内閣**が**満洲某重大事件**の処理をめぐって天皇の不信を買って総辞職する。

そこで，「**憲政の常道**」で，野党第一党，**立憲民政党**に政権が移ります。**浜口雄幸内閣**が登場し，車の両輪のように，大蔵大臣には**井上準之助**が，外務大臣にはふたたび**幣原喜重郎**が就任します。

▶「井上財政」の三大施策

井上準之助の財政策は「**井上財政**」と呼ばれる，非常に明確なものです。まず，**財政を緊縮**する。簡単に言うと，なるべくむだな支出をしない。要するに**デフレ策**をとる。

次，「**産業合理化**」。きれいな言葉だ。簡単に言うと，日本の産業構造を合理化する。大人の世界では，「合理化」というのは，イコール「クビ切り」ということになります。あるいは，倒産ということに結びつきます。

もういいね。国際競争力のない中小企業を整理して，大企業に生産を集中するということですよ。そうすれば，よりよいものを安くつくれる。国際水準に追いつこうということです。そして，金を解禁しよう，「**金輸出解禁**」を決断する。為替相場が一挙に安定しますからね。

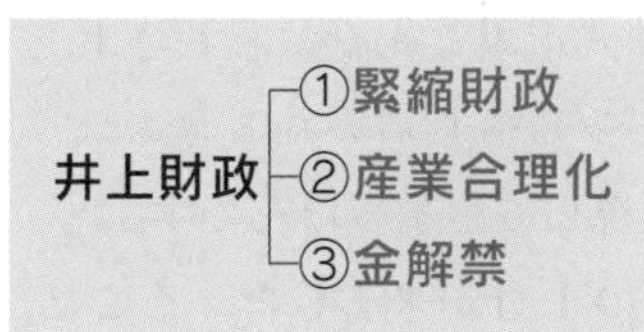

さあ，いままでの話がわかっていれば，この３つの関係もわかるでしょう。

まず，市場に流通する紙幣の量を減らさなきゃいけませんよ。国際競争力をつけなきゃいけませんよ。そして，為替を安定させようということです。日本経済の行き詰まりを何とかするためには，この３つの施策が絶対必要なんだと。

そこで，**井上準之助**は，浜口内閣が成立した1929年に，ほかの２つの施策の表明と併せて，「来年，1930年１月を期して**金解禁**をします」と予告するんです。「**予告解禁**」ですよ。

▶ニューヨーク株式大暴落

そして，そのすぐあとに，実は**ニューヨーク株式が大暴落**します。ここは注意しましょう。第１次世界大戦後，アメリカは「**永久繁栄**」という言葉が流行語になるように，とどまることのない経済成長を遂げます。アメリカの株さえ買っておけば，いくらでも株価が上がっていくと，世界の資金がみんなニューヨーク，アメリカに集中していくんです。

ヨーロッパの戦後の復興もアメリカの**ドル援助**で行われる。すなわち，アメリカドルが，世界の基本の通貨として経済成長を促していった。

大事なのは，そのときに，日本だけが坂道を転がり落ちていったということです。これも定番の表現で，「**恐慌から恐慌へよろめく**」と言います。で，アメリカは「**永久繁栄**」です。

第１次世界大戦後の経済キーワード
- **日本**…「**恐慌から恐慌へよろめく**」
- **アメリカ**…「**永久繁栄**」

その，天井知らずに上がっていたアメリカの株価が大暴落した。自殺者が続出するんですよね，このとき。

しかし，アメリカがあまりにも景気がいいとき金解禁をしたら，日本の資金が全部ニューヨーク株式市場なんかに投資されちゃって，流れ出るから，むしろアメリカの景気が少し落ち着いたときのほうがいいんだというので，井上準之助はわりと楽観視してしまったんです。

年が明けて，1930 年の１月が来ました。そこで，「**金解禁**」です。金解禁直前の為替相場は 100 円＝46.5 ドル前後だったんですが，貨幣法で決められたとおりのレートで解禁ですから，100 円＝49.845 ドル。解禁直前でも実際上は，円はこれより安かったので，事実上の**円を切り上げての解禁**ということになりました。そして，「これからは日本の金貨を自由に外国へ持っていってもいいですよ」と。

▶世界恐慌の要因

ところが，1929 年に始まったアメリカの恐慌が，なんと**ヨーロッパに波及**した。アメリカのドル援助で復興した戦後のドイツ。そのドイツに課された天文学的な賠償金の一部を受け取って経済復興したイギリスやフランス。そこで，イギリスやフランス，ヨーロッパ諸国は，アメリカに，第１次世界大戦のときに借りたお金を返します。**アメリカから流れ出たドルが，還流してアメリカへ戻る**。そして，さらに，ニューヨーク株に世界の資金が集中する。

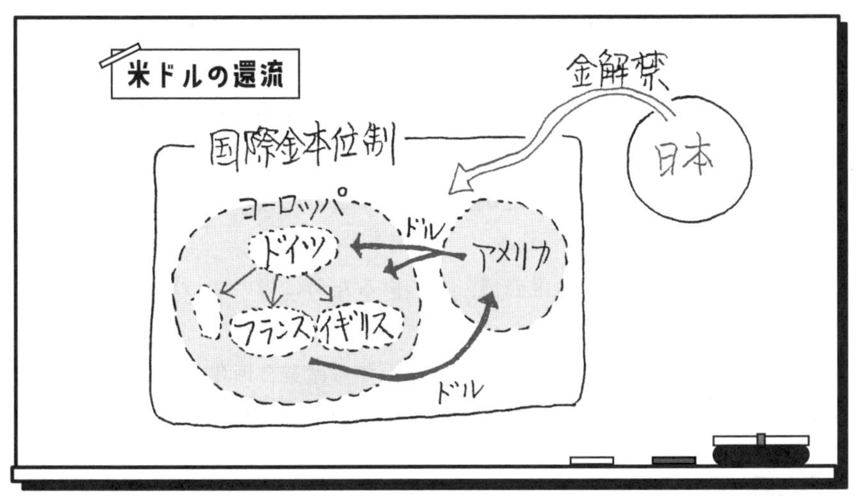

このメカニズムはあとでわかった話ですが，「ドルがアメリカから流れ出て，アメリカに戻っていって，アメリカの経済はどんどんどんどん階段を上がっていったんだ」と。

そのアメリカが大恐慌になりました。当然，どうなったかというと，ドイツやヨーロッパ諸国を援助しているどころじゃないよね。額を絞りますよ。

そうすると，アメリカからヨーロッパ，ドイツへドルが流れ出る蛇口，水道の栓をちょっと締めると，ドイツの復興がちょっと遅れるんです。と，**賠償金の支払いが遅れる**。すると今度は，ヨーロッパからアメリカに戻ってくるお金がちょっと減るんです。「あ，ヤバイな」といって，また蛇口をちょっと締めるんです。と，ドイツがこけるんです。で，**ヨーロッパがこける**んです。続けていくと終わりませんが，これが，**アメリカ恐慌がヨーロッパ恐慌に波及した原因**だと，あとでわかった。

▶昭和恐慌

さらに，当時，ヨーロッパ諸国は世界に植民地をいっぱい持っていて，これが植民地に広がるから，**世界恐慌**よ。その大津波が，日本を襲った。これが「**昭和恐慌**」です。

はい，だから，この昭和恐慌を経済学では，象徴的に「**ダブルパンチ**」と言います。2発くらった。往復ビンタ。一番怖いのは，千手観音の往復ビンタというのがありますね。1回で2000発というのがありますけれども，古代へ戻っちゃうからやめよう。

冗談はさておいて，初めから井上財政で**デフレ策**をとっていて，ものの値段がもう崩壊するほど安くなっていたところへ，世界恐慌で超デフレの追い打ちをかけられちゃったわけだから，ヒドイことになった。これがダブルパンチですよ。

戦後恐慌，震災恐慌，金融恐慌，立ち直るために思い切った財政策をとったら昭和恐慌だ。

えらいことになりました。そうじゃなくても産業合理化で失業者が増えつつあったところへ，さらに**失業者**が増加する。**労働争議**が頻発する。

▶米と繭

とくにひどいのは農村で，まず，アメリカの株式が暴落すると，アメリカのお金持ちがシルクを買わないだろうというので，いきなり，日本の農村が直撃される。**繭価の暴落**。製糸業，養蚕業も，もちろん大打撃。

さらに，米の値段も下がる。世界恐慌そのものが，農業恐慌，すなわち農産物価格の下落をともないますから，それのあおりもあって，**米価が下落**する。とくに，1930年は豊作で米価が下がる(豊作貧乏)。そして翌年は，一転して東北・北海道で大凶作。

ついでにちょっと，難関私大を受ける人は授業ノートにメモしてね。日本には，安価な，安い，**植民地米**が流入する。米騒動以降，台湾や朝鮮で大量に米をつくらせているんですよ。そしたら，安いおいしい米ができるようになっちゃって，それが入ってくると，米価を押し下げてしまう。

日本の明治以降の農業のあり方のキーワードは何だったっけ。「**米と繭**」だよ。2本柱の経営ですよ。2本柱の片っぽが折れたんじゃないよ，**2本折れた**んだよ。こうして，昭和恐慌は農村にとくにひどい被害を与えたのです。

▶農業恐慌

そこで，悲しい流行語が，「**娘の身売り**」。当時は，売春は一部合法化されていますから，貧しい農家では，年頃の娘を売春施設に1年，2年単位で親が売ってしまう。「娘の身売りの場合は，当役所にご相談ください」――優良(?)売春業者を推薦するのが村役場の仕事になっちゃう。

あるいは，農村の子供なのに，学校へ行くときに弁当を持っていけない。給食を食えばいいって，そんなものありませんからね，当時は。「**欠食児童**」と呼ばれた。

小作争議も激化します。すなわち，寄生地主のなかに，村に戻ってくるやつが出てくる。もちろん全部じゃないですよ。現物小作料を取っても税金を払えないんですよ。「**寄生地主すら行き詰まる**」というのを覚えておこうね。だから，小作地率はやがて，低下していくんです。それくらい農業恐慌は深刻でした。

さらに，農家の次男，三男の一家が，工場がつぶれて，子供の手を引いてふるさとに戻ってくる。**失業者の帰村**。等々，**昭和恐慌下の農村**は重要テーマです。

▶「重要産業統制法」

政府は，農業対策はあまりやりませんが，「**重要産業統制法**」という法律で，価格の崩壊を防ぐために，大企業同士，同業者同士で，**価格協定**を結ばせます。

その結果，重化学工業製品なんかは，ある程度まで値下がりが起こると，お互いにもうこれ以上，値下げして売るのはやめようねというので，価格がやや安定してきます。こういうのを「不況カルテル」と呼びます。ところが，農産物だけは下がり続ける。

そこで，この重要産業統制法によるカルテルがさらに農村に被害を与えるんですよ。すなわち，ある程度までで下落が止まった化学肥料や農機具を買わされるのに，つくった作物の値段はもっと下がるから，ますます農村にしわ寄せがくる。価格が，全体に下がるのではなくて，**農産物だけ下落が続く**。

このように，井上財政は，もっとも悪いタイミングで，**悲劇的な結末**を招いてしまった。

2 ロンドン会議

授業ノート p.23 参照

幣原外交のキーワード：「対中国内政不干渉」

じゃあ，一方で，**幣原外交**はどうなったか。緊縮財政を実践するためには，一番負担の重い**軍事費**を減らすしかない。そこで，補助艦の建艦競争はやめたい。

覚えてますか。ワシントン海軍軍備制限条約で，**主力艦**制限交渉は成り立ったんですが，**補助艦**のつくりっこ，いわゆる１万トン未満の船や潜水艦などの建艦競争が起こっています。とくにアメリカに対抗するのは大変です。前の田中義一内閣のときのジュネーヴでの補助艦制限交渉は失敗に終わっているんですよ。

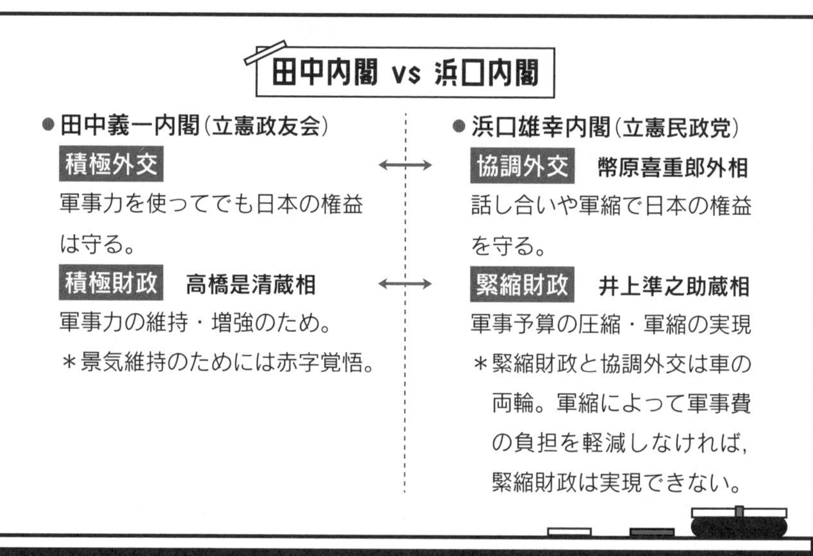

そこで，幣原喜重郎は，キーワード「**対中国内政不干渉**」ね。要するに，中国の内政問題には介入しない。1930 年には**日中関税協定**を結び，中国の関税自主権を条件つきで認めています。

「ロンドン海軍軍備制限条約」(補助艦の制限)

一方で，欧米に対しては**国際連盟**を重視し，**軍縮**をめざす。

そこで，積極的に**補助艦制限交渉**に加わり，1930 年，**「ロンドン海軍軍備制限条約」**を締結します。

ロンドン会議には，米・英・日・仏・伊，すなわちワシントン会議の 5 カ国が参加しますが，**フランス**，**イタリア**は，不満を表明して調印しません。ですから，

> **ロンドン会議**…5 カ国参加。でも，締結したのは
> 「米・英・日」の 3 カ国

この点に注意しておいてください。

日本は，対米 **7 割**にこだわりました。ワシントン海軍軍備制限条約では，主力艦は対米 **6 割**だった。そこで補助艦は何とか 7 割はキープしたい。しかし，対米 7 割を若干切るところで，このロンドン海軍軍備制限条約が締結されます。

> **補助艦保有制限**(総トン数)…アメリカの **7 割弱**で締結

総トン数ではほぼ 7 割だったんですが，大型巡洋艦については 7 割を下回った。日米がこだわった大型の巡洋艦では譲歩した。

また，**主力艦**の建造についても，10 年間中止だったのを，さらに **5 年間延長**して 1936 年まで延びることになりました。

統帥権干犯問題

あらかじめ**海軍軍令部**と政府のあいだで，「対米 7 割を最後の線にしよう」という合意が成り立っていました。しかし，対米 7 割を若干切ってしまった。

緊縮財政，井上財政を実現するためにも，ぜひとも**軍縮は実現しなきゃいけない**。

ところが，わずかとはいえ，軍令部との約束を破ったということで，立憲

政友会や海軍の強硬派が「統帥権」を「干犯」，犯したといって攻撃するわけです。軍令部長**加藤寛治**がその先頭に立った。加藤はワシントン会議にも随員として参加していたのですが，このころには「**艦隊派**」と呼ばれる海軍の強硬派の中心でした。そこで「**統帥権干犯問題**」が大きな政治問題となる。

立憲政友会も立憲民政党内閣を「統帥権干犯」だといって攻撃する。

軍令部が，天皇に代わって海軍の統帥を輔弼しているんだ。軍令部は内閣から「独立」して，天皇から直接，軍隊の指揮命令について委託されている。すなわち，**統帥権は内閣には与えられていない**。その軍令部の「独立」した権限を犯して，具体的には，軍令部との同意を無視した内閣のやり方は，憲法の規定する統帥権の独立を侵害するものだという主張です。

もっとも，軍縮は，「**常備兵額**」，あるいは「**編制権**」の問題だから，内閣が天皇を輔弼し，これを決めていいんですよ。

軍縮条約というのは軍隊の指揮命令にかかわる問題じゃない，編制権・常備兵額の問題だから**憲法違反ではないん**ですが，やっかいにも，「**軍令部条例**」という法令にもとづいて，海軍の兵力量，軍隊の量についての内閣の決定には，**軍令部が同意を与える**とされていました。要するに憲法の解釈をめぐる問題になったんです。

軍令部条例にもとづく同意を内閣が無視した。すなわち軍令部に与えられている統帥権を犯したということです。

そして，浜口雄幸は**東京駅で撃たれる**んです。命はとりとめますが，重傷で立ち上がれません。

第2次若槻礼次郎内閣

そこで，これはテロですから，再起不能になって立ち上がれなくなった浜口に代わって，しょうがない，もう1回**若槻礼次郎**が立憲民政党の総裁を引き受けて，**第2次若槻礼次郎内閣**が成立します。その後まもなく，浜口雄幸は死ぬんです。

ここまでが，**激動の昭和史**の第1幕目ね。経済と政治の大混乱というところです。まだまだこの話は続きますから，前回と合わせて，必ず復習しておくことです。

第60回

近代(19)

満洲事変

さて，ここで基本に戻って，外交と経済の超基本事項だけ復習。

満洲事変に至る外交と経済

	外交と経済	内閣
1925	日ソ基本条約	❶加藤高明
1927	金融恐慌	❶若槻礼次郎
	モラトリアム，山東出兵	田中義一
1928	済南事件，張作霖爆殺，不戦条約	同
1929	金解禁予告(ニューヨーク株式大暴落)	浜口雄幸
1930	金解禁　→昭和恐慌	同
	ロンドン海軍軍備制限条約，日中関税協定	同
1931	満洲事変(柳条湖事件)	❷若槻礼次郎
	金輸出再禁止	犬養毅

《注》❶，❷，…は内閣の「第○次」を示す。

政党内閣の時代。**カカワタハワイ**。いいですか？

前回は1930年まで。今回は，**柳条湖事件**(りゅうじょうこ)から。**満洲事変**(まんしゅうじへん)が勃発(ぼっぱつ)。そして，**金輸出再禁止**。

経済では，昭和恐慌から脱出して，**好景気**が訪(おとず)れます。

協調外交の復習

今回はまず次の表を見て協調外交と会議，条約の復習からいこう。

国際協調時代の諸会議　　（×は決裂）

年代	内閣	会議開催地	日本全権	参加国	条約内容など
1919	原	パリ	西園寺公望 牧野伸顕	27カ国	ヴェルサイユ条約 国際連盟の設立
1921 ～22	高橋	ワシントン	加藤友三郎 徳川家達 幣原喜重郎	米英日仏 伊白蘭葡 中	四カ国条約 九カ国条約 海軍軍備制限条約
×1927	田中	ジュネーヴ	斎藤 実 石井菊次郎	米英日 (仏伊不参加)	海軍軍縮会議 (補助艦制限交渉，決裂)
1928	田中	パリ	内田康哉	15カ国	不戦条約
1930	浜口	ロンドン	若槻礼次郎 財部彪	米英日仏 伊	海軍軍備制限条約 (米英日)

（白：ベルギー，葡：ポルトガル）

ハイ，表を見て思い出しましょう。

1919年，パリ講和会議，**ヴェルサイユ条約**。翌年，**国際連盟**に加入。OKですね。

そして，21年から22年がワシントン会議。海軍軍備制限条約では，**米・英・日・仏・伊**が**主力艦**についての制限では合意。

Q 米・英・日・仏・伊の主力艦保有の比率は？

――5：5：3：1.67：1.67

その後，**補助艦**，1万トン未満の船についての競争がだんだん激しくなってきまして，とくに太平洋における日米間の補助艦建艦競争が進んでいきます。そこで，**1927年**にジュネーヴで，この補助艦制限会議が開かれる。

Q ジュネーヴ会議の参加国は？　——**米・英・日**

フランスと**イタリア**が初めから参加しなかった。しかも，アメリカとイギリスが対立して，**失敗**に終わったんですね。

そこで，もう一度という話になったのが**ロンドン会議**ですが，その間に，**不戦条約**が結ばれています。これも内閣は田中義一です。

Q 不戦条約締結のときの日本全権は？　——**内田康哉**

知らなかった人は，今，覚える。条約文の「人民ノ名ニ於イテ」が反国体的だとして立憲民政党が批判したことも思い出しておくこと。

さあそこで，ロンドン会議。**若槻礼次郎**が首席全権で，**財部彪**も同じく全権です。財部は山本権兵衛の女婿，海軍のエリートです。会議の参加国は，主力艦の軍備制限を合意している米・英・日・仏・伊です。

Q ロンドン海軍軍備制限条約の締結国は？　——**米・英・日**

いいですね。フランス・イタリアは調印せず。

浜口内閣の井上緊縮財政を実現するためには，絶対に**軍事費**を削らなければならなかった。そこで，対米７割を若干ですが下回るところでガマンした。しかしそれが**統帥権干犯問題**を引き起こした。浜口は凶弾に倒れる。そして，代わった**第２次若槻礼次郎内閣**のもとで**昭和恐慌**が深刻化してくる。

井上財政が昭和恐慌で頓挫した。そして**幣原協調外交**も今度は満洲事変の勃発によって破綻してしまうんです。

▶満洲某重大事件

さてそこで，中国問題を思い出そう。**第１次国共合作**に始まった北伐を主導した**蔣介石**は，上海クーデターを起こして共産党を排除し，国民党だけで**北伐**を進めていきました。山東半島に迫ったこの北伐軍に対して，**田中義一内閣**が，３次にわたる**山東出兵**という軍事介入を行います。

しかし，その後，北伐軍の進撃が再開され，田中義一は**張作霖**を北京から本拠地の奉天に戻そうとしましたが，これを関東軍が謀殺した。**満洲某重大事件**でした。ここまでいいかな？

中国「国権回復運動」

さて，その後，満洲はどうなったか？ まず，

Q 満洲軍閥としての張作霖の地位を継いだ人物は？ ──張学良

張作霖の息子です。当然,張学良は**反日的**ですよ。日本に対して好意を持っているわけがない。ただでさえ親父を爆死させられている。

1928年，北伐軍はついに北京まで達します。すると，年末，張学良はなんと**中国国民党**に入党するんです。張学良は満洲全土に中国国民党の旗,「青天白日旗」を掲げた。「**易幟**」と呼ばれる事態です。**北京**を完全に抑えた北伐軍が，東北部，満洲地域に進んで来る前に，戦わずして張学良は国民党に入っちゃったんです。その結果，東北部については，内乱をともなわず**北伐は完成**したということになります。

しかも，このときは田中義一内閣が辞めたあとだから，第2次幣原外交で**対中国内政不干渉**です。中国のことは中国人が決めればいいと。そこで，日本はこれに対して強い干渉は行いません。

一方，中国では「**国権回復運動**」，失われた国家の権益を取り戻そうという運動がますますさかんになっていきます。

関東軍の「満洲占領計画」

そこで，満洲の占領をめざしていた**関東軍**は，イライラし，幣原外交に反発します。しかも，昭和恐慌で経済もガタガタ。満洲の権益もアブナイ。もうこの際どんな言いがかりでもいい，理由をつけて事実上満洲を軍事的に占領してしまおうと計画し，これを実行に移します。

その背景には，近い将来，最終的にアメリカと日本の戦争によって世界の支配者が決まるんだというような，大胆な予測を展開した**石原莞爾**という軍人の主張した「**世界最終戦論**」の影響もあります。

エリートの若い軍人たちというのは，多くの場合，貧しい農村の出身者が

多い。彼らの多くは昭和恐慌下の農村の状態をよく知っている。

三月事件

当然のこと，**財閥**に反発する。財閥系などの巨大銀行は「**円売り（ドル買い）**」でうまくやった。円安を予想して解禁中に円を売っておいたんじゃないか，といった批判も強い。その財閥と密接に結びついている**政党**の腐敗。こうして武力を使って国家を改造しようという動きが出てきます。1931年3月には，陸軍の桜会のクーデター未遂事件が起こった（**三月事件**）。

柳条湖事件

このような状況のなかで，関東軍はちょっとした小爆破事件を起こしておいて，一挙に満鉄路線に沿って満洲地域を占領してしまったんです。**1931年9月18日**の「**柳条湖事件**」。関東軍の石原莞爾などが中心となって計画されたもので，これが「**満洲事変**」の始まりです。

ちょうど張作霖が爆殺された逆側の，**奉天**の駅のすぐそばの**柳条湖**というところで，関東軍が起こした偽装爆破事件です。私は，その爆破事件の起こった現場の線路際に立ちました。その場所には，巨大なビルのような柳条湖記念の博物館が，中国によって建てられました。

中国では柳条湖事件を「9・18事件」と呼んでいます。素人写真で鮮明では

爆破されたところ

記念館の壁面には，「忘れるな，9・18」という文字が……

▲**柳条湖（奉天郊外）**

日本が建てた記念碑は倒されている

ないのですが，「18」という大きな文字が見えていますね。9月18日。

関東軍は満鉄が被害を被ったという理由で，こんどはもう有無を言わさず，一挙に満鉄路線に沿って北へ，そして東へ，軍事占領を進めていきます。

若槻内閣「不拡大方針」

びっくりした**若槻礼次郎**内閣は，「**不拡大方針**」――この騒ぎはもうこれ以上大きくしません，やめますという方針を発表するんですが，いかんせん**統帥権**がない。すなわち，軍隊に対する指揮命令の権限は内閣にない。だから，「拡大しません」といっても，関東軍に「止まれ」と命令できない。

十月事件

内閣の不拡大方針に反して，満洲全域に戦火が拡大する。一方，国内ではまたも軍事クーデター計画の未遂事件，**十月事件**が起こっています。

そこで，順番を確認しておこう。

1931年 … 三月事件 ➡(9月)柳条湖事件 ➡十月事件

第1次上海事変

さすがに関東軍もまずいと思ったんですよね。国際世論があるからね。そこで，偽装をやります。フェイント作戦をとった。

1932年1月，中国の一番中心の国際都市，**上海**で，日本人の僧侶の射殺事件を起こし，上海で戦争を始めるんです。これは陸軍の駐在武官が仕組んだ謀略とされています。これが，「**(第1次)上海事変**」というやつです。国際都市上海で大事件を起こして，世界の目をこっちに向けさせようとしたんでしょう。上海事変はもう1回起こりますからね。区別する場合は，第1次をつけます。

リットン調査団

一方で，中国は日本の満洲占領を**国際連盟**に訴えています。そこで，

Q 国際連盟が中国に派遣した調査団は何というか？

――リットン調査団

イギリス人, リットン卿を団長とする調査団です。リットン調査団は, 日本, 中国, そして満洲地域へと, 順番に訪れながら調査をしていきます。1932年の2月には, 日本にやってきます。そのころには, 現地の満洲では, ほとんど抵抗らしい抵抗もなく, 日本軍が一挙に**東三省**, 満洲主要部を占領しています。満洲地域の地図を見ながら, 3つの省を覚えてマーカー。

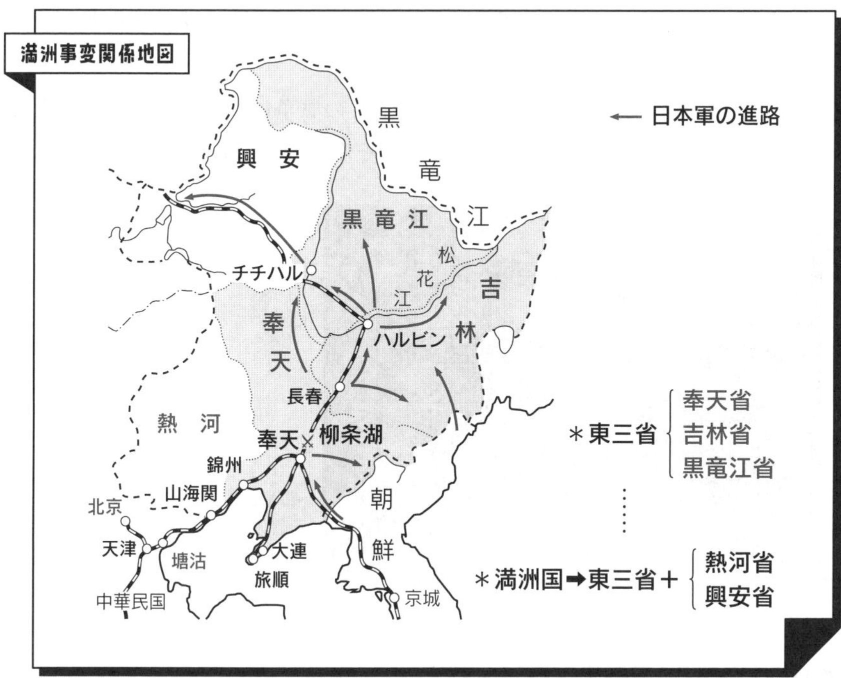

「**奉天省・吉林省・黒竜江省**」――これを東の三省, 東三省といいます。吉林省といえば, 高句麗の広開土王碑が建ってるところだ。古い話ですが(第1巻, p.61)。

伊藤博文が殺されたハルビン, そして長春。この長春は満洲国の首都とされ, 「**新京**」と改称されます。さらに奉天。旅順・大連。このあたりの主要都市の位置関係も地図で確認してください。そして, 東三省。

奉天(省)・吉林(省)・黒竜江(省)
ほうてん・きつりん・こくりゅうこう

関東軍，熱河を占領

東三省を押さえた関東軍は，もう少しやっちゃおうかというので，はい，これも地図に矢印を入れましょうね，「**熱河作戦**」といって，熱河省に向かって進撃します。はい，奉天の西側に向かって攻めていきます。その熱河省のすぐ西はもう**北京**ですよ。

普通だったら，抵抗のために中国は日本との戦争に踏み切るところでしょうが，そこまで踏み切れない。張学良にもそんな力はない。

◀ハルビンの中心街
石畳のロシア風の通りがそのまま残っている。ふと，「ここはどこか？」と思う町。

「国共内戦」で関東軍の侵略を許す

さあ，なぜ蔣介石の中国国民党は戦争に踏み切れなかったか？ 答えは，「**国共内戦**」です。国共の「国」は中国国民党の「国」，「共」は中国共産党の「共」ですよ。そして，蔣介石は，大の**反共主義者**。共産主義が大嫌いなおじさんなんです。

しかし，国共分離後，中国共産党もがんばりました。そして，中国の各地に，中国共産党の支配地が増えていくんです。中国は広いですから。それに対して蒋介石は大量の軍隊を動員して，共産党の拠点の殲滅作戦をやる。第１次，第２次と。共産党は，根拠地を移しながら，あくまでも革命を広げていこうとする。

そこで，蒋介石の頭のなかは，**中国共産党を打倒**することだけでいっぱい。

そんな状況のなかで，満洲族の根拠地であって，漢民族にとってなじみの薄い**中国東北部**を関東軍が軍事占領していることは，まあ，気にならないわけはないが，それよりも目前の敵の共産党に，はっきり言って気持ちを奪われていたということでしょう。

逆に言うと，国共内戦という中国の大混乱を利用して，関東軍が軍事占領を進めることができたということです。

塘沽停戦協定（1933年5月）

しかし，さすがに**熱河作戦**まで展開されると，蒋介石も黙っていられない。関東軍は西へ，**北京**へと迫って来た。あわてて現地の国民党の支配者に命令を出して，とりあえず関東軍の進撃を止めろということになりました。そこで，

Q 1933年5月，日本軍と国民政府間で結ばれた日中軍事停戦協定を何と呼ぶか？
――「塘沽停戦協定」

地図で熱河省と塘沽を確認してください。

一応，満洲事変は停戦ということになりました。そこで，1931年9月18日から，1933年5月までが，いわゆる満洲事変です。

が，よく考えたら，塘沽停戦協定を結んだということは，「ここで停戦しましょう」というラインを決めたわけだから，「その向こう側はあなたの支配地」と認めた形になるわけだよね。だから，**関東軍はますます図に乗る**わけだ。

そこで，関東軍や陸軍は，ついでだから中国の北の方を全部取っちゃおうと，「**華北分離工作**」を進めます。

難しすぎてあまり出ませんが，「梅津·何応欽協定」，「土肥原·秦徳純協定」など，親日的な現地のボスを説得して地方政府をつくらせては，共産党を排除するというような理由で，影響力を伸ばしていこうとします。

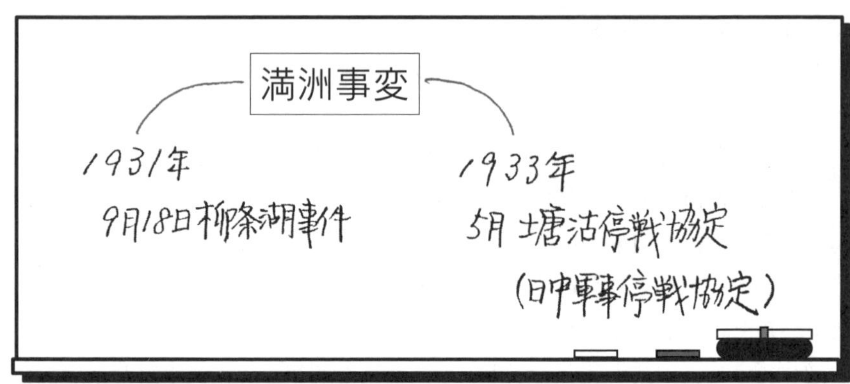

満洲国建国宣言(1932年)

しかし，関東軍も焦っていました。すなわち，**リットン調査団**の報告書がそろそろまとまりそうだ。「満洲なんていうのは，関東軍が単に軍事占領をしたにすぎない地域だ」ということになるとマズイ。既成事実をつくろう。ともかく，「**満洲国**」という国をつくってしまおうとした。

まさか関東軍がつくるわけにいきませんから，現地の満洲族を中心に，「五族協和」，「王道楽土」というスローガンを掲げて，満洲地域の人々が自主的に自分たちで国をつくったんだという形をとらせます。

孫文らが唱えた，「漢・満・蒙・回(ウイグル)・蔵(チベット)」の各民族が協力していこうという「五族共和」という言葉を，関東軍が利用したわけです。

都合がいいことに，つぶれた清王朝というのは，もともと**満洲族**出身の王朝でした。漢民族の王朝ではありません。そして，「**辛亥革命**」で皇帝の地位を追われた人物がまだ生きていました。

Q 清朝最後の皇帝はだれか？ ──**溥儀**

▲満洲国の切手(溥儀)

「**ラスト・エンペラー**」，溥儀の身柄をキープしておいて，満洲国をつくり，代表者にすえるという形をつくり上げた。

1932年3月，清朝最後の皇帝溥儀を「**執政**」という名前の国家元首とし，事実上は日本の植民地である**満洲国**という国をつくって，建国宣言をさせます。

1932年3月1日…満洲国建国宣言　(執政)溥儀

「溥儀」は，1回書いておくこと。

日本はこの満洲国と条約を結ぶ。国と国として。これが「日満議定書」。日満議定書は，中身についてはほとんど問われませんが，一応ちょっと史料を見ておいてください。

史料

13　日満議定書

日本国ハ満洲国ガ其ノ住民ノ意思ニ基キテ自由ニ成立シ，独立ノ
日本国は，満洲国はその現地の住民たちの自由な意思によって成立したものであり，独立の

一国家ヲ成スニ至リタル事実ヲ確認シタルニ因リ，満洲国ハ中華民国ノ
一国家として成立したことを確認する。そこで，満洲国は，中華民国

有スル国際約定ハ満洲国ニ適用シ得ベキ限リ之ヲ尊重スベキコトヲ
の有するあらゆる国際条約のうち，満洲国に適用することのできるものはそのままこれを尊重

宣言セルニ因リ，日本国政府及満洲国政府ハ
すべきことを宣言する。これを満洲国が宣言したので，日本国政府と満洲国政府は，両国間の

日満両国間ノ善隣ノ関係ヲ永遠ニ鞏固ニシ，……
善隣友好関係を永遠に守っていくことにする。

(中略)

一，……両国共同シテ国家ノ防衛ニ当ルベキコトヲ約ス。之ガ為所要
日本と満洲国，両国は，共同して満洲国の防衛を実現するために，

ノ日本国軍ハ満洲国内ニ駐屯スルモノトス。……
日本国軍が満洲国の内部に駐屯することとする。

これは意訳を一度読んでおけばOKでしょう。要するに，あくまでも満洲国は**満洲の人々が自由な意思でつくった国**だと言っています。もちろんそれはウソ。実態は**関東軍の支配する国**です。そのまま日本国軍が駐屯する。

第60回　満洲事変

日満議定書は，満洲国の建国をさらに確実にするため，既成事実とするために結んだ国際条約ということになります。

Q 「日満議定書」を結んだ内閣は？ ——**斎藤実内閣**です。

斎藤実内閣は，軍部に押されて満洲国を承認し，満洲国との国交を樹立した。ここは，次のところでやります。

やがて溥儀は，執政から「**皇帝**」ということになって，満洲国は「**帝政**」になります。「**満洲帝国**」の成立ということになるわけです。

リットン報告書，国際連盟に提出(1932年)

さて，結局，そんなことをしたって**リットン調査団の報告書**は出るわけで，1932年10月，ここは順番が大事。**日満議定書**が9月，その翌月に国際連盟の総会にリットン調査団が報告書を提出しています。

史料

14 リットン報告書

九月十八日午後十時ヨリ十時半ノ間ニ，鉄道線路上若クハ其付近ニ
(1931年)9月18日午後10時から10時半のあいだに，満鉄線路上で小爆発があった

於テ爆発アリシハ疑ナキモ，鉄道ニ対スル損傷ハ，若シアリトスルモ，
ことは事実であるが，鉄道そのものに対する損傷は極めて軽微で，

事実長春ヨリノ南行列車ノ定刻到着ヲ妨ゲザリシモノニテ，其ノミニテハ
長春から南に向かった列車も，定刻どおりに到着している。そこで，この爆破を

軍事行動ヲ正当トスルモノニ非ズ。……吾人ハ「満洲国政府」ナルモノ
理由とする軍事行動は，正当なものとは認められない。われわれ(リットン調査団)は，満洲国政府

ハ，地方ノ支那人ニヨリ日本ノ手先ト見ラレ，……
というのは，その地方の中国人の人から見ても，日本の手先がつくった傀儡(かいらい)国家であり……

関東軍の軍事行動を正当化することはできない，満洲国が認められていな

いことが指摘されています。そして，関東軍は本来の満鉄付属へ戻れということになる。史料はいいですね。「**九月十八日**」で**柳条湖事件**ですよ。「**鉄道線路**」で「**爆発**」ですぐわかる。

国際連盟脱退(1933年)

ジュネーヴの国際連盟総会は，勧告案を賛成42，反対1——反対の1は日本ですが，圧倒的多数で可決。すなわち，**国際社会は満洲国を国として認めない**。

そこで，日本の全権**松岡洋右**は，「**連盟よさらば！**」と総会から退場します。そして，翌月に，正式に日本は**国際連盟を脱退**します。これがいわゆる「**国際孤立化**」の最初の大きな一歩です。

2 政党政治の崩壊

授業ノート p.25 参照

さあそこで，この日本の国際連盟脱退までの国内政治をさらっと見ておきましょう。

第 2 次若槻礼次郎内閣，総辞職(1931 年)

浜口雄幸を継いだ**第 2 次若槻礼次郎内閣**は，1931 年 12 月，総辞職します。**幣原外交**は満洲事変を抑えられず完全に破綻。対中国内政不干渉どころじゃない。**井上財政**，金解禁策は最悪のタイミングで，金がどんどん流出し，昭和恐慌は深刻化する。井上財政も悲劇的な結末を迎えている。内政・外交，ともに行き詰まってしまいました。

犬養毅内閣(最後の政党内閣)

犬養　毅

そこで**立憲民政党**内閣が総辞職。**憲政の常道**で，野党第一党の**立憲政友会**ということで，**犬養毅**内閣が登場します。

さあそこで，もう一度政党変遷表を思い出してください(p.106)。第 1 次護憲運動のときは**立憲国民党**の一部は犬養とともに行動しましたが，大部分は，桂太郎の呼びかけに応じて，**立憲同志会**へ流れていった。その後，犬養のグループは政党名を**革新倶楽部**と変え，第 2 次護憲運動では**護憲三派**の 1 つとして憲政会・立憲政友会と提携して反清浦にまわった。

その護憲三派内閣のあと，実は犬養は政界から引退するんです。それを機に，革新倶楽部の議員たちは**立憲政友会**に入った。

ところがね，田中義一が満洲某重大事件の責任をとって辞めたあと，急死するんですよ。

そこで，**引退していた犬養**が，立憲政友会総裁を引き受けた。そうしたら政権がまわってきて，犬養の**立憲政友会**内閣が誕生したわけです。

▶金輸出再禁止(1931年):「高橋財政」

高橋是清が大蔵大臣を引き受けます。彼は，すぐに**金輸出再禁止**。そこで，「**高橋財政**」と呼ばれる，今度は**積極財政**が始まります。これは次回のメインテーマ。そしてリットン調査団が来日します。

犬養内閣は，さすがに満洲国を国として扱って国交を結ぶところまでは踏み込みません。要するに関東軍の謀略による傀儡国家を認めない。

しかし，政党・財界に対する青年将校などの反発はますます強まる。政党内閣なんかフッ飛ばしてもっと強い軍事政権をつくるべきだという急進派は，満洲事変を背景に勢いづいてくる。

▶五・一五事件(1932年)

そんな風潮のなかで，**海軍青年将校**と，民間の愛郷塾という橘孝三郎の主宰した右翼団体の構成員も加わって，犬養首相の自宅を襲撃し，犬養は射殺されてしまいます。テロリストの軍人たちに対して「話せばわかる」と言う犬養に対し，「問答無用，撃て」という一声のもとに，頭を撃ち抜かれてしまった。彼らは軍事政権の樹立をめざした。これが「**五・一五事件**」です。

そこで最後の元老，**西園寺公望**は考えた。もはや政党中心の内閣ではもたない。ついに政党内閣をあきらめるんですよ。

そこで犬養内閣が**最後の政党内閣**となるわけです。

犬養毅と政党

- **第1次護憲運動**…「**立憲国民党**」の反桂の中心。
- **第2次護憲運動**…「**革新倶楽部**」の党首として反清浦。
- **1929年**…………「**立憲政友会**」総裁 ➡ 1931年，組閣。

＊(1932年)五・一五事件 ➡**最後の政党内閣**

斎藤実内閣(挙国一致内閣)

斎藤　実

そこで，しょうがないから，穏健(おんけん)な人物で，よく人の話を聞く人物でいこうという話になる。それが**斎藤実(さいとうまこと)内閣**です。海軍のボスの１人，穏健派です。言葉はきれいで，「**挙国一致(きょこくいっち)**」，国を挙(あ)げて協力しようということになった。

しかし，人の話をよく聞く，国を挙げてみんなで協力するということは，普通，世の中にはいろんな意見があるわけだから，要するに結論が出ない。対応が遅れる。そこで，スローモーションのような内閣だということになってしまいます。

▶「日満議定書」の締結

そんなとき，だいたい世の中はどうなるかというと，声の大きいやつの意見がとおるんです。そこで，**軍部**の声がやっぱり強い。その結果，「**日満議定書(にちまんぎていしょ)**」の締結に踏み切った。こうして，国際孤立化(こりつか)の第一歩を進めてしまったということになります。

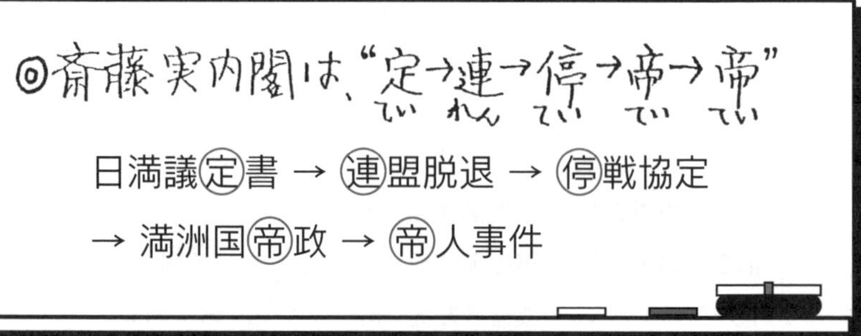

そして，この内閣は，1934 年，帝国人絹会社(ていこくじんけん)の株式売買をめぐる汚職(おしょく)事件，**帝人事件(ていじん)**で，総辞職に追い込まれます。何もしないのに，できごとだけはいっぱいある受験生にとっては迷惑(めいわく)な内閣です。

そこで，**合否のポイントになる内閣**ということになります。黒板，しっかり確認してくださいよ。

定・連・停・帝・帝
てい・れん・てい・てい・てい

岡田啓介内閣（無条約時代）

▶「ワシントン海軍軍備制限条約」破棄／ロンドン会議脱退

岡田啓介

そこで西園寺が次に選んだのは**岡田啓介**内閣。これも**海軍**系統。しかし，海軍のなかで，ロンドン海軍軍備制限条約に反発した**加藤寛治**ら「**艦隊派**」と呼ばれる強硬派の力が強くなってくる。軍縮を守っていこうという「**条約派**」が押し切られていくんです。

「もうどんどん軍艦をつくって，アメリカと対決しようぜ」――**ワシントン海軍軍備制限条約の破棄通告**，続いて，**ロンドン会議から脱退**して，主力艦・補助艦制限を捨てました。ここから，いわゆる「**無条約時代**」といって，軍縮条約のない時代に突入します。

そうなったらもう赤字財政で国債を発行してでもいいから，ともかく「海軍を増強してアメリカに対抗しよう」ということになる。

「なんで海を隔てたアメリカと対抗するの？」なんて質問をしないでくださいよ。アメリカが，第１次世界大戦前からずっと唱えてきたジョン=ヘイの門戸開放宣言，領土の保全という対中国政策を，日本は完全に踏みにじっているわけですよ，**満洲国**をつくって。

しかもやっかいなことに，**日本とアメリカの経済関係は極めて深い**。そのアメリカと，一方で軍事力で対抗しようとしたわけです。

▶二・二六事件（1936年）

ところが，**岡田啓介**内閣は生ぬるい。天皇機関説問題が起こり（p.155），**美濃部達吉**が貴族院議員辞職に追い込まれると，さらに政府として**国体明徴声明**を出し，**天皇機関説を否定**する。右翼は勢いづいて，「一挙に政党なんかつぶし，憲法も一時停止して，天皇陛下の命令のもとに強い軍事政権をつ

下士官兵ニ告グ

一、今カラデモ遅クナイカラ原隊ヘ歸レ

二、抵抗スル者ハ全部逆賊デアルカラ射殺スル

三、オ前達ノ父母兄弟ハ國賊トナルノデ皆泣イテオルゾ

二月二十九日　　戒厳司令部

▲二・二六事件

雪の積もる東京の中心部は，一時，反乱軍によって占拠された。

くろう」と，ついに大規模な青年将校の反乱が起こります。これが，「**二・二六事件**」です。

高橋是清大蔵大臣，**斎藤実**内大臣，そして，**渡辺錠太郎**(陸軍)教育総監が暗殺されてしまった。幸い，岡田啓介首相は，たまたま，秘書官が代わりに殺されて助かりました。

結局，この二・二六事件の青年将校は，天皇の強い意志で，**反乱軍**ということになって，鎮圧されます。

Q 二・二六事件の首謀者である青年将校に大きな影響を与えた思想家は？

——北一輝

反乱軍の青年将校たちとともに，**民間人**の**北一輝**・**西田税**も**死刑**に処されます。が，もちろんこれは重大な治安問題ですから，岡田啓介内閣は総辞職。

このように，満洲事変以降，いよいよテロ，**ファシズム運動**がさかんになってくる。

満洲事変からこの二・二六事件まで，授業ノートの年表で内政と外交を関連づけて復習しておいてください。

第61回

近代(20)

満洲事変後の経済

今回は満洲事変後の経済。**戦争の時代**となって経済はどうなったか？

「**暗黒の木曜日**」と呼ばれることとなる**1929年10月24日**に始まるニューヨーク株式大暴落が，またたく間に**世界恐慌**となるなかで，1930年1月，日本は**金解禁**でしたね。**昭和恐慌**となってしまった。

そして，1931年。4月に政府は**重要産業統制法**を公布します。

大企業にカルテルを結ばせて，価格を協定で決めることができるようにしたんです。デフレのなかで価格が底なしの低価格になっていくことを止めようとした。政府が経済に直接介入する**統制経済**の始まりです。そして，**9月18日**の**柳条湖事件**です。**満洲事変**の勃発です。

すると，経済は**好景気**になっていくんです。今回はそこがメインテーマ。第59回の金輸出の禁止・解禁・再禁止の表(p.113)をもう一度見てから学習を始めましょう。

1　高橋財政と国内経済

授業ノート p.27 参照

金輸出禁止(1917年)

はい，1931年12月，誕生したのは**犬養毅内閣**。大蔵大臣はだれ？──**高橋是清**です。高橋は，即座に**金輸出を再禁止**。

さあそこで，113ページの「金輸出の禁止・解禁・再禁止」の一覧表をちょっと見てください。

第1次世界大戦が始まったら，次つぎに交戦国は金の輸出を禁止していった。

そして，アメリカが参戦することになって，**アメリカが金輸出を禁止すると，日本も禁止**。1917年だね。で，**イギリス**だけは，世界のトップという名誉にかけて第1次世界大戦後までがんばってますが，結局，**1919年**の4月に金輸出を禁止します。

ハイ，ここで，国際金本位制は一時完全に機能がストップしたということです。要するに，金貨はもう自由に行き交わなくなった。完全にね。

金輸出解禁(1930年)

ところが，ところが，**アメリカ**が，1919年6月，そう，イギリスの金輸出禁止と入れ替わるように**金輸出を「解禁」**するんですよ。

敗戦国ドイツも1924年10月には金解禁。**アメリカ**を先頭にして，欧米は国際金本位制に戻っていく。

一方，「**恐慌から恐慌によろめく**」日本は，日本銀行券を刷りまくって，インフレが進行していくだけ。そして，**日本だけは国際的な金本位制からとり残された**。日本が金解禁に踏み切ったのは1920年代ではなくて**1930年の1月**です。

ところが皮肉なことに，前年の1929年の秋の**ニューヨーク株式大暴落**に始まるアメリカの恐慌がヨーロッパに広がり，1930年以降，日本が金解禁をしたとたんに「世界恐慌」が進んでいったわけです。そこで日本の経済は**ダブルパンチ**を食らって**昭和恐慌**。輸入が増加し，正貨が流出していく。

そこで，今度は世界恐慌のなかで，**世界はふたたび金輸出を禁止**していくんです。イギリス，1931 年 9 月。そう，柳条湖事件も 1931 年 9 月ですよ。

犬養内閣，金輸出再禁止（1931 年 12 月）

そして 12 月に，犬養毅内閣に代わる。1931 年 12 月，日本も金輸出を禁止した。

犬養内閣の高橋是清大蔵大臣が金輸出の禁止に踏み切った理由は？ ──もちろん大前提は**昭和恐慌**ですが，具体的に言うと，輸入超過による金の流出，正貨が流れ出た。それとイギリスの金本位制停止。そして，もう 1 つは，満洲事変の拡大です。

金輸出の「再禁止」で円安に！

さて，それでは，金輸出の再禁止でどのようなことが起こったか。ここも復習から。

Q 1930 年 1 月の金解禁時，100 円はおよそ何ドルと交換できたか？

──50 ドル

正確には 49.845 ドルでした。ところが，このレートは当時の日本にとっては，**円が高すぎた**。実際には 100 円＝ 46.5 ドルぐらいだった。そこで，金解禁は実質的には円高の状態での解禁だった。ところが昭和恐慌。

高橋蔵相は 1931 年 12 月，すぐに再禁止。そして，国内的にも，管理通貨制度によって，政府が通貨量を統制することにします。もう，アメリカ人あるいはイギリス人は日本に物を売っても，金貨で代金を受け取ることができないということですね。

しかも，満洲事変を止められない状況です。また第 1 次世界大戦後のような日本銀行券，要するにお札の増刷を始めるにちがいない。

翌年に入って円は急落。実力より高いレートで解禁しておいて，また，禁止。反動で，今度は円がめちゃめちゃ実力以上に安くなった。**円安がどんどん進む**。

高橋蔵相の「積極財政」

高橋大蔵大臣は，昭和恐慌，満洲事変の拡大に即して，赤字覚悟の**積極財政**です。軍事費を中心に借金をして公債を発行し，お金を使います。

農村不況への対策としては，農民を公共土木事業に就かせて現金収入を得させようとした「**時局匡救事業**」や，「**農山漁村経済更生運動**」といった農村の**自力回復**を図る政策程度で，これといった対策は進んでいませんが。

工業については，**浜口雄幸内閣**の1931年4月の「**重要産業統制法**」などで，政府は積極的にテコ入れをしていますが，恐慌下にあえぐ農村は，なかなか不況から脱出できない。

円安で国内景気が急回復！

ところが，景気はどんどん回復していく。好景気になった。その要因は？

「低為替によって輸出が増大した」

「**低為替**」というのは，要するに「円安」という意味です。円の為替相場が低くなった，円安ということですよ。言葉を覚えて，「低為替」。

なぜ円安で輸出が伸びるか。少々誇張して説明しておきましょう。金本位制から離脱したために，円相場はそのときそのときの為替市場で決まるようになる。実際に1932年になると，極端なときには，250円で50ドルぐらいになっちゃうんです。これはめちゃめちゃな円安だよね。**円の価値が半分になるということですよ**。

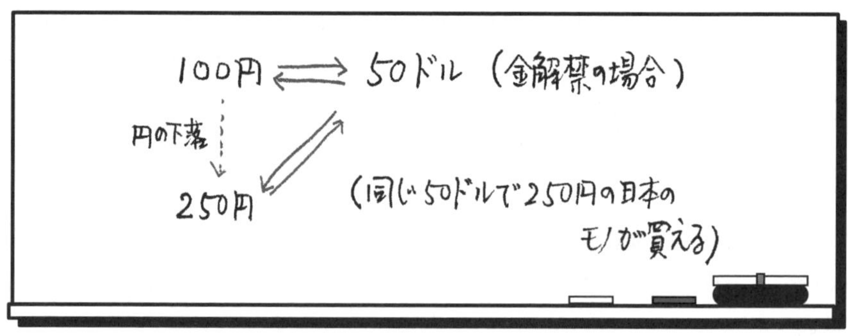

低為替で，なぜ輸出が増えるのか

これは，ちょっと今風に考えてみましょう。1台100万円の日本の自動車と,1台50万ドルのアメリカの車がほぼ同じ性能で同じような車だとします。

そこで，たとえば，日本車がほしいなと思うアメリカ人がいたとすると，1930年1月から31年12月前までなら，50万ドルで100万円の日本車が買える。ところが，**1932年**の秋に，「そうだ，日本車を1台買おう」と思ったら，何ドル必要ですか？ このときの円・ドルの相場が“250円 ⇄ 50ドル”だと，20万ドルで100万円の日本車が買えることになりますね。

“250円 ⇄ 50ドル”ということは，1ドル＝5円ということだから，円から言えば100(万円)÷5(円)＝20万，20万ドルで100万円の車が買えるということですよ。

ここは，絶対頭に入れる。**極端な円安によって，日本の商品がどんどんどんどん売れ出しちゃう**んですよ。これが「低為替(ていかわせ)」，**円安による輸出の急増**ということです。もちろん売れたのは車じゃありません。

綿織物輸出で世界第1位

そう，あまりにも為替相場の下落が激しかったために，イギリスなどを抜いて日本は，**綿織物(めんおりもの)輸出で世界第1位**の国になってしまいます。

もちろんイギリスなんかは黙(だま)っていませんよ。「**ソーシャル・ダンピング**だ！」と。“ソーシャル＝社会的”，“ダンピング＝値下げ”。国ぐるみで，日本という社会そのものが世界に向かって大バーゲンを始めた。

実力よりも高い“100円＝50ドル”で金解禁をやり，**円高政策**をとっておいて，それを**2年で放棄(ほうき)して積極財政に転じた**。関東軍は自分たちで国をつくって軍事費を使い，海軍の増強をやって，金を使いまくって，要するにお札を刷(す)りまくって，円安にしたと。なにしろ，**産業合理化(ごうりか)**で国際競争力もついてきている。

もうひとつ。金解禁の段階で，巨額(きょがく)の預金(よきん)をかかえていた五大銀行などは，昭和恐慌の深刻化とともに，また金輸出禁止になることを見越(みこ)して，円を売ってドルを買っておいた。**円売り(ドル買い)**です。

100円を50ドルに替(か)えておく。そして，実際に再禁止後，50ドルが

250円になってしまうわけですから，円安の被害は預金者だけが被ることになります。ここも覚えておきましょう。

欧米各国の「ブロック経済体制」

さて，このような日本だけの好景気に対して，イギリスやアメリカはどうしたか。日本商品には，関税を100%，250%と極端に高くして対抗する。あるいは日本の製品に対して輸入量を規制してくる。すなわち，**高関税や輸入制限**で日本の輸出攻勢に対抗します。

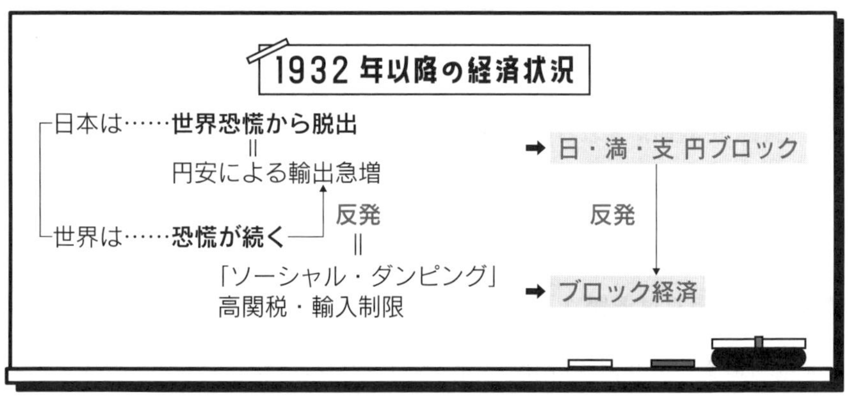

そしてイギリスは，イギリス本国とその植民地，友好国とのあいだだけで貿易をする。言いかえると，そこから日本商品をはじき出そうということです。こういう閉鎖的な状態を**「ブロック経済体制」**といいます。

イギリスは**ポンド（スターリング・ポンド）経済圏**ですから，イギリス中心のポンド経済圏のことを，当時**「スターリング・ブロック」**といいました。アメリカも**「ドル・ブロック」**というふうに，主要国は自由貿易から**保護貿易**に転換していく。要するに，国と国の自由な物の取引き，「自由貿易」を制限し，各国が国内経済を守ろうとして保護的な貿易になっていきます。

日・満・支の「円ブロック体制」

そこで，やがて日本商品は，はね返されちゃうわけですよ。はね返された**日本の製品**はどこへ行ったか？ それが**満洲へ，中国へ，朝鮮へ**，すなわち，植民地や朝鮮，中国へ行くわけです。

日本はソーシャル・ダンピングの非難を浴び，関税を高くされ，輸入制限をされて，反発しますよ。反発のあげくどうなったかというと，われわれは「**円ブロック**」をつくればいいという話になる。

よく「**日・満・支**」といいます。一応，満洲は日本にとっては 1 個の国ということになっていますから，日本・満洲国・支那すなわち中国は，円でやっていこう。日本としては**円ブロック**だ，アジアはアジアでがんばろうと。

しかし，迷惑なのは**中国**の人々です。「おれたちが円で統一される覚えはないよ」となる。で，簡単に言えば，これが**第 2 次世界大戦のもと**になるわけですよ。日本史だからくわしくはやりませんが，同じようにドイツも苦しんでいるんです。

そして，日本は経済を維持するために，製鉄会社は 1 つに統合しようという策をとります。

Q 八幡製鉄とほかの有力鉄鋼会社を統合した巨大な製鉄会社は？

――日本製鉄会社

半官半民の巨大な国策会社が誕生する。これで鋼材の自給体制が整った。**重化学工業の確立**ということです。そして，ますます**経済に対する統制**の度合いが高まっていきます。

しかし，ともかく 1931 年の金輸出再禁止のあと，1932 年以降，1933 年ぐらいには，なんと，**昭和恐慌以前のレベルまで日本の経済は回復**してしまいます。これが，**満洲事変後の好景気**です。

そして，米・英などが世界恐慌に苦しむなかで，日本が一足先に恐慌から脱出した。

1933 年ころ日本は恐慌（昭和恐慌）から脱出

しかし，好景気なんですけど，大変な問題を含んでしまったわけですね。世界の自由貿易体制というものに，日本が先頭を切って打撃を与えたんだと。もちろんやむを得ない面はあるが……。

2 新興財閥の台頭

授業ノートp.28参照

新興財閥の成長

さあそこで，満洲事変後の好景気に関してはもう１つテーマがあります。それが，**新興財閥の成長**です。「新興」と書いてあるんだから，もちろん新しく興った「財閥」。満洲事変後の好景気を背景に，急速に成長した連中です。

それ以前の三井・三菱などを**旧財閥**と呼びますが，従来の財閥は，**政商**から身を起こし，官営事業の払い下げを受けることから出発した。そして，日露戦争後の不況下にグループを拡大して**コンツェルン**を築き，同族内部で多くの株を保有して**持株会社**をつくり，さらに大戦後の不景気のなかで，産業の各分野を吸収しつつ，金融恐慌以降は，**金融資本**まで完全に支配していった。こんなふうに，まさに日本の近代をつうじて成長していったのが旧財閥です。

それに対して，新興財閥のキーワードは「**急成長**」です。満洲事変以降に急成長した。また，旧財閥が各種産業分野から金融分野までを総合的に支配下に置いているのに対して，新興財閥は，**重化学工業**に片寄っている。「**偏重**」しています。そして，重化学工業を支える**高い技術力**を持っているところが多い。

満洲・朝鮮に進出

特徴がもう１つ。政党や旧財閥がテロの対象とされて震え上がっているときに，新興財閥はむしろ**軍部と提携**しながら成長していきます。

ブロック経済ではね返されたものの行き先は，満洲であり，中国であり，あるいは朝鮮です。国内はもうすでに旧財閥による支配がほぼ完成していますから，新興財閥は，**満洲・朝鮮**に進出していきます。植民地の近代化を担っていった。たとえば，関東軍と結んで，満洲に**日産**が進出する。あるいは，朝鮮に**日窒**が進出する。

しかし，急成長するために，とくに重化学工業や電力事業には巨額の資金が必要です。三井銀行，三菱銀行といったような金融部門を持たない新興財閥は，この資金の多くを，**株式を発行して広く市場から集めざるをえない**。同族による株式の独占的な保有は進みません。ちょっと難しい表現にすると，「**株式の公開性が高い**」なんて言います。いいですか。必ず旧財閥と対比しながら，新興財閥の特徴を押さえておいてください。

新興財閥の特徴

①満洲事変以後に**急成長**していった。
②高度な技術力を背景に**重化学工業**中心に発展。
（自動車工業・電力事業・化学工業などに偏重している）
③**朝鮮・満洲に積極的に進出**。（関東軍，軍部と結んで）
④**株式の公開性**が高い。

代表的な新興財閥　「日産」・「日窒」

代表的な新興財閥は暗記してください。たいていの入試では２つだけでOK。「**日産**」と「**日窒**」です。

Q 日本産業会社を中軸とする日産コンツェルンを結成した人物は？
――鮎川義介

この日産コンツェルンに属する会社で，

Q 満洲に進出し，重化学工業の独占支配をねらったのは？
――満洲重工業開発会社

この会社名はよく書かされますから，要注意ですよ。ほかに**日産自動車**も覚えておきましょう。さらに，

Q 日本窒素肥料会社が母体となった日窒コンツェルンの中心人物は？
――野口　遵

こちらは**朝鮮**に水力発電所と化学コンビナートを形成して，進出していきます。

ほかに，高い技術力を背景とした理化学研究所が母体になっていった**理研コンツェルン**や，**森コンツェルン**，**日曹コンツェルン**。それから，日本初の民間飛行機製造に乗り出した，中島知久平の**中島コンツェルン**などがあります。

そして，最後にこの満洲事変後の好景気の経済指標を頭にたたき込んでおきます。はい，一発で覚えて。

満洲事変後，重化学工業生産が軽工業生産を超えた

じゃあ，「**工業生産額が農業生産額を超えた**」というのはいつでした？ **大戦景気**の結果ですよ。工業生産額のうちで，重化学工業のほうが50％を超えて主体になったのが，**満洲事変後**です。

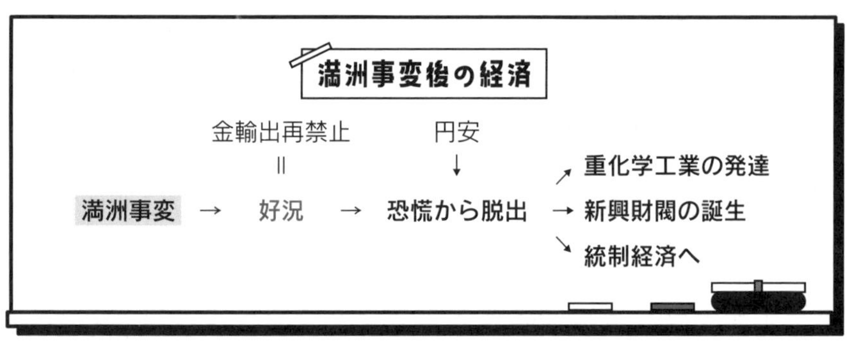

また，満洲経営について言えば，広田弘毅内閣以降，多くの農民が「**満蒙開拓団**」として満洲に向かいました。満洲の人口増加を図り農村の余った人を移住させようとしたものです。

さて，これで満洲事変関係は完全に理解できたでしょう。このあたりに強くなれば，もう怖いものなしですよ。

第62回

近代(21)

日中戦争

満洲事変の勃発は**1931**年9月18日。**柳条湖事件**。

1931年からちょうど**10年**。10年たって**1941年**12月8日，ハワイ真珠湾攻撃で**太平洋戦争**ですよ。中学校レベルの年号だから，ここはまず覚えておきます。今回は，満洲事変の続き，太平洋戦争の前まで。要するに，**日中戦争**がメインテーマです。

日中戦争～太平洋戦争

満洲事変 ➡ 華北分離工作 ➡	日中戦争 ➡	太平洋戦争
1931,9,18～33,5	1937,7,7	1941,12,8
柳条湖事件	盧溝橋事件	ハワイ真珠湾奇襲
1933,1 ナチズム ➡	1939,9	第2次世界大戦

満洲事変が一応，終息したのが1933年の**塘沽停戦協定**ですが，この年，ドイツではヒトラー内閣が成立して**全体主義**体制(ナチズム)を確立し，日本と同じく**国際連盟から脱退**しています。そして，1939年9月，ドイツがポーランドに侵攻し，**第2次世界大戦**が勃発。日本は2年後，**太平洋戦争**に踏み切る。この大枠をまず確認しておきましょう。いいですか。

1931,9,18 ➡ 33,5…**満洲事変**
1937,7,7………………**日中戦争**(7・7・7　トリプル7で盧溝橋)
1941,12,8 ……………**太平洋戦争**

1 ファシズムの台頭

授業ノート p.29 参照

満洲事変から日中戦争，太平洋戦争にかけて，軍部のクーデター計画未遂事件，テロなどが次つぎと起こっていきます。政党政治，議会政治を暴力で否定しようという動きです。

もう一度，1931 年から。

三月事件・十月事件（1931 年）

1931 年。「**三月事件**」・「**十月事件**」が起こっています。これは，陸軍の中堅将校たちの私的な団体，「**桜会**」が起こしたクーデター計画で，未遂に終わります。

〈前ぶれ〉　〈影響〉
三月事件 ➡ 柳条湖事件（9 月 18 日）**➡ 十月事件**

柳条湖事件は 9 月 18 日ですから，三月事件は満洲事変のまさに**前ぶれ**。十月事件は，日本本土の中堅将校たちが柳条湖事件に刺激されて起こした**クーデター未遂事件**だと覚えておく。

血盟団事件・五・一五事件（1932 年）

さて，1931 年の暮れに**犬養毅内閣**が登場しますが，1932 年に「**血盟団事件**」が起こる。

Q 政財界要人の暗殺をねらった血盟団の主宰者は？　――井上日召

井上日召という坊さんが主宰したテロ集団で，「**一人一殺**」――団員の 1 人ひとりがおのおの特定の人物 1 人を暗殺していこうというトンデモナイ集団です。

Q 血盟団によって暗殺された政財界の人物は？

――井上準之助，団琢磨

前大蔵大臣井上準之助。続いて，財界の指導者，**三井合名会社**の理事長の団琢磨が殺される。「琢」は石川啄木の「啄」ではなくて「王ヘン」ですよ。もちろん「豚」は最悪。啄木も「豚木（ぶたき）」じゃあね。

次に起こったのが**五・一五事件**です。これによって**犬養毅**が暗殺され，政党内閣もついに断絶。

滝川事件（1933年）・陸軍パンフレット問題（1934年）

続いて，1933年には，京都大学の刑法の先生，**滝川幸辰**が休職処分になります。

Q 滝川幸辰をクビにした文部大臣は？ **――鳩山一郎**

この滝川事件は，**自由主義的な学問**でも，もはや弾圧の対象になるということで覚えておかなければいけません。

さらに，これはテロではありませんが，1934年には，「**陸軍パンフレット問題**」というのが起こります。正式には，「**国防の本義と其強化の提唱**」というパンフレットなんですが，陸軍省がパンフレットをつくって配った。なんと，「**戦争は文明の母**である」と書いてありました。陸軍が，「もっと予算をよこせ。もっと軍事費を増やせば日本の文明が進むぞ」という，トンデモナイことを言い出した。

天皇機関説問題・国体明徴声明（1935年）

続いて起こったのが「**天皇機関説問題**」です。

Q 天皇機関説を唱えていた憲法学者は？ **――美濃部達吉**

これが槍玉にあがります。「国家を一種の法人と見て，主権はその国家にあり，**天皇はその国家機関のトップ**である」というものです。「天皇は絶対的な主権者であるのに，そんなけしからん説を野放しにしておいてはいかんじゃないか」というので，軍出身の貴族院議員**菊池武夫**が非難し，当時貴族院議員だった美濃部は，結局，辞職に追い込まれたんです。

民間右翼，**(帝国)在郷軍人会**や立憲政友会の一部が美濃部攻撃を繰り返した。在郷軍人会は，現役以外の予備役，後備役などの軍人たちの全国組織です。

そして，**岡田啓介内閣**は「**国体明徴声明**」を出します。ここは史料をチェック。

史料

15　国体明徴声明

……近時憲法学説を繞り国体の本義に関聯して兎角の論議を見るに至れるは寔に遺憾に堪へず，政府は愈々国体の明徴に力を効しその精華を発揚せん事を期す。

最近，憲法の学説をめぐって，日本の国のあり方と関連するさまざまな議論が現れてきたのは，まことに遺憾なことである。政府は，ますます天皇を中心とするこの日本のあり方を明らかにするために力を注いで，天皇の権威を一層高いものにしていかなければならないと決意している。

この「**近時憲法学説**」というのが天皇機関説をめぐる問題であること。そして，政府はいよいよ**国体を明徴にする**，すなわち，**天皇機関説**を政府として否定するということです。

なんにも制限されない天皇の**絶対的な主権**を認めるということ。天皇の命令で議会をストップし，軍事政権をつくることに憲法上なんの問題もない，ということになる。

そうなると，天皇に認めてもらえば軍事政権を樹立することは可能だということで，軍部の急進派がクーデターを狙うようになっていく。

満洲事変後には官僚のなかにも，政党を敵視し，軍隊と協力していこうという「新官僚」と呼ばれる連中が台頭してくる。さらに，もっと若い官僚のなかから「**革新官僚**」と呼ばれるグループも現れてきます。

相沢事件（1935 年）

陸軍の強硬派は軍事政権を樹立するためのクーデターの機会を狙い，主流派との対立が深刻化してきます。

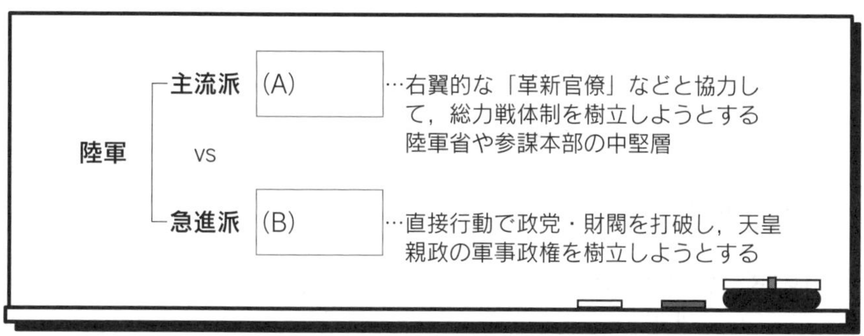

合法的に，堂々と陸軍の主張をとおしていこうとする主流派を(A)**統制派**，クーデターで一挙に軍事政権を樹立しようという，過激なグループが(B)**皇道派**。両派は，陸軍の人事をめぐって争い，テロも起こります。

Q 皇道派の相沢三郎中佐が殺害した統制派の重要人物は？ ――永田鉄山

陸軍軍務局長という要職にあった統制派の中心人物の永田鉄山少将を，陸軍省の局長室で軍刀で切り殺したという事件です。「**相沢事件**」は，両派の対立が表面化した事件です。

二・二六事件（1936 年）

そして，ついに「**二・二六事件**」が起こるのです。**皇道派**の将校たちが部下を率いて，首都の中心部を制圧してしまった。

高橋是清蔵相，**斎藤 実**内大臣，そして，これまた陸軍のボスの１人である**渡辺錠太郎**（陸軍）教育総監らが暗殺されます。幸い**岡田啓介**総理大臣自身は助かったのですが，政府機能がマヒしてしまう。

天皇の強い意志によって反乱は鎮圧され，**皇道派**の青年将校たちは厳罰に処されます。その結果，**統制派**が完全に主導権を確立し，以後，積極的に堂々と国政に介入するようになります。

二・二六事件のあと，立憲民政党の**斎藤隆夫**が，議会で「**粛軍演説**」と呼ばれる軍部批判の有名な演説をやります。

ここは大事なポイントですよ。**二・二六事件の結果，統制派が陸軍の主導権を握った**。皇道派ではありませんよ。相沢事件で暗殺された永田鉄山の後継者が**東条英機**です。

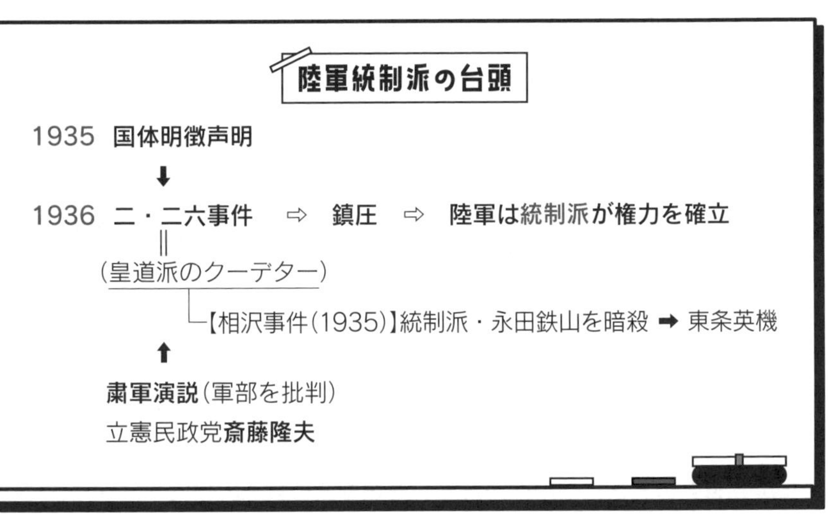

2 日中戦争の勃発

授業ノート p.30 参照

広田弘毅内閣(広義国防国家)

広田弘毅

さあそこで，二・二六事件で岡田啓介内閣はもちろん総辞職。代わって登場したのが**広田弘毅内閣**です。

▶「軍部大臣現役武官制」を復活

広田は外交官出身ですが，軍部の意向を非常に強く受けた内閣で，「**軍部大臣現役武官制**」が復活します。軍部大臣現役武官制について復習しておいてくださいよ(第３巻，p.314)。

また，帝国国防方針の改定によって「**国策の基準**」が示されますが，そのなかで，陸軍の対ソ連との戦争を想定しての「北進論」と，海軍の南洋諸島や東南アジアへの進出をめざす「南進論」が採りいれられます。

▶「広義国防国家」の建設・「馬場財政」

広田内閣は，「**広義国防国家**」という標語を掲げます。“広→広”で覚える。軍事力だけではなく，広い意味で国民の総力を挙げて強い防衛力を持った国家をめざそうというものです。陸軍**統制派**がもくろむ**総力戦体制**をめざすわけです。

そこで，膨大な赤字予算で軍備を拡大ということになるわけですが，大蔵大臣が**馬場鍈一**だったので，「**馬場財政**」と呼びます。あまりにもひどい軍事**費偏重**の赤字予算なので，さすがに財界や政党からの批判が高まります。

▶「日独防共協定」の締結(1936 年)

また**塘沽停戦協定**以降，いわゆる「**華北分離工作**」が進んでいるなかで，国際連盟脱退以降の孤立化の道を補い，ソ連に対抗するために，**日本はドイツに接近**し，「**日独防共協定**」を締結します。

共産主義を共通の敵として，日本とドイツが**東と西からソ連を監視していこう**ということで合意した。

しかし，広田弘毅内閣は，衆議院における立憲政友会の**浜田国松**の陸軍批判と，これに反発した**寺内寿一**陸相（寺内正毅の長男）との「**腹切り問答**」と呼ばれたケンカが原因となり，閣内不統一に陥って，1937 年 1 月に総辞職します。

この広田弘毅内閣は，重要事項がたくさんあるのに，忘れやすい内閣です。陸軍の要求を断りきれず，政党の反発を招いて行き詰まったので，困ったことに覚えることが多い。しっかり覚えてください。

広田弘毅内閣

●「**広義国防国家**」「**国策の基準**」＝ 軍備拡張 ⬅馬場財政

⋮

政党の反発 ⬅ 「帝国国防方針」改定

陸軍…北進論（ソ連との戦争）

海軍…南進論（南洋・東南アジア進出）

●**軍部大臣現役武官制，日独防共協定**

＊広田弘毅は戦後，文官として唯一，A 級戦犯として死刑

ついでに，海軍では，戦艦大和・武蔵などの大艦建造計画も立てています。戦艦大和は有名でしょう。また，太平洋戦争後，極東軍事裁判で，広田弘毅は文官（外交官出身）で唯一，**A 級戦犯として死刑となった**ことも，この際，覚えておいてください。

まぼろしの宇垣内閣

そこで次の総理大臣は**宇垣一成**ということになります。天皇の命令は宇垣ということになった。でも，宇垣は加藤高明内閣の陸相のときに軍縮を進めていましたので（p.72），穏健派と見られた宇垣を陸軍強硬派は嫌った。陸軍の宇垣を陸軍が嫌って，陸相を推薦しない。**軍部大臣現役武官制**が復活していたために宇垣は内閣を組織できず，まぼろしの内閣となってしまいます。

林銑十郎内閣（軍財抱合）

林銑十郎

代わったのが陸軍系統の**林銑十郎内閣**ですが，これも弱体内閣です。**結城豊太郎**という金融界，財界の大物が大蔵大臣になって，財界との対立を解消し，「**軍財抱合**」――軍部と財界は協力しよう。

しかし，政党の支持を得られない弱い内閣で，あっさり辞職。

関東軍は，この間にも**華北分離工作**を進め，1935年には河北省に**冀東防共自治委員会**（のちに**冀東防共自治政府**）という傀儡政権，日本の言いなりになる政権を発足させたりしています。

第1次近衛文麿内閣（盧溝橋事件）

近衛文麿

そこで，元老**西園寺公望**は最後の切り札を出した。これが，まさに華族のトップ，五摂家のトップ，近衛家の当主，公爵**近衛文麿**です。

当時，貴族院議長だった近衛は，若いということもあって，みんなの期待が集まった。若々しい「**青年宰相**」が登場したと。国民は非常に期待をもってこの近衛文麿を迎えました。発足したのは，1937年6月です。ところが，翌月，**盧溝橋事件**が起こります。

第2次国共合作の成立

そこで，盧溝橋事件前後の中国情勢を確認しておきましょう。

1つはまず，**上海クーデター**以降，**蔣介石**は共産党を敵視し，徐々に勢力を増しつつある共産党との内戦に苦しんでいたこと。その中国の大規模な国内の戦争の間隙をぬって，東北部で関東軍が**満洲国**をでっち上げている。このへんはいいですね。

そこで，ちょっと思い出してもらうのは，満洲（奉天）軍閥，張作霖の息子はだれですか？ ――**張学良**です。はい，張学良は国民党に入って，結局，蔣介石のいわば仲間，部下になったわけですが，満洲事変で満洲，ふるさとから追い出された。蔣介石は満洲のことに構(かま)ってくれない。そこで焦(あせ)った張学良が，思い切った手段に出たんです。

Q 張学良が蔣介石を監禁(かんきん)した事件は？ ――西安(せいあん/シーアン)事件

事件の現場が西安の郊外(こうがい)。かつて，奈良時代だよ，玄宗皇帝(げんそうこうてい)と楊貴妃(ようきひ)がしばしば遊びに行った温泉地，華清池(かせいち)というところ。そこにある建物に，なんと張学良が蔣介石を拉致(らち)して閉(と)じ込めた。西安というのは，もちろんかつての唐(とう)の都，**長安(ちょうあん)**のことですよ。

さあそこで，張学良が，「いい加減共産党との内戦を止めてくれ。中国を救え！」と，もう命がけで蔣介石をつるし上げた。

あわてた共産党や国民党の幹部がみんな西安に集まって，「待て待て待て」ということになり，とりあえず**国共内戦の停止**ということで1936年の年末に一応話がついたわけです。

盧溝橋事件（1937年7月7日）

ところが，翌年，1937年7月7日，七夕(たなばた)の日に，北京(ペキン)郊外の盧溝橋(ろこうきょう)の近くで事件が起こった。有名な「**盧溝橋事件**」です。

> 「**トリプルセブン**(777)で盧溝橋」
>
> ゴロゴロ ➡ **1937年（7月7日），盧溝橋事件**

1901年の「**北京議定書(ペキンぎていしょ)**」，すなわち**義和団(ぎわだん)戦争**の処理のために結ばれた北京議定書で，列国は中国の首都北京郊外に軍隊を一部置くことを認められていて，日本も小部隊を駐屯(ちゅうとん)させていました。

その派遣軍の夜間訓練中に銃声(じゅうせい)が響(ひび)き，訓練に出ていた日本の兵隊のうちの1人が見当(みあた)らない。実は彼は無事に戻ってきたんですが，撃たれたのではないかという誤解から衝突(しょうとつ)は起こった。日本軍は中国側に「謝罪(しゃざい)せよ」とか「犯人を出せ」と迫(せま)った。中国側としては覚えがない。真相(しんそう)は不明です。

▲盧溝橋

現地で，「まあこのへんで手を打とうや」ということになったんだけど，対応が遅れて，日本の政府や陸軍が，「ちゃんとけじめをつけて中国に謝らせろ」というような指示を出したので，しょうがないからまた攻めた。そしたら，中国は怒った。

というようなことを繰り返しているうちに，いいですか，だんだん争いが大きくなって，翌月，今度は**上海**で衝突が起こってしまいます。

第２次上海事変（1937年８月）

柳条湖事件のあとに起こったのが**第１次上海事変**で，これは**謀略**でした。仕組んだものです。**第２次上海事変**は，本当に偶発的に起こった紛争です。

あわてて，どんどん軍隊を入れて，上海を制圧しようと思ったら，これがうまくいかない。西安事件をきっかけに国共の内戦がストップして，**第２次国共合作**の流れができており，９月には正式に国共合作が成立，「**抗日民族統一戦線**」が結成されます。「**抗日**」，日本の侵略に抵抗し，中国は１つになって戦争を遂行して，日本を追い出そうと団結します。

第２次上海事変はどんどん拡大する。５万，10万，さらに５万と，日本は上海にぞくぞくと軍隊を投入し，ようやく年末に**上海を制圧**します。

上海事変…第1次と第2次

1931 柳条湖事件 → 1932 第1次上海事変

1937 盧溝橋事件 → 同 第2次上海事変 ----→ 南京事件

国共合作…第1次と第2次

第1次国共合作…1924～1927（孫文→蔣介石，北伐）

第2次国共合作…1936 西安事件（張学良）→ 1937 合作（抗日民族統一戦線）→ 1945～ 内戦

南京事件（1937年）

日本軍が国民党の根拠地**南京**まで攻略したのが，この年，1937年の12月です。真冬。このときに，いわゆる**南京事件**が起こるんです。10数万から20万人ぐらいの大量虐殺だと考えられています。4～5万人かもしれない。中国では30万人としています。

国民党の中央部は，南京を捨てて，長江中流域の漢口まで逃げます。こうして，1937年，この年半ばに発足した近衛内閣は，**中国との大戦争に足を踏み入れていった。**

さらに翌年には，国民政府は共産党と協力しながら，さらに長江上流の**重慶**に根拠地を移して，**徹底抗戦**を続けます。

四川省の重慶は**下関条約**の開港場としても出てきたね。名物はマーボー豆腐とタンタン麺。1回，重慶に夏に行ったことがあって，毎日気温は40度。

◀**南京事件の現場**
多くの白骨が発見された場所が記念館となっている。

もう暑い。料理は毎日タンタン麵とマーボー豆腐というので，逃げるように船に乗って長江を下ったことがあります。

ところで，この日中戦争は，当時は「**支那事変**」と呼ばれていました。政府によるネーミングで，正式には，盧溝橋事件以後の長い戦争を，

北支事変 ➡ 支那事変 ➡ 大東亜戦争

と呼んだ。ついでに，太平洋戦争も「**大東亜戦争**」と呼びました。太平洋戦争は宣戦布告して戦ったので「戦争」でいいわけですが，日中戦争は「戦争ではない」という意味を表すためです。

Q 1928年，国際紛争を戦争によって解決することを放棄することで合意した条約は？
——（パリ）不戦条約

はい，この条約はその後の国際関係についての基本原則となり，60以上の国が加入していきます。日本は最初の15カ国の1国でした。

そこで，どう見ても「戦争」としか言えない日中間の戦争を「事変」と呼んだのは，これは戦争ではない，ただの自衛のための行動だと言いたいため。現実的には，1935年，アメリカで「**中立法**」という法律が制定され，戦争中の国には武器・弾薬などを輸出してはいけないこととなったので，日本も中国も，アメリカからの輸入が不可能になることを避けようとして「戦争」という語句を避けたと考えられています。

そこで，北京郊外の盧溝橋事件から始まった時点で「**北支事変**」，第２次上海事変以降の全面戦争となった段階で「**支那事変**」ということにしたわけです。

第１次近衛声明：「国民政府ヲ対手トセズ」

この間，近衛（このえ）内閣は，国民を戦争に協力させるために，「**国民精神総動員運動**（こくみんせいしんそうどういんうんどう）」というのを展開していきます。

さあ，年が明けても，国民党は屈服（くっぷく）しない。嫌気（いやけ）がさした近衛は，やってはいけない声明（せいめい）を発表します。それが，**第１次近衛声明**。「**国民政府**（こくみんせいふ）**ヲ対手**（あいて）**トセズ**」というフレーズが有名です。史料です。

史料

16　第１次近衛声明

帝国政府（ていこくせいふ）ハ南京攻略後（なんきんこうりゃくご），尚（な）ホ支那（シナ）国民政府（こくみんせいふ）ノ反省（はんせい）ニ，最後（さいご）ノ機会（きかい）ヲ与（あた）フルタメ今日（こんにち）ニ及（およ）ベリ，然（しか）ルニ国民政府（こくみんせいふ）ハ帝国（ていこく）ノ真意（しんい）ヲ解（かい）セズ，漫（みだ）リニ抗戦（こうせん）ヲ策（さく）シ，内民人塗炭（うちみんじんとたん）ノ苦（くるし）ミヲ察（さっ）セズ，外東亜全局（そととうあぜんきょく）ノ和平（わへい）ヲ顧（かえり）ミル所（ところ）ナシ。仍（よっ）テ帝国政府（ていこくせいふ）ハ爾後（じご）**国民政府**（こくみんせいふ）**ヲ対手**（あいて）**トセズ**，……

日本は，南京を攻め落としたあと，なお中国の国民党政府に反省をさせるために機会を与えて今日に至った。ところが，国民政府は日本の真意を理解せずに，無意味に抵抗の戦いを続け，中国人民にとてつもない苦しみを与えている。さらに，東アジア全体の平和を願う気持ちもさらさらない。そこで，日本帝国政府は，今後は，蔣介石の率いる国民政府は相手にしない。

「おまえは相手にしない」というのは，外交ルートを断（た）った，戦争をやめる道をみずから断（た）ったということです。そして，ここには「**共産主義者と手を結んでいる国民政府は相手にしないぞ**」という意味が含まれています。

ちなみに，このとき，わざわざ「**対手**」と書いて，「あいて」と読ませている。ちょっと覚えておいてください。

南京に傀儡政権樹立（1940年）

もちろん戦争は終わらない。そこで，近衛たちは謀略に出ました。もう1個，別の中国国民政府をつくりゃいいじゃないか。**日本の言うことを聞く中国政府をつくっちゃおう**。

共産主義の大嫌いな国民政府の重要人物を1人スカウトし，その人に別の中国政府をつくらせて，その政府と和平協定を結ぼうという，国際的な謀略を考え出した。もちろん超秘密のスパイ大作戦。

Q 日本が傀儡政府の中心人物に選んだ国民政府の要人は？

——汪兆銘（汪精衛）

重慶の国民政府のなかの反共の第一人者というか，中心人物，汪精衛です。ペンネームは汪兆銘。この汪兆銘を秘密工作で**重慶から脱出**させ，日本に連れてきます。

第2次近衛声明：東亜新秩序建設を表明

この謀略工作がうまくいきそうだという，1938年の11月，ちょうど重慶脱出に合わせて，近衛は**第2次声明**を出します。これが「**東亜新秩序声明**」です。ハイ，史料。

史料

17 東亜新秩序建設の声明

国民政府ハ既ニ地方ノ一政権ニ過ギズ。然レドモ，同政府ニ

中国国民政府は，すでに重慶地域のみの地方政権にすぎない。しかし，蔣介石の国民政府

シテ抗日容共政策ヲ固執スル限リ，コレガ潰滅ヲ見ルマデハ，帝国ハ

が日本に抵抗し，共産主義者といっしょにがんばっているあいだは，潰滅させるまで，日本は

断ジテ矛ヲ収ムルコトナシ。帝国ノ冀求スル所ハ，**東亜永遠ノ安定ヲ確保**

断じて戦争をやめることはないぞ。日本が願うところは，東アジアに永遠の安定を確保できる

スベキ**新秩序ノ建設**ニ在リ。今次征戦究極ノ目的亦此ニ存ス。

ような新しい秩序をつくることにある。いま行っている聖なる戦いの究極の目的は，東アジアの新しい秩序をつくるためである。

コノ新秩序ノ建設ハ　日満支三国相携へ，政治，経済，文化等各般ニ
その新秩序をつくるためには，日本・満洲・支那，3国が手を結んで，政治・経済・文化等の

亘リ互助連環ノ関係ヲ樹立スルヲ以テ根幹トシ，……
すべての面でお互いに協力するのが一番の基本となるであろう。

これも皮肉な話で，1937年の7月7日から始まった一連の紛争が，翌年の11月になってようやく，「ボクたちは何で戦っていくの？」という目標がはっきりした。これを「**東亜新秩序声明**」といいます。

第3次近衛声明：近衛三原則

それを発表しておいて，陰では重慶からの**汪兆銘**脱出作戦をやっているわけです。汪兆銘の重慶脱出は成功するんですが，念を入れて，実はこの東亜新秩序声明に続いて，12月に，「**近衛三原則声明**」というのを出しています。

東亜新秩序声明の中身を簡潔にまとめたもので，「近衛三原則」とは，「**善隣友好・共同防共・経済提携**」。これは丸暗記です。

「善隣友好」というのは，隣どうしは仲良くしよう。「共同防共」――いっしょに共産主義を防止しましょう。「経済提携」――経済関係を発展させよう。

この近衛三原則を出しておいて，一方で汪兆銘を重慶から脱出させた。

近衛声明（1938年）

- 第1次…（蔣介石の）**国民政府を対手とせず**
- 第2次…**東亜新秩序**
- 第3次…（近衛三原則）**善隣友好・共同防共・経済提携**

張鼓峰事件（1938年）：日ソが衝突

一方，この1938年には，今の朝鮮とロシアと中国のちょうど境目の**張鼓峰**というところで，日本軍がソヴィエト軍と衝突を起こして敗北を喫する

という，ちょっとヤバイ事件も起こっています。すなわち，**満洲(まんしゅう)国のまわりには，強力なソヴィエト軍がいる**ということがわかってきます。張鼓峰，地図で確かめて。

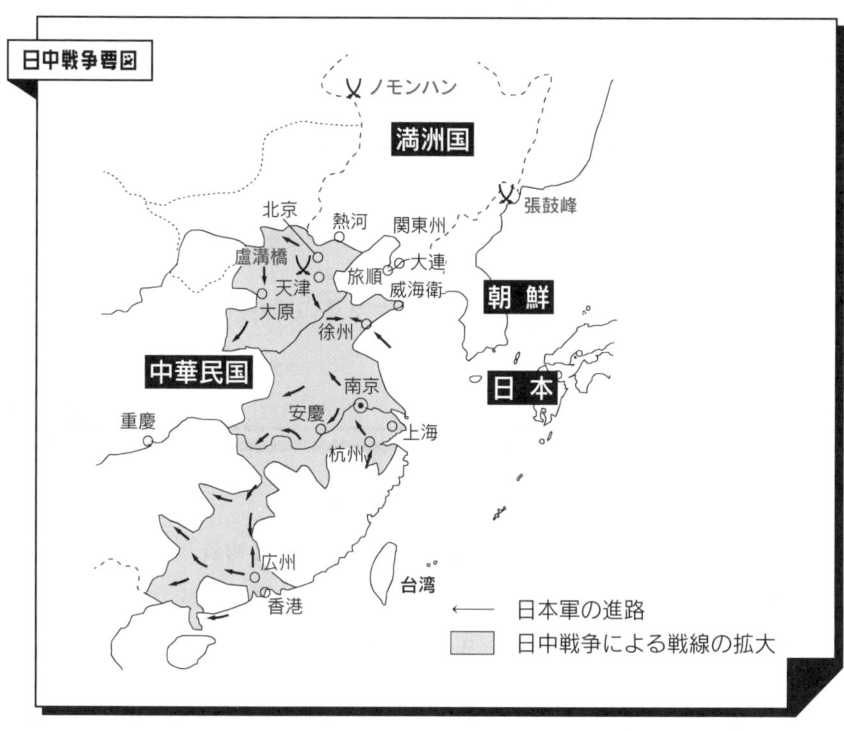

そこで，たぶん，エリートの近衛(このえ)はもうほとほと嫌気(いやけ)がさして，1939年正月早々に総辞職をしてしまいました。

国民精神総動員運動（1937年）・「国家総動員法」（1938年）

日中戦争の流れはいまの話で終わりですが，はい，ここでポイントをチェック。1937年には国民精神総動員運動(こくみんせいしんそうどういんうんどう)が始まっています。いいですね。略称で，これを「国精(こくせい)」と覚えておきます。

Q 1937年，戦争遂行(すいこう)のために，経済の統制(とうせい)にあたる機関として設置された官庁は？

――企画院(きかくいん)

また同年には**臨時資金調整法**・**輸出入品等臨時措置法**が成立し，文字どおり，戦争継続のために軍需産業を維持するための経済統制に乗り出します。

そして翌年，1938年に，「**国家総動員法**」が出ます。これは，「**国総**」と覚えます。はい，**37年**は「**国精**」，**38年**は「**国総**」。絶対に混乱しないように。また，1938年には**電力国家管理法**で軍需優先の統制経済はさらに強化されています。

1937…盧溝橋 → 第2次上海事変 → 国民精神総動員運動

1938…1次声明 → 国家総動員法 → 2次・3次声明

さて，国家総動員法はちゃんと覚えておきましょう。ポイントは，帝国議会でいちいち審議しなくても，**勅令**を根拠に，政府は物資，賃金，そして人間を自由に使用することができるというものです。要するに，議会はまったく無視された。立憲政治そのものを否定するものであった。史料は簡単。

史料

18　国家総動員法

第一条　本法ニ於テ国家総動員トハ，戦時(戦争ニ準ズベキ事変ノ場合ヲ含ム以下之ニ同ジ)ニ際シ国防目的達成ノ為，国ノ全力ヲ最モ有効ニ発揮セシムル様，人的及物的資源ヲ統制運用スルヲ謂フ。

本法の国家総動員とは，戦争および戦争に準ずるような事変の場合に際して国を守るため，国のすべての力を有効に発揮することができるように，人も物も資源も政府が自由に運用することである。

「**国家総動員**」という語句だけチェック。そして，「**勅令**」によって，政府は

自由に物や人を使えるということです。

実は，そのあと，「**国民徴用令**（こくみんちょうようれい）」という具体的な国家総動員のための法律が出てきます。政府が国民を自由に使用することができるという法律ですが，これは，次の**平沼騏一郎内閣**（ひらぬまきいちろう）です。近衛内閣ではありませんから注意をしておいてください。

そして，「**ぜいたくは敵だ**」などのスローガンのもとに，生活必需物資が**配給制**，**切符制**などになって，国民の日常生活にも，戦争の長期化の影がおよんでいきます。

以上，たった２年のあいだのことですけど，正確に中身を覚えておいてください。

第62回 日中戦争

第63回

近代 (22)

アジア・太平洋戦争

満洲事変 ➡ 華北分離工作 ➡ 日中戦争 ➡ 太平洋戦争

1939年9月，ドイツがポーランドに侵攻（しんこう）し，**第2次世界大戦**が勃発（ぼっぱつ）。日本は，2年後，1941年12月8日のハワイ真珠湾（しんじゅわん）への奇襲（きしゅう）攻撃で**太平洋戦争**に踏（ふ）み切る。今回は，その太平洋戦争がテーマです。満洲事変以後の長い戦争の時代の最後の段階です。

1931年	……10年後……	1941年
満洲事変	1939年 第2次世界大戦	太平洋戦争

内政では**戦時統制経済**が強化されていく。実は，このあたりが入試では差がつくところです。まず，**斎藤実**（さいとうまこと）の**挙国一致内閣**（きょこくいっち）からの首相の順番を頭に入れておきましょう。

斎藤実以降の歴代内閣

サ オ ヒ ハ コ ヒ ア ヨ コ コ ト コ ス

斎藤実　岡田啓介　広田弘毅　林銑十郎　❶近衛文麿　平沼騏一郎　阿部信行　米内光政　❷近衛文麿　❸近衛文麿　東条英機　小磯国昭　鈴木貫太郎

ちょっと言いにくいが，慣（な）れです。音で，

サオヒハコヒアヨ・ココトコス
サオヒハコヒアヨ・ココトコス

1 第2次世界大戦

授業ノート p.32 参照

挙国一致の**斎藤実内閣**が登場，政党内閣が断絶したころ，ドイツに**全体主義**(「ナチズム」)の**ヒトラー政府**が成立していた。日本は1933年，国際連盟から脱退するわけですが，ドイツも連盟から脱退しています。

ドイツは1935年には再軍備。この年,ドイツと同じく一党独裁体制(「**ファシズム**」)のイタリアはエチオピアへの侵攻を開始します。**岡田啓介内閣**のときです。その岡田内閣は翌1936年，**二・二六事件**で総辞職，**広田弘毅内閣**が登場する。

そして，ヨーロッパではスペイン内乱が勃発します。これを機に，ドイツとイタリアの提携関係がはっきりしてきます。「**ドイツ・イタリア枢軸**」，あるいは「**枢軸**」と呼ばれる同盟関係です。

一方，**アメリカ**は共産主義のソ連を1933年に承認しているのですが，その結果，世界に共産主義が浸透するのを防ぐためにも，日本は，満洲国の隣にいるソ連軍に備えようと，同じくヨーロッパでソ連とにらみ合っている**ドイツと提携**した。広田弘毅内閣は**日独防共協定**を締結したわけです。第1次近衛文麿内閣のときには，これにイタリアが加わり，**日独伊三国防共協定**が結ばれる。1937年は覚えることが山積み。

1937年

盧溝橋事件➡第2次上海事変・第2次国共合作➡輸出入品等臨時措置法・臨時資金調整法➡企画院➡日独伊三国防共協定➡南京事件・イタリア国際連盟脱退

7月の盧溝橋事件から12月の南京事件とイタリアの国際連盟脱退まで。おおまかな順番は意識して覚えてほしいところです。経済関係は語句だけでもかまいません。大事なのは，**本格的な経済統制が始まった**ということです。もっと大まかに言えば，世界恐慌のなかから「ナチズム」「ファシズム」が生まれ，そのドイツ・イタリアと日本が協力関係を結んで「**枢軸**」**を形成**した。その結果，国際的には国際連盟を核とする**ヴェルサイユ・ワシントン体制**

が崩壊していったということです。

ここまでは復習ですが，ともかく激動期ですから，しばらくは暇があれば年表を眺めるようにしましょう。

さて，近衛が退陣した後，**平沼騏一郎内閣**から始めましょう。

平沼騏一郎内閣(「欧州情勢は複雑怪奇」)

平沼騏一郎

1939年1月に近衛が総辞職をすると，「ヒ」，**平沼騏一郎内閣**です。このとき，前回の最後に言った**国民徴用令**なんかが出ているんですよ。

▶ノモンハン事件(1939年)「北守南進」

さて，この平沼内閣を襲った最初の大事件が「**ノモンハン事件**」。はい，地図で確認(p.169)。第1次近衛文麿内閣のときの**張鼓峰事件**は，朝鮮半島の付け根の右側。ノモンハン事件は，満洲国の左上。

ゴロゴロ

193　9
「戦(**いくさ**)苦(**く**る)しいノモンハン」

➡ **1939年，ノモンハン事件**

またしても日ソ両軍が満洲・ソ連国境で衝突し，日本軍が壊滅的な打撃を受け，**敗北**します。

ある大学が地図も出さないで，「張鼓峰から見てノモンハンは，次のうちどの方角ですか」で，選択肢から「**北西**」を選ばせたことがある。地図を出してくれりゃ，まだ親切な大学です。

そして，このあたりのキーワードが「**北守南進**」です。満洲国より北にはもうこれ以上，絶対広げられないんだよ。ソヴィエトがいてね。じゃ，どこへ行くかというと，「南へ行こう」。なんで？ **資源を求めて**。日本は資源のない国だから，「ゴム，ボーキサイト，できれば油田も開発しよう」みたいな話です。はい，これを「**南進論**」ともいいます。「北守南進」。北は守って行こう！

▶「日米通商航海条約」の破棄(1939年)

しかし，アメリカはますます怒っている。「門戸開放・機会均等・領土保全」，全部無視しているじゃないか。ついにアメリカは，**日米通商航海条約の破棄**を通告してきます。1939年。そして1940年には，条約は効力を失います。

▶「独ソ不可侵条約」の締結(1939年)

平沼内閣は**ノモンハン事件**で頭をガーンとやられて，次に，**ヨーロッパ情勢**でアウトになります。はい，広田弘毅内閣のときに日本が結んだ条約は，**日独防共協定**。「いっしょに共産主義のソヴィエトを監視しようね」といって手を結んだ。ところが，そのドイツのヒトラーが，「**独ソ不可侵条約**」を結んじゃった。「ドイツとソヴィエトは，お互いに絶対攻めるのをやめようね」という，仲良し宣言だ。

「エッ！」みたいな話になりましたよ。共産主義は悪魔だというのが基本的な考え方ですから。平沼内閣は，「**欧州情勢は複雑怪奇**」――欧州で起こっていることは「複雑でわかりまシェーン」という言葉を残して総辞職。

阿部信行内閣(第2次世界大戦)

阿部信行

何とかもっとまともな内閣をと思ったが，いいのがいない。そこで，**阿部信行内閣**という，べつにどうということはない穏健な陸軍系統の内閣です。

▶第2次世界大戦が勃発する(1939年)

さあそこで，よく考えてくださいよ。なんでヒトラーは独ソ不可侵条約を結んだか。ソヴィエトとのあいだを安定させておいて，いよいよヨーロッパに襲いかかろうということですから，独ソ不可侵条約が結ばれたということは，いよいよヒトラーの軍隊がヨーロッパを攻めだすんだと。これはもう，大人の常識。

案の定，1939年9月，**ドイツは電撃作戦でポーランドに侵攻**して，**第2次世界大戦が勃発**します。

第1次世界大戦が始まったとき，内閣は**第2次大隈重信**。外務大臣は**加藤高明**。政府は，日英同盟を理由に，友情だと称し，ドイツの利権を狙って全面参戦したわけです。

▶大戦不介入

それに対して，第２次世界大戦が始まったときの日本の態度は，「**絶対ヨーロッパになんか巻き込まれないぞ**」だった。なぜか？ もう，50万，60万単位の陸軍が中国大陸に張りついたまま，にっちもさっちもいかない。**重慶**(じゅうけい)まで攻めることはできない。ときどき飛行機を飛ばして爆弾を落とすだけです。

そこで，阿部信行内閣は，**欧州**(おうしゅう)**大戦不介入**。これがキーワード。

米内光政内閣(「大戦不介入」方針の継続)

米内光政

しかし，アメリカとの関係がどんどんどんどんまずくなってくる。なんとか打開したい。そこで，**海軍**出身の**米内光政内閣**(よないみつまさ)が登場します。

もちろん，米内内閣も**大戦不介入**(ふかいにゅう)です。なぜここで海軍系統の内閣が出たかというと，**無条約時代**になって，アメリカがどんどん**軍艦**(ぐんかん)をつくるわけですよ。主力艦も補助艦も。太平洋における海軍の力の関係が，圧倒的(あっとうてき)に**アメリカ有利**になっていく。

わりと合理的な精神の持ち主が多い海軍は，**日米戦争は避**(さ)**けたい**。だから，海軍系統の内閣なら日米戦争までは踏(ふ)み込まないだろうというのが，天皇や重臣(じゅうしん)たちの考えだった。アメリカもそう見ている。海軍系統の内閣なら話し合いの余地(よち)はあるだろう。

▶ドイツ軍，パリを占領(1940年)

ということは，**陸軍**にとっては，この海軍内閣は邪魔(じゃま)です。しかも，ドイツ軍が破竹(はちく)の勢いでヨーロッパを制圧してしまうんです。フランスも負けて，凱旋門(がいせんもん)の下をドイツ軍が凱旋行進するわけですよ。**パリ陥落**(かんらく)。

これを見ていた陸軍や日本国民の多くは，「ヤッター！」と思った。どういう意味ですか。防共協定(ぼうきょうきょうてい)を結んだ相手，仲間がですよ，ヨーロッパで勝っているじゃないか。日本だってがんばってアジアを取ろうと，**強気になっ**

ちゃうわけです。

議会で日中戦争の長期化など陸軍の失敗を批判した，民政党の**斎藤隆夫**の，いわゆる「**反軍演説**」が問題となり，陸軍の圧力もあって議会は斎藤を除名処分にしてしまいます。二・二六事件を批判した「**粛軍演説**」のときは多くの人がこれを支持したのですが，今度は除名となった。

▶「新体制運動」の推進

「ヒトラーを見習え，ドイツを見習え。一国一党の強い**ファシズム体制**をとろう」という声が大きくなってくる。そのような新しい**全体主義的な体制**をつくろうという運動を，当時，「**新体制運動**」といった。

陸軍は，**畑俊六**陸軍大臣を辞任させて，代わりの陸軍大臣を出さない。そこで，広田弘毅のときに戻っていた**軍部大臣現役武官制**で，米内内閣は総辞職に追い込まれちゃうわけです。

陸軍によって潰された内閣と言えば，第2次西園寺公望内閣があった。

軍部大臣現役武官制を使った倒閣

- 1912年…**上原勇作陸相** ➡ ×❷**西園寺** ➡ ❸**桂**
- 1940年…**畑俊六陸相** ➡ × **米内光政** ➡ ❷**近衛**

はい，畑俊六も覚えておきましょう。

1936（広田） 日独**防共協定** ➡ 1937（❶近衛） 日独伊三国**防共協定** ➡ 1940（❷近衛） 日独伊三国**同盟**

⬇

1948 **極東国際軍事裁判**（広田弘毅Ａ級戦犯，唯一の文官，死刑）

このころになると，経済は完全に行き詰まっています。1939年には食糧生産も低下しはじめ，食糧難が深刻になってきます。

第２次近衛文麿内閣(「大政翼賛会」を結成)

さて，ここで近衛が，やめればいいのに，「私も**新体制運動**に協力します」と言っちゃった。陸軍はねらいどおり米内の海軍系統の内閣を倒して，まんまと**第２次近衛文麿内閣**を誕生させてしまった。

▶近衛新体制

枢密院議長を辞めて，ふたたび近衛が総理大臣。覚えてますか。第１次近衛内閣のときは，**貴族院議長**を辞めて総理大臣ですよ。今度は，枢密院議長を辞めて２度目です。そこで，新体制運動を推進する。「**近衛新体制**」なんていいます。

Q 一国一党のファシズム体制づくりの根幹として結成された組織は？
――大政翼賛会

社会大衆党・立憲政友会・立憲民政党といった政党は次つぎに，いずれもみずから解散して大政翼賛会に入っていき，ここに**日本の政党は消滅**しました。

▶ファシズム的体制

大政翼賛会のトップ，総裁には**近衛文麿**首相がみずから就任して，「さあ，国の力を全部まとめてがんばろう」と思った。ところが，大政翼賛会は陸軍が思いどおりに国民を動かすための，単なる**上意下達機関**になってしまいます。上の命令，「上意」が末端の庶民，「下」にすぐに届くようにする機関になっただけでした。下の意見は，上にはまったく上がらない。

下部組織の**町内会**，**隣組**などに，政府のトップの命令がすぐに浸透するという意味では，大政翼賛会はまさにファシズム的な組織ですが，**国民的な力を結集した全体主義，ファシズムではなかった**ということを覚えておかなきゃいけない。

労働者の権利を守るための**労働組合**も，「国のためにみんなでがんばろう」という組織になってしまう。

1940年，労働組合が解散し，新たに結成された組織は？
——大日本産業報国会

報国会の「国」は，国のために報いるだから「国」ですよ。報告しますの「告」じゃないよ。

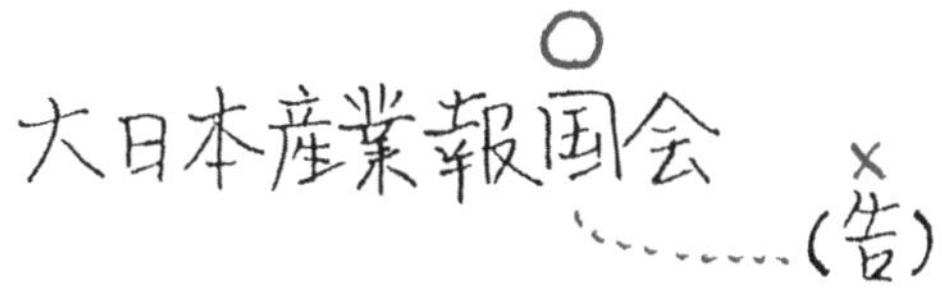

さらに，学校教育においても，子供のうちから日本人としての自覚をうながし，やがて強い軍人をつくろうといった施策をとります。そこで，

軍国主義的な教育をめざして制定された法令は？　——国民学校令

▶北部仏印進駐

しかし，問題は，中国問題をどうするか。ヨーロッパの態勢にどう対処するか。この第2次近衛内閣は，ヒトラーの破竹の進撃の余波を受けて，とんでもないことに手を出しました。

なんで重慶の国民政府，**蔣介石**はごめんなさいをしないんだろう。「あ，そうか。重慶は**仏印**に近い」。「仏」はフランス，「印」はインドシナ。**フランス領インドシナ**，今のベトナムですよ。

そうか，アメリカやイギリスは，重慶に近いベトナムあたりから，蔣介石に援助物資を送っているに違いない。

この米英の蔣介石への物資援助ルートは当時なんと呼ばれたか？
——援蔣ルート

「蔣介石を援助するルート」という意味です。

ベトナムから重慶に向かう援助物資を絶つという名目で**北部仏印**，すなわちベトナムの北部へ日本の陸軍が進駐するんです(p.186，地図)。これは，冷静に考えれば単なる侵略ですよ。

じゃ，どうして簡単に北部仏印に進駐が可能だったか。はい，本国のフランスはどうなってますか。ヒトラーの支配下に入っている。そのヒトラーのドイツと日本は提携してる。日独防共協定は，第１次近衛内閣のときに，**イタリア**を加えて「**日独伊三国防共協定**」になっています。

日独伊三国防共協定を背景に，パートナーのドイツが占領，支配しているフランスの海外植民地を取ってしまおうということです。これが先ほどの「**南進論**」につながるわけですよ。**東南アジア方面へ進出していった**わけだ。援蒋ルートの遮断を名目に，**北部仏印進駐**に踏み切ったということです。

▶「日独伊三国同盟」の締結(1940年)

そして，陸軍の強い要求で，三国防共協定は「**日独伊三国同盟**」になります。この三国同盟も史料をチェック。

史料

19　日独伊三国同盟

第一条　日本国ハ，独逸国及伊太利国ノ欧州ニ於ケル新秩序建設ニ関シ，指導的地位ヲ認メ且之ヲ尊重ス。

日本は，ドイツとイタリアが，ヨーロッパにおける新しい秩序をつくるに際して，指導的な国家であるということを認め，これを尊重する。

第二条　独逸国及伊太利国ハ，日本国ノ大東亜ニ於ケル新秩序建設ニ関シ，指導的地位ヲ認メ且之ヲ尊重ス。

ドイツおよびイタリアは，日本が東アジアにおいて新しい秩序をつくるに際して，指導者の地位を占めることを認め，これを尊重する。

第三条　日本国・独逸国及伊太利国ハ，前記ノ方針ニ基ク努力ニ付相互ニ協力スベキコトヲ約ス。更ニ三締約国中何カノ一国ガ，現ニ欧州戦争又ハ日支紛争ニ参入シ居ラザル一国ニ依ッテ攻撃セラレタルトキハ，

日本，ドイツおよびイタリア３国は，前記の方針にもとづく努力について，相互に協力することを約束する。さらに，３国のうちのいずれか１国が，現在戦われているヨーロッパの戦争，または日本と中国の紛争(日中戦争)に，まだ参加していない１国(事実上アメリカ)によって攻撃されたときは，

三国ハ有ラユル政治的，経済的及軍事的方法ニ依リ，相互ニ援助スベキ
3国は，あらゆる政治的，経済的，軍事的方法で　相互に援助することを

コトヲ約ス。
約束する。

3条目が一番大事。**第1条**は，ドイツ・イタリアがヨーロッパのボスであることを日本は認めよう。**第2条**で，ドイツとイタリアは，**日本が東アジアにおける支配国家であることを認めよう**。

第3条は，表現は間接的ですが，具体的な意図はすぐわかる。ヨーロッパの戦争または日本と中国の戦争に**アメリカ**が敵として加わって攻めてきたとき，すなわち，ドイツに向かってアメリカが宣戦布告をした場合，あるいは，アメリカが日本に向かって宣戦布告をしたときは，**3国は一致してアメリカと戦おう**ということです。

すなわち，日・独・伊の関係は軍事同盟になったと。これを「**日独伊の枢軸の完成**」といいます。いいですね。

アメリカはこの北部仏印進駐，三国同盟に対して，航空機用ガソリンやくず鉄の対日輸出禁止で圧力をかけてきます。

1936 広田弘毅内閣……日独防共協定
1937 第1次近衛文麿内閣…日独伊三国防共協定
1940 第2次近衛文麿内閣…日独伊三国同盟

▶「日ソ中立条約」の締結(1941年)

このときの外務大臣は**松岡洋右**ですが，完全に**陸軍**寄り，ドイツ大好きの強硬派です。そこで，松岡は，なんと独ソ不可侵条約のまねをして，「**日ソ中立条約**」の締結を実現する。**1941年**。日本とソヴィエトは，中立を守って，お互いに攻めないと約束したんです。

日ソ中立条約で，**日本は本格的に南を狙える**，日中戦争の解決も容易になるということになるわけ。

▶日米交渉・独ソ戦争(1941 年)

近衛はもともと戦争の好きな人ではありませんから，一方ではアメリカとの交渉を妥結しようとして，**日米交渉**を本格的に進めさせています。

Q 日米交渉にあたった駐米大使とアメリカ国務長官は？

――野村吉三郎，ハル

ところが，皮肉なことに，独ソ不可侵条約をあっという間にヒトラーが破って，なんと 1941 年，**独ソ戦**が開始されちゃうんです。

「ひょっとしたらソヴィエトはドイツに負けるかもしれない」，「きっとヒトラーは勝つだろう」，なんて予測も出てくる。

天皇も出席する大本営政府連絡会議，いわゆる「御前会議」では軍部の強硬意見によって南進論とともに，ドイツ有利になった場合は対ソ連戦争を念頭に北進論をとることを決定します。

すると，関東軍がいきなり，銃弾を持ち，食糧を持って，フル装備で，「演習だ！」といって，ソ満国境に向かって進もうとします。これを「**関東軍特種演習**」，あるいは「**関東軍特種大演習**」，略称で「**関特演**」と呼びます。

ソ連と満洲の国境にいるソヴィエト軍が，シベリア鉄道に乗って帰りそうになったら，日本軍は結んだばかりの「中立条約」なんか無視して，国境を越えて攻めちゃおうという計画です。

しかし，ソヴィエト軍，動きません。悪夢が頭をよぎった。張鼓峰，ノモンハンのこともある。やめておこう，そこで，「**関特演」は中止**されます。

しかし，「このままじゃ**日米戦争**だ！」。でも，「松岡は辞めさせられない」。みんな頭を抱えたんですよ。松岡は，一種のヒーローのような状況になっていますから。しかもバックには陸軍がついている。危ない。どうする？ という話になって，近衛たちは姑息な手段を考えました。

松岡に辞めろと言っても辞めないから，**みんなで辞めよう**。で，**総辞職**した。もちろん外務大臣松岡も辞めた。

第 3 次近衛文麿内閣(「米・英・蘭」との対立)

そして，天皇がもう 1 回近衛を呼んで，「もう一度やってくれ」。「ハイ」と，これはもう，打ち合わせどおり。松岡を外して，**第 3 次近衛文麿内閣**が発足します。はい，そこで，「**松岡洋右を外して第 3 次近衛文麿内閣**」。

▶南部仏印進駐 / 対日石油禁輸(1941 年)

しかし，陸軍は構っちゃいません。**南部仏印**に攻め込みます。はい，もう 1 回。第 2 次近衛で**北部仏印**，第 3 次近衛で**南部仏印進駐**です。

┌第 2 次近衛文麿内閣…北部仏印進駐
└第 3 次近衛文麿内閣…南部仏印進駐 ➡対日石油禁輸

アメリカは許しません。「もうおまえなんかに石油，売ってやらないよ」。**対日石油輸出の全面禁止**。アメリカから石油が来ないと，連合艦隊の船のスクリューが回らない。陸軍航空部隊の飛行機のプロペラも回らない。

1939 年には**価格等統制令**で，ものの値段は政府が公定価格で決めてしまう。1940 年になるとぜいたく品そのものの製造や販売も禁止される(**七・七禁令**)。マッチなどは**切符制**。もらった切符の範囲でがまん。米は全部，農民から強制的に買い取る**供出制**になる。そして，その米は**配給制**です。決められた量しか買えない。もう自由な経済生活は不可能です。

▶ ABCD 包囲陣

陸海軍だって石油の備蓄がドンドン減って，やがて戦おうとしても戦えない状態になっていく。英米は経済的に日本に圧力をかけてくる。「**ABCD 包囲陣**」――A は**アメリカ**，B はブリテンで**イギリス**。ブラジルなんて言わないでよ。C は**チャイナ**，中国。D はダッチ，**オランダ**。このような国々が日本を**経済封鎖**したために日本は食っていけないんだと。資源のない日本をいじめているということです。

ABCD 包囲陣┌America, Britain
　　　　　　└China, Dutch

▶「帝国国策遂行要領」(1941年)

野村吉三郎のアメリカとの交渉も，だんだん行き詰まってくる。そこでついに，「**帝国国策遂行要領**」というのが決まります。天皇の出席する**御前会議**で決められたものです。

もう，アメリカ，イギリス，オランダとの**戦争準備をしよう**ということになった。はい，史料。

20　帝国国策遂行要領

一，帝国ハ自存自衛ヲ全フスル為対米(英蘭)戦争ヲ辞セザル決意ノ下ニ
日本は，自分の国を守るために，アメリカおよびイギリス，オランダとの戦争を避ける

概ネ十月下旬ヲ目途トシ戦争準備ヲ完整ス。
ことなく戦う決意をした上で，10月下旬までに，その戦争準備を完全に整えることとする。

日米交渉が10月下旬までにまとまらなかったら，**戦争に踏み切るしかない**と決意したわけ。この決断のきっかけになったから，入試では，

南部仏印進駐 ➡対日石油輸出全面禁止 ➡帝国国策遂行要領

という流れは頻出ですよ。

ここまで決めて10月まで交渉をやったが，まとまらない。じゃ，やるか。しかし，**海軍**はアメリカとの戦争には乗り気じゃない。「**長期戦ではもたない**」というんです。

近衛は嫌気がさしました。「もう辞めさせてもらいます。陸軍大臣どうぞ」。陸軍大臣は，統制派のボス，**東条英機**。「じゃ，軍服着たままでいいよ，君がやれば？」そこで，**木戸幸一内大臣**は9月6日の御前会議の決定を白紙に戻すことを条件に，天皇に東条を推薦し，**東条英機内閣**。日米交渉をしばらく続けるという条件をつけましたが，軍服を着た首相が登場しました。

2 太平洋戦争

授業ノート p.33 参照

東条英機内閣(太平洋戦争に突入)

東条英機

東条英機の「英機」は，"英語の機械"。優「秀」な「樹」と書くと，湯川秀樹になっちゃう。

▶日米交渉の決裂

さて，11月になっても日米交渉は進まない。そこで，ついにアメリカは，東条英機内閣の日本に**最後通告**をしてきます。

Q アメリカ国務長官ハルが提示した最終提案は何と呼ばれたか？

——ハル・ノート

なんと，「**柳条湖(りゅうじょうこ)事件以前の状態に戻れ**」というんです。そして，**日米交渉は決裂**した。

ハワイ真珠湾奇襲(1941年12月8日)

とうとう11月を越えてしまった。そこで**1941年12月8日**，ついに日本は**ハワイ真珠湾(しんじゅわん)攻撃**，および陸軍の**マレー半島上陸**で，米・英に対して戦争に入っていったわけです。

「ワレ奇襲ニ成功セリ」
このあと半年は連戦連勝、しかし……

◀**真珠湾**
それまで戦争がイヤだったアメリカ国民は，これで一挙にヤル気になってしまった。

さあそこで，**太平洋戦争**。太平洋戦争の経過をていねいにやると永久に終わりません。絶対忘れてはいけない，局面の転換になった戦争，これをしっかり覚えてもらいます。

はい，そこで，まず**開戦**，**1941 年 12 月 8 日**。覚え方。満洲事変勃発から **10 年後**ですね。年号はね。1931 年からちょうど 10 年後の 12 月 8 日。

1931 年…柳条湖事件 ➡ 1941 年…太平洋戦争

翌 1942 年の前半まで，**連戦連勝**。勝ちまくって，わあっと占領地域が広がります。

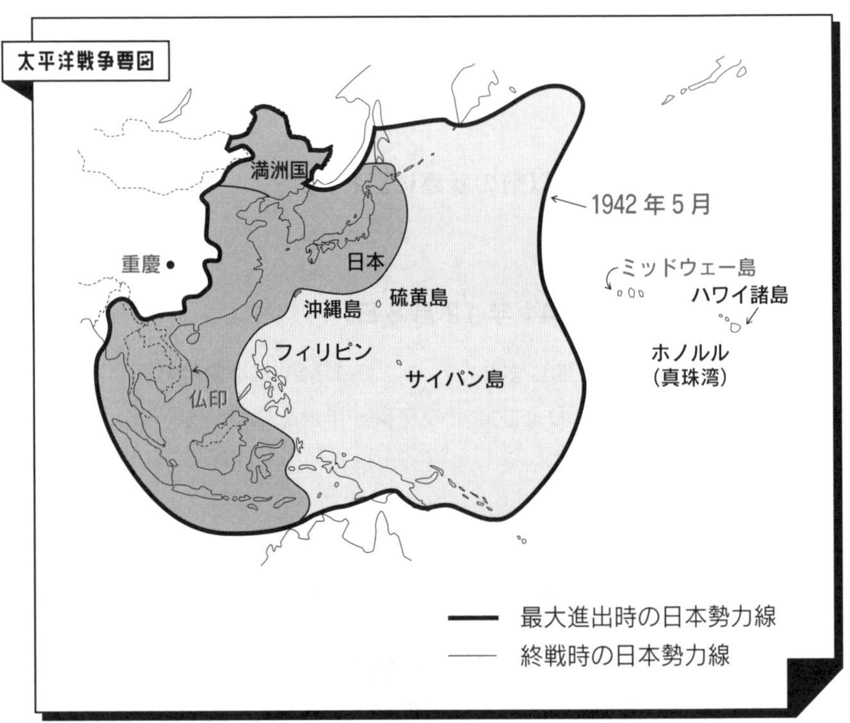

▶ミッドウェー海戦（1942 年）から戦局悪化

しかし，**ミッドウェー海戦**で，日本は航空母艦を大量に失います。大きな船に大きな大砲を乗っけて，「戦艦大和だぞ」という，いわゆる「**大艦巨砲主義**」

はすでに時代遅れだった。すなわち，**飛行機**が戦争の帰趨を決める時代になっていました。

そこで，飛行機を積んだ航空母艦を大量に失ったことによって，一挙に「空」を完全にアメリカに支配されてしまう。いわゆる**制空権**を奪われる。このミッドウェー海戦以降は，もう完全にアメリカの飛行機によってたたかれてしまうわけですよ。そして，**負け続ける**。

カイロ会談 vs 大東亜会議(1943年)

アメリカ・イギリス側は，そろそろ勝てそうだという見込みが立ってきた。ヒトラーもまもなくギブアップするだろうと。そこで，

Q 1943年，ローズヴェルト，チャーチル，蔣介石が集まって日本降伏の際の処理方針を発表した会議は？
――カイロ会談

アメリカ大統領はF. ローズヴェルト。T. ローズヴェルトは日露戦争のときのアメリカ大統領(第3巻，p.330)。

会談の場所はエジプトのカイロで，「**カイロ宣言**」を出します。

苦しくなった日本はこれに対抗して，中華民国，満洲国，フィリピン，タイなど，占領地の，日本の言うことを聞く指導者，傀儡政権の主たちを**東京**に集めて，**大東亜会議**を開き，戦争協力体制を強化しようとします。ですから，この「中華民国」というのは，**汪兆銘**(汪精衛)につくらせた，日本の言うことを聞く南京政府です。

「**大東亜共栄圏**」――アジア人による東アジアの大同団結と繁栄を実現しよう！「アジアは1つだ」と叫びます。

動員体制の強化

ひさしぶりに行われた衆議院の選挙，1942年4月の選挙も，「**翼賛選挙**」といって，大部分は政府の推薦する，軍部の容認するような人が推薦を受けて当選する。鳩山一郎・尾崎行雄・芦田均・片山哲など，非推薦の議員も若干いますが，推薦された議員たちが「**翼賛政治会**」という団体をつくって，もうひたすら戦争に協力するだけの議会になってしまう。

兵隊の数も足りなくなる。

Q 文系の大学生の戦地への動員を何と呼んだか？

——学徒出陣

法文系学生は，もう徴兵猶予はなし。理系は兵器の開発などで大事ですから，徴兵猶予のまま。戦争になったときの文系大学生ほど悲しいものはないね。

労働力も不足してきまして，中学生以上の学生，生徒も工場で働かせるんです。朝，学校へ行くと，「はい，きょうはウントカ工場へ行きましょう」。毎日実習みたいなことになってしまいました。独身女性も工場で働く。

Q 14歳から25歳までの未婚の女性を工場などに動員した組織は？

——女子挺身隊

これらは**勤労動員**と呼ばれます。

生活の窮乏

なにしろ米が足りない。「**食糧管理法**」で，米などは「**配給制度**」ですが満足な量が確保できない。

マッチ，お酒，あらゆるものが不足してきている。衣料などは**総合切符制**になるが，切符があっても物がない。そして，**代用品**，ホンモノに似せた代わりの物がさかんにつくられます。

東条内閣総辞職

さあ，このように生活が苦しくなっていくなかで，ミッドウェー海戦以降，イタリアが降伏し，**カイロ会談**が行われ，米軍が近づいてくる。

Q 1944年，米軍との激戦の末，日本軍が玉砕した島は？

——サイパン島

はい，覚えます。**サイパン玉砕**。これで，日本本土の上空が守れない状況になってきます。アメリカの大型爆撃機 **B29** が，やがてサイパン基地，あるいはテニアン基地から東京に直接爆弾を落としに来る。東条英機内閣は，サイパン陥落の責任を取らされて，**総辞職**に追い込まれます。

小磯国昭内閣（沖縄上陸）

小磯国昭

そこで，**小磯国昭内閣**。**米内光政**も入閣してなんとか戦争をやめようとしますが，**本土空襲**が本格化する。学校に爆弾が落ちると子供が大量に死んでしまうから，学童たちは親と離れて田舎に移ります。はい，漢字が書けるように。「**学童疎開**」。

1945年3月10日の**東京大空襲**では，一度に約10万人が焼死。大型の戦略爆撃機，B29が1700トン近くの爆弾を投下したのです。もちろん，全国の都市も空襲によって大きな被害を受けていきます。

そして，「**ヤルタ会談**」。いよいよナチス・ヒトラーは命脈が尽きた。ヤルタ会談の直後，**ドイツが降伏**。ヒトラーはピストルで自殺します。

残ったのは日本だけ。米軍は，1944年10月にフィリピンのレイテ島を占領し，翌年3月には**硫黄島**も制圧。そして1945年4月，ついに**沖縄本島**に上陸してきます。この沖縄への米軍上陸を防げなかったことで，小磯内閣が総辞職をします。

サイパン玉砕 … 東条英機**内閣総辞職** ➡小磯国昭**内閣**
沖縄戦開始 …… 小磯国昭**内閣総辞職** ➡鈴木貫太郎**内閣**

鈴木貫太郎

もう1回，いいですか。**サイパン玉砕**→**東条**から小磯。そして，**沖縄戦開始**→小磯から**鈴木貫太郎**です。

鈴木貫太郎内閣（「ポツダム宣言」を受諾）

6月に，組織的抵抗が終わって，**沖縄は完全に**

米軍に制圧されます。沖縄では，有名な「**ひめゆり隊**」，「**鉄血勤皇隊**」などの，いわゆる学生・生徒，女子の非戦闘員からも大量の犠牲者が出る。これはみなさんよく知っているとおり。

連合国側は，ヒトラー降伏後のベルリン郊外のポツダムという静かな村で会談を開き（**ポツダム会談**と呼ぶ），「**ポツダム宣言**」を発します。

▶広島と長崎に原爆投下・ソ連対日参戦

このポツダム宣言の要求した**無条件降伏**を受け入れたくないとためらっているあいだに，1945年8月6日，**広島に原爆が投下される**。それを見た瞬間，ソヴィエトは，日ソ中立条約の有効期限内でありながらこれを破って，ヤルタ協定の約束どおり，ソ満国境を越えて，**日本に宣戦布告をして攻め込んできます**。8月8日のことです。

そして，一刻も早く日本を降伏させたいアメリカが，もう1つの原爆を，8月9日，**長崎**に落とします。ここは，日付も全部覚えてね。

1945年
- 8月6日…広島**原爆投下**
- 8月8日…ソ連対日参戦
- 8月9日…長崎**原爆投下**

◀原爆ドーム（広島市）
広島は一瞬にして死の街と化した。原爆ドームは風化が進み，保存のための修復作業が行われた。

▶「ポツダム宣言」受諾・無条件降伏（1945年8月14日）

原爆を広島・長崎に落とされても陸軍は徹底抗戦を叫びますが，最後は**天**

皇の判断で,「**無条件降伏**」を受け入れる。これがいわゆる「**ポツダム宣言受諾**」の決定です。

無条件降伏が決まり，天皇の言葉はレコードに吹き込まれ，翌8月15日，ラジオ放送で**終戦の詔勅**が流れて，国民は**戦争が終わった**ことを知った。

鈴木貫太郎内閣はポツダム宣言を受諾し，初の**皇族**内閣，**東久邇宮稔彦**に内閣を譲って総辞職します。

そして，正式には，東京湾上にやってきたアメリカ軍艦**ミズーリ号**上で，降伏文書に調印をして，ここで正式に「**アジア・太平洋戦争**」は**終結**したわけです。

◀ミズーリ号上の降伏文書調印式
正式の降伏文書は，アメリカの軍艦ミズーリ号上で調印された。

戦時下の朝鮮・台湾

さて，戦況の究極の悪化のなかで，朝鮮などでは，いわゆる**植民地政策**が展開されていました。ここ，気を抜かないように。

「**皇民化**」**政策**といいますが，現地の人々を天皇の民にしてしまおうとする。神社に参拝することを強制する。母国語である韓国語を使わせないで，日本語教育を徹底して行う。そして，

Q 朝鮮の人々の固有の氏名を日本ふうに改めさせたことを何というか？
——創氏改名

これをもしも**マッカーサー**が日本でやったらえらいことですよ。「お前たち

の名前はダサイ。みんなアルファベットでアメリカふうにしろ」と言われてたら，いまごろわれわれは，「ヘイ，ジョン」とかやっているわけですからね。日本はこれを，植民地下の朝鮮で実際にやったんです。

さらに，兵隊が足りなくなって，1943 年には**朝鮮**，1945 年には**台湾**にも「**徴兵制**」を施行します。日本のために戦った朝鮮の人，台湾の人，いっぱいいるんですよ。

さらに，政治問題として現在も日本と韓国，あるいは北朝鮮とのあいだで問題になっている(**従軍**)**慰安婦問題**。そういう忌まわしい事態も実は進行していました。戦地の兵隊を慰めるために女性が性的な奉仕を強いられたことは，まぎれもない事実だと言われています。

連合国側のカイロ，ヤルタおよびポツダム会談は，戦後史の前提として，次回以降でまた扱います。やっと**長い戦争が終わりました**。もう一度，すぐに昭和の歴史を授業ノートの年表で確認しておいてください。

第
64
回

現代（1）

占領期の日本

1945年8月14日の御前会議で「**無条件降伏**」を求める**ポツダム宣言**の受諾が決まります。あくまでも「国体」の護持だけは譲れないとしていた政府でしたが，天皇の決断によって「無条件降伏」を受け入れたわけです。

今回は，まず連合国側の**カイロ会談・カイロ宣言**，**ヤルタ会談・ヤルタ協定**，そして，**ポツダム会談・ポツダム宣言**をしっかり確認し，その後の占領期の「**民主化**」の基本を学習します。現在の日本の基本的な条件が形成される，まさに現在に直結する歴史です。

◀マッカーサー厚木に着く
コーンパイプをくわえたこの大男が日本を大きく変えた！

1951年9月8日に**サンフランシスコ平和条約**が調印され，翌年4月，同条約が発効するまでの約7年間が「**占領期**」ですが，今回は，**五大改革指令**まで。最初のところだけです。覚えることは少ないし，戦後史の学習の出発点ですから，学習したことは100%，完全に記憶する覚悟でがんばってください。

1　ポツダム宣言

授業ノート p.36 参照

第２次世界大戦の終結は，

1943, 9 イタリア ➡ 1945, 5 ドイツ ➡ 1945, 8 日本

の順ですが，その間，連合国側は首脳会談を開いて，その時点ごとの目標を決めていきます。主要なものは**カイロ・ヤルタ・ポツダム会談**。そして，国際連盟に代わる**国際連合**の設立を決めた**サンフランシスコ会議**。

まず，その経過と内容から見ていきましょう。

「カイロ宣言」(1943 年)

「**日独伊三国同盟**」の１国である**イタリア**は，1943 年９月に降伏。そこでだいたい戦争終結の見通しがつきそうだということで，連合国側の米・英・中３カ国首脳がエジプトのカイロに集まってカイロ会談を開き，「**カイロ宣言**」を発表します。

米は **F. ローズヴェルト大統領**，英は**チャーチル首相**，中国は**蔣介石主席**。はい，史料。

史料

21　カイロ宣言

……右同盟国ノ目的ハ，日本国ヨリ千九百十四年ノ第一次世界大戦ノ
連合国側の目的は，　日本が第１次世界大戦以後，
開始以後ニ於テ日本国ガ奪取シ又ハ占領シタル太平洋ニ於ケル一切ノ
奪い取ったり，占領した太平洋方面における島々を日本から
島嶼ヲ剝奪スルコト並ニ満洲・台湾及澎湖島ノ如キ日本国ガ清国人ヨリ
剝奪することと　満洲・台湾，および澎湖島などの日本国が(日清戦争の結果)
盗取シタル一切ノ地域ヲ中華民国ニ返還スルコトニ在リ。日本国ハ又
清国人より盗み取った一切の地域，これを中華民国に返還させることにある。日本国はまた

暴力及貪欲ニ依リ日本国ガ略取シタル他ノ一切ノ地域ヨリ駆逐セラル
暴力および欲望からだまし取った一切の地域から排除されるべきである。

ベシ。前記三大国ハ朝鮮ノ人民ノ奴隷状態ニ留意シヤガテ朝鮮ヲ自由
前記三大国（米・英・中）は朝鮮の人々の奴隷的な状態に対してよく注意し，将来朝鮮

且独立ノモノタラシムルノ決意ヲ有ス。
が自由かつ独立を達成できるようにすることを決心している。

カイロ宣言は，まず日本が第1次世界大戦，あるいは日清戦争以降，奪ったさまざまな**利権を放棄する**ことを求めています。そして朝鮮植民地支配に対しては，やがて**朝鮮の人々を自由かつ独立の地位に戻す**ことを宣言しています。

注意することは，中国でこのときにはまだ現在の中華人民共和国という国は誕生していませんから，「**中華民国**」，いわゆる蔣介石の国民政府の中華民国です。今の中華人民共和国ではありませんよ。国共合作で中国共産党もいっしょになっていますが，蔣介石の国民政府ですよ。

「ヤルタ協定」（1945年）

やがて戦局はサイパンの陥落でいよいよ日本の敗色が濃厚になってくる。東条英機が辞職し，小磯国昭内閣に代わる。

そして今度は，1945年2月に，クリミア半島のヤルタに米・英・ソの代表者が集まって会議を開きます。米は**F.ローズヴェルト**，英は**チャーチル首相**，ソ連は**スターリン**。ドイツの戦後処理などが話し合われます。このヤルタ会談では，**秘密協定**として「**ヤルタ協定**」が結ばれます。史料です（次ページ）。

史料

22 ヤルタ協定

三大国即チソヴィエト連邦，アメリカ合衆国及英国ノ指揮者ハドイツ国力降伏シ且ヨーロッパニ於ケル戦争カ終結シタル後二月又ハ三月ヲ経テソヴィエト連邦カ左ノ条件ニ依リ連合国ニ与シテ日本ニ対スル戦争ニ参加スヘキコトヲ協定セリ……

ソヴィエト，アメリカ，イギリスの指導者は，やがてドイツが降伏し，そしてヨーロッパにおける戦争状態が終結したあと，2カ月，または3カ月後には，ソヴィエト連邦が次の条件で連合国側に立って，日本に対して宣戦布告を行い，戦争に参加することで合意した。

二，千九百四年ノ日本国ノ背信的攻撃ニ依リ侵害セラレタルロシア国ノ旧権利ハ左ノ如ク回復セラルヘシ。

1904年（日露戦争）による日本の利得であった旧ロシアの権利は回復されることとなる。

(イ) 樺太ノ南部及之ニ隣接スル一切ノ島嶼ハ　ソヴィエトニ返還セラルヘシ

（北緯50度以南の）樺太南部，およびこれに隣接する島々は，ソヴィエト連邦に返還される。

(ロ) 大連商港ニ於ケルソヴィエト連邦ノ優先的利益ハ之ヲ擁護シ該港ハ国際化セラルヘク又ソヴィエト社会主義共和国連邦ノ海軍基地トシテノ旅順口ノ租借権ハ回復セラルヘシ

大連におけるソ連の優先的利益は，これを守ることとし，これを国際貿易港とし，また，ソ連の海軍基地としての旅順口の租借権はふたたびソ連に取り戻されることとなる。

(ハ) 東清鉄道及大連ニ出口ヲ供与スル南満洲鉄道ハ中ソ合弁会社ノ設立ニ依リ共同ニ運営セラルヘシ

東清鉄道および大連に出口を供与する南満洲鉄道は中華民国とソ連の合弁会社を設立し，共同でこれを運営することとする。

三，千島列島ハソヴィエト連邦ニ引渡サルヘシ。

千島列島はソヴィエト連邦に引き渡される。

この秘密協定で一番大事なところは，ドイツが降伏したらソ連が連合国側に加わって日本との戦争に参加する。そして，その代わりに，**千島列島**など，日本に奪われている利権が**ソヴィエト連邦に引き渡される**という部分です。それ以外のところは意訳で，みなさん，よくわかると思います。

これは**秘密協定**になっている。日本とソヴィエトのあいだで結ばれていた「**日ソ中立条約**」はまだ有効なのに，日本に対して戦争を仕掛けることをソ連も合意したわけですから，秘密にされたということです。

また，この時点ではまだドイツは降伏していませんよ。ドイツが降伏するのは3カ月後，1945年5月です。

サンフランシスコ会議/国際連合の発足

ヤルタ協定では，ソ連の対日参戦のほかにも，**国際連合憲章**を定めるための会議の開催や，ドイツ降伏後の管理などについても決めています。

そして，その国際連合憲章を採択するために，2カ月後，1945年4月から6月にかけて，米・英・ソ・中によって招集され，開かれたのが**サンフランシスコ会議**です。国際連盟が2度目の世界戦争勃発を阻止できなかったことから，改めて国際平和機構を設立した。**国際連合**への参加国は51カ国。10月に正式に発足します。

51カ国で発足した，「**51**」という数字も覚えておくこと。

そして，会議の期間，**1945年**4月から6月。

Q 太平洋戦争で，1945年4月から6月の激戦は？ ——沖縄戦

そう，**沖縄戦の時期に国際連合が発足するサンフランシスコ会議**ですよ。日本の独立が認められたサンフランシスコ講和会議と混同することはないでしょうが……。しっかり覚えよう。その次が**ポツダム**ですから。

ついでに，復習。

Q ドイツが降伏したのは何年，何月？ ——1945年5月

ということは，こうなるわけです。

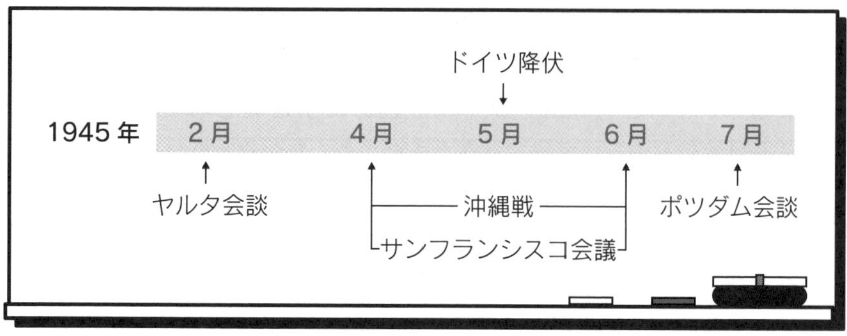

「ポツダム宣言」(1945年)

その1945年4月，米軍が沖縄に上陸。早く停戦に持っていかなければ！

そこで小磯国昭に代わって**鈴木貫太郎内閣**が登場し，終戦の方法を探ろうとします。そして6月，**沖縄戦**が終わり，ヒトラーが降伏したドイツのベルリン郊外で7月，ポツダム会談が始まります。ポツダムはベルリン郊外の静かな町です。**1945年**7月ですよ。そして「**ポツダム宣言**」が発せられた。

集まったのは，米は**トルーマン大統領**，イギリスは**チャーチル**(その後，**アトリー**)**首相**，そしてソ連は**スターリン**。アメリカ大統領F.ローズヴェルトが急死したために，**トルーマン**に代わっていることに注意してください。

史料

23　ポツダム宣言

一，吾等合衆国大統領，中華民国政府主席及グレート・ブリテン国総理大臣は，　　……日本国に対し，今次の戦争を終結するの機会を与ふることに意見一致せり。

アメリカ合衆国大統領，中華民国政府主席，およびイギリス総理大臣は，われわれの数億の国民を代表して協議をしたうえ，日本に対して，戦争終結の機会を与えることで意見が一致した。

六，吾等は，無責任なる軍国主義が世界より駆逐せらるる……

われわれは無責任な軍国主義が世界から除去されることを目的とする……。

七，……日本国領域内の諸地点は，吾等の茲に指示する基本的目的の
われわれの指示する基本的目的を達成するために，
達成を確保する為占領せらるべし。
日本は占領される。

八，カイロ宣言の条項は，履行せらるべく，又日本国の主権は，本州，
カイロ宣言の条項は履行しなければならない。　日本国の主権は，　本州，
北海道，九州，及四国並に吾等の決定する諸小島に局限せらるべし。
北海道，　九州および四国，　並びに連合国側が決定する島々に局限される。

九，日本国軍隊は，完全に武装を解除せられたる後各自の家庭に復帰し，
日本国軍隊は，武装解除したうえで，軍人たちはおのおのの家庭に復帰しなさい。
平和的且生産的の生活を営むの機会を得しめらるべし。
そして平和的で生産的な生活を営むチャンスが与えられる。

十，……吾等の俘虜を虐待せる者を含む一切の戦争犯罪人に対しては
捕虜の虐待などを含む一切の戦争犯罪者に対しては，処罰を加える。
厳重なる処罰を加へらるべし。……

十三，吾等は，日本国政府が直に全日本国軍隊の無条件降伏を宣言し，
われわれは日本国政府が，すべての日本軍の無条件降伏を宣言し，
且右行動に於ける同政府の誠意に付適当且充分なる保障を提供せん
かつその無条件降伏に対して誠意ある充分な処置をすることを日本国政府に要求する。
ことを同政府に対し要求す。右以外の日本国の選択は，迅速且完全
無条件降伏以外の日本国の選択は日本の完全な壊滅
なる壊滅あるのみとす。
をもたらすであろう。

そこで，ポツダム会談は米・英・ソ，**トルーマン・チャーチル・スターリン**の三者で始まる。しかし，ポツダム宣言はカイロ宣言を受けて出される形ですから，**アメリカ**，**中国**，**イギリス**の３国の名で発せられます。おもな内容は，

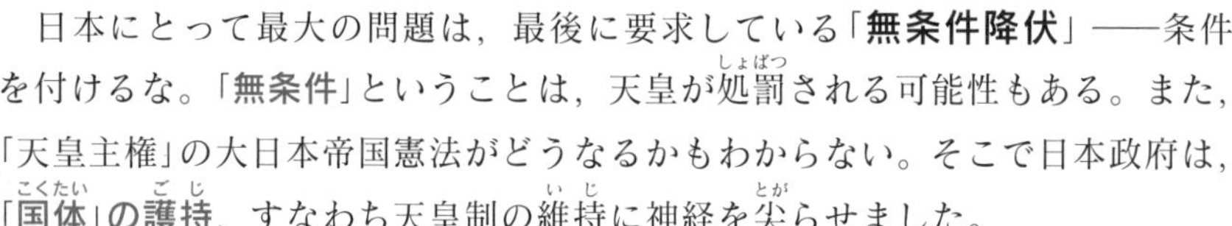

日本にとって最大の問題は，最後に要求している「**無条件降伏**」――条件を付けるな。「**無条件**」ということは，天皇が処罰される可能性もある。また，「天皇主権」の大日本帝国憲法がどうなるかもわからない。そこで日本政府は，「**国体**」の**護持**，すなわち天皇制の維持に神経を尖らせました。

日本政府はためらった。ところが，条文には，「**無条件降伏以外だと，日本は壊滅するぞ**」という強烈な一種の脅しの文章が入っていた。実はアメリカは着々と，いわゆる**原子爆弾**の開発を進めていたわけです。

以上が，重要な３つの連合国側の会談と，サンフランシスコ会議の大筋です。

おもな戦争処理会議の代表者

入試では失点を許されないところなので，整理して，暗記！

Q 「カイロ宣言」を発した米・英・中の代表者は？

――F. ローズヴェルト，チャーチル，蔣介石

アメリカは**F. ローズヴェルト**ですからフランクリン=ローズヴェルトです。**T. ローズヴェルト**（セオドア=ローズベルト）は日露戦争の講和を斡旋したアメリカの大統領。では，

Q ヤルタ会談の出席者は？

――F. ローズヴェルト，チャーチル，スターリン

スターリンはもちろんソヴィエトの指導者です。

そして，次が1945年のポツダム会談。ポツダム会談は，先ほどのポツダ

ム宣言にもあったように，カイロ宣言，カイロ会談を受けて行われたものですから，当然，会談には米・英・中が集まるはずですが，実際にポツダムに集まったのは**ヤルタ会談**と同じ米・英・ソです。

注意するのは，このときまだソヴィエトは中立条約を結んでいて，**日本とソ連は戦争状態にはなっていない**ということですよ。では，

Q ポツダム会談に集まった米・英・ソの代表者は？

――トルーマン，チャーチル，スターリン

アメリカ大統領がトルーマンに代わっていることに注意。そして，もう 1 つやっかいな点があります。

Q 会談の途中でチャーチルと交代したのは？ **――アトリー**

チャーチルがこの会談の最後の段階で，選挙の結果，首相の座をアトリーに譲(ゆず)っていること。ここを注意しなければいけません。

それから，いま言ったように，戦争状態にないソ連が入って米・英・ソの 3 カ国の名で，宣言を出すと，おかしなことになるわけです。そこで，

Q 「ポツダム宣言」を出した 3 国とは？

――アメリカ，イギリス，中華民国(ちゅうかみんこく)

カイロ宣言と同じ米・英・中の 3 カ国の名でポツダム宣言が出ることになった。**ポツダム会談とポツダム宣言は，国の組み合わせが違う**。ここをしっかり覚えてください。

ポツダム
- **会談…米・英・ソ**
- **宣言…米・英・中**

「ポツダム宣言」を受諾(1945年8月14日)

さて，陸軍は本土決戦を主張しますが，結局，天皇の判断によって**「無条件降伏」**を受け入れ，**ポツダム宣言を受諾**(じゅだく)することになります。8月6日に広島に原爆投下，8日にソ連が参戦，その翌9日に，長崎に原爆が投下され，8月14日にポツダム宣言を受諾。翌15日に天皇のラジオ放送で国民はそれを知らされたのです(玉音(ぎょくおん)放送)。

ちょっとこまかい話ですが，日本に向かって**宣戦布告をしたソヴィエト**は，すぐにポツダム宣言に加わりますので，**日本がポツダム宣言を受諾した時点では，** 米・英・中・ソの4カ国の宣言を受諾したことになります。そして正式に日本が降伏文書に署名(しょめい)したのは9月2日。東京湾内にやってきた，アメリカの戦艦ミズーリ号上です。

2 占領行政

授業ノート p.37 参照

GHQ による占領

そこで，いよいよ**連合国による占領**が始まります。最高責任者はアメリカのマッカーサー**元帥**(げんすい)です。

では，日本占領の機構(きこう)をチェックしましょう。

Q 連合国軍の最高司令部の正式名称は？

——**連合国(軍)最高司令官総司令部**(れんごうこくぐんさいこうしれいかんそうしれいぶ)(略称：GHQ/SCAP)

長い。日本史の入試でよく書かされる答えのなかでもっとも長い。

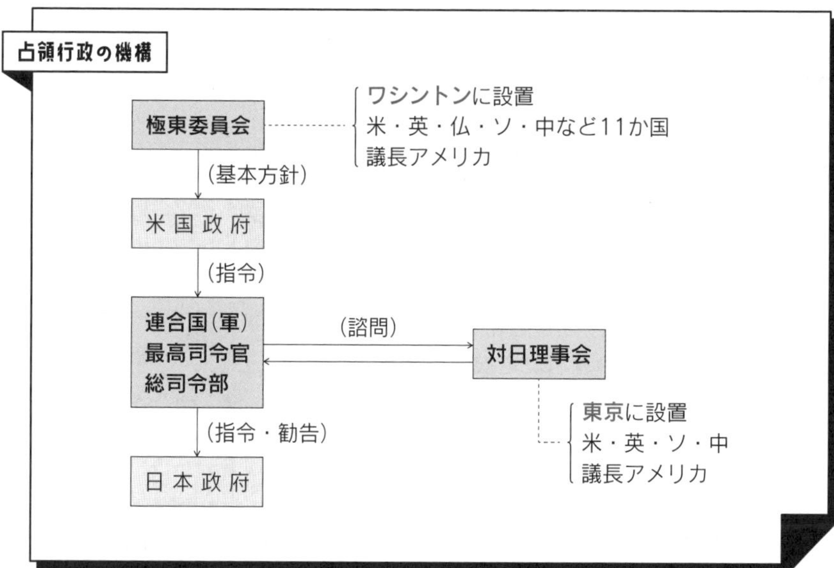

GHQ の間接統治

では，機構図をよく見てください。一番上に「**極東委員会**(きょくとういいんかい)」があります。

Q 「極東委員会」が設置された都市は？ ——ワシントン

いいですか。ニューヨークじゃないよ。それだと国連になりますから。極東委員会は当初，**11カ国**で構成されます。議長は**アメリカ**で，**最高決定機関**として，基本的な日本占領の方針を決めます。

その基本方針が**アメリカ合衆国政府**に伝えられる。そしてアメリカ政府から**連合国(軍)最高司令官総司令部**(GHQ/SCAP)に具体的な占領のための指令が与えられるんです。

極東委員会の基本方針が**直接GHQに伝えられるのではない**。それをアメリカ政府の立場から，ある意味では読み変えて，連合国(軍)最高司令官総司令部に与えられる。さらに連合国(軍)最高司令官総司令部が日本を，日本の民衆を直接統治したのではなくて，日本政府に**指令**，**勧告**を与えて，日本政府が従来どおり日本国民を統治するわけです。連合国側が**直接日本の人々を支配するのではない**ので，これを「**間接統治**」といいます。

対日理事会

そこでもう1つ残った占領機構の重要な機関があります。これが「**対日理事会**」，連合国(軍)最高司令官総司令部の**諮問機関**です。

Q 「対日理事会」が設置された都市は？ ——**東京**

こちらは東京に置かれています。理事会のほうがエラそうな感じがして，こちらのほうが最高の意志決定機関だと誤解しないこと。

対日理事会は，4カ国で構成されている。**米・英・ソ・中**。アメリカ・イギリス・ソ連・中華民国。そう，

対日理事会はポツダム宣言国(米・英・ソ・中)で構成

されている。**ポツダム宣言国**だということになるわけです。そして議長は極東委員会といっしょで**アメリカ**です。はい，極東委員会と対日理事会の区別にはくれぐれも注意してください。

┌極東委員会(ワシントン)…最高決定機関
└対日理事会(東京)…………GHQ の諮問機関

GHQ が日本政府に命令するときは「**指**」令です。連合国(軍)最高司令官総司令部の司令は,「**司**」ですよ。

間接統治の現実

この機構図からわかるのは,結論から言えば,**日本占領と統治は,事実上はアメリカ1国による**ものであったことです。イギリスなどは実際の占領に加わってはいますが,ごく少数。連合国による間接統治の形はとるものの,権限は完全にアメリカ単独の統治,アメリカ単独の占領行政だった。機構図を見ればすぐわかります。

そして,具体的には,日本に駐在して実際の統治にあたる**GHQ,マッカーサーの判断**が優先されていきます。マッカーサーは,いざというときには軍隊を使って,武力で占領行政を遂行してもいいことになっていました。

ドイツの場合は違います。ドイツは直接軍政のもとにおかれ,しかも,「米・英・仏・ソ」四カ国の分割統治ですから,まったく違う。ドイツは連合国が協力して戦い,勝利し,実際に連合国軍が占領したからでしょう。日本の場合は事実上,アメリカ1国で日本を降伏に追い込んだので,こういう差異が生じたということです。

「ポツダム勅令」

さて,間接統治では,日本政府は GHQ の指令・勧告を忠実に守らなければならない。議会はありますが,GHQ の指令・勧告にもとづく政府の法律は無条件で有効なものとなります。

それを天皇の名で認めたのが「**ポツダム勅令**」です。占領されているわけだから,日本政府の判断で自由にできるところは,ごく限られている。GHQ の命令は憲法をも超える,**超法規的な効力を持っていた**ということです。

占領軍への批判などは許されない。新聞については**プレス=コード**,ラジオ放送については**ラジオ=コード**(ラジオ規制)があり,**検閲**を受けました。

東久邇宮稔彦内閣(「非軍事化」と「民主化」)

東久邇宮稔彦

そのようななかで，占領軍は日本の**民主化**にさっそくとりかかります。ポツダム宣言を受諾し，**鈴木貫太郎内閣**は総辞職しますが，次の内閣は，どのようなことが起こるかわからない，普通の人ではやっていられないということで，**皇族内閣**，すなわち天皇の一族のなかから総理大臣が選ばれます。これは**日本の内閣のなかで唯一の例外**です。それが「一億総ざんげ」・「国体護持」を掲げて登場した**東久邇宮稔彦(王)内閣**です。

ところがこの内閣は，GHQの思想・言論の自由などの自由，具体的には**治安維持法・特別高等警察の廃止**，**政治犯の即時釈放**などのいわゆる**人権指令**を受け，さらに，天皇についての自由な議論を奨励したのにショックを受けて，いきなり総辞職してしまいます。

幣原喜重郎内閣(「五大改革指令」)

幣原喜重郎

そこでもう米・英の民主化要求に対応していけるような政治家としては幣原喜重郎以外にいないということになります。幣原といえば，**協調外交**，**対中国内政不干渉**。幸いテロにも倒れずに生き残っていたということで，**幣原喜重郎内閣**が誕生。さっそく，マッカーサーは口頭で，5つの基本的な改革を指示します(**五大改革指令**)。

東久邇宮稔彦内閣のときの「**人権指令**」と「**五大改革指令**」を混同しないように。次ページの黒板で確かめておきます。

人権指令　＊東久邇宮稔彦内閣

- 治安維持法・特別高等警察の廃止
- 政治犯の即時釈放

五大改革指令　＊幣原喜重郎内閣

①**婦人（女性）の解放**…憲法の自由主義化および婦人（女性）参政権の付与
②**労働組合の助長**…結成の奨励
③**教育の自由主義化**…民主化
④**圧政的諸制度の廃止**…秘密警察などの廃止
⑤**経済機構の民主化**

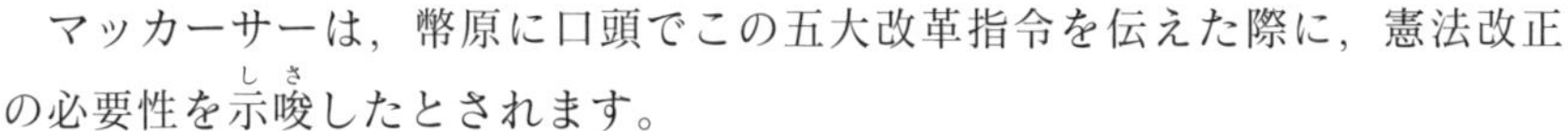

マッカーサーは，幣原に口頭でこの五大改革指令を伝えた際に，憲法改正の必要性を示唆したとされます。

ここは一発暗記。今ここで覚えなきゃダメ。何回でも繰り返して口に出して覚える。

婦人（女性）の解放，労働組合の助長，教育の自由主義化，
圧政的諸制度の廃止，経済機構の民主化

極東国際軍事裁判（1946 年～ 1948 年）

GHQ は一方で，先ほどのポツダム宣言にあったように，**戦争犯罪人**，日本を戦争に導いた責任者や，戦時国際法に違反した軍人などを逮捕していきます。1946 年から 1948 年にかけて，東京で「**極東国際軍事裁判**」が開かれ，戦争指導者としてA級戦犯28名が起訴され，そのうち7名が絞首刑になった。そのうちの１人はもちろん**東条英機**です。東条を含め６人は軍人ですが，

文官としては**広田弘毅**がただひとり死刑となっています。広田弘毅は**日独防共協定**を結んだ。ここは前に触れてますよ(p.159)。

ほかにもB級，C級戦犯といって，日本の占領地域だったところでも戦犯の裁判が行われていきます。

戦犯の裁判

- **A級戦犯**………**極東国際軍事裁判**(東京裁判)
  28名が起訴され全員有罪。7名が死刑
- **B・C級戦犯**…連合国が**アジア各地に裁判所**を設ける
  5700名余りが起訴され，984名が死刑

ただ，マッカーサーは，**天皇を戦争の責任者とすることを避けます**。天皇の戦争責任を問うと，日本の統治がスムーズにいかなくなってしまう。そこで天皇の責任追及をあきらめた。日本人が大混乱に陥る危険を避けた。

もちろん，先ほどもちらっと言ったけど，政治犯の釈放，特別高等警察の廃止，そして治安維持法などの**弾圧立法や弾圧的機構の廃止**が行われていきます。また，軍国主義の基盤ともなった国家神道の解体のために，政府による神社・神道に対する保護や支援，そして監督などを禁止しました。国家と神道の分離を命じた，この指令は「**神道指令**」と呼ばれています。

しかし，間接統治だから，国民から見れば，政府はそのまま，その上に天皇が君臨しているという形のままだったということです。

天皇の人間宣言(1946年)

翌1946年1月，いわゆる「**天皇の人間宣言**」が出ます。

いままで「臣民」と呼ばれていたのが，急に「**国民**」となる。いままでは神としてみんなで拝礼の対象であったのが，「**私は人間だ**」ということを宣言した。**天皇が神であること**，「**現御神**」と**された神格をみずから否定した**のです。

24　天皇の人間宣言

……然レドモ朕ハ爾等国民ト共ニ在リ，……朕ト爾等国民トノ間ノ
しかし私は，みなさん，国民といっしょに存在し，……私（天皇）と国民とのあいだの

紐帯ハ……単ナル神話ト伝説トニ依リテ生ゼルモノニ非ズ。天皇ヲ以テ
結びつきは，……単なる神話や伝説によって生まれたものではない。　天皇を生きながら

現御神トシ，且日本国民ヲ以テ他ノ民族ニ優越セル民族ニシテ，延テ
にして神であると考えたり，あるいは日本国民はほかの民族よりも優越した民族なのだから，

世界ヲ支配スベキ運命ヲ有ストノ架空ナル観念ニ基クモノニモ非ズ。
世界を支配しなければならない運命を担っているといったような架空の観念にもとづく天皇というものは存在しない。

「公職追放令」

そして1946年，「**公職追放令**」が出され，戦犯で処刑された人以外にも，多くの人々が極端な軍国主義者，国家主義者として「公職」から排除されたり，公職につくことを禁止されたりします。

公職追放は1946年1月から，GHQによって，戦争犯罪者，陸海軍軍人，超国家主義者，さらに大政翼賛会の幹部などが，次つぎに公職から追放され，1948年5月までに，約**21万人**がその地位を奪われますから，政治，官僚，経済界の主要な人物が大量に排除され，各界に大きな衝撃を与えました。

軍隊と軍需産業の解体

軍人もいなくなります。**武装解除**され，一般人になる。その数は，なんと約**789万人**。もちろん，海外から帰国した軍人が多数含まれています。

軍人が武装解除されて帰国することを「**復員**」と言います。ついでに，「**引揚げ**」というのは，満鉄の職員だとか，植民地などで仕事をしていた一般人が帰国することを指します。

そして，**軍需産業は禁止**され，その設備は解体されたうえ，中国や東南アジアなどの日本の占領地域に「現物賠償」として送り出されることになります。船舶の保有も制限されますから，アメリカは，日本が武器そのものを保有できないように，物理的に**再軍備を不可能とした**わけです。

これは，初期の占領目的の第一が**徹底した民主化**にあったことを示すものだった。日本を，**軽工業段階までの国家とする**という目的に沿ったものだったわけです。

さて，次にいよいよ具体的な改革の推移と内容を見ていかなければならないわけですが，今回はここでやめておきます。

第65回

現代(2)

民主化と日本国憲法

マッカーサーが口頭で**幣原喜重郎**首相に与えた指示，「**五大改革指令**」が実際に，どのように実施されていったか？ また，**憲法改正**はどのようにして実現したのか。要するに，現在の日本の基礎がどのように築かれていったかを確認していくのが今回のメインテーマです。

五大改革指令の暗記は終わってますか。超難関私大でも，

「五大改革指令のうち，A・B・C 以外の 2 つを答えなさい」

といった問題が出るぐらいですから，まず，いつでも 5 つ出てくるように。

順序も変えずに，何も見ないで，ともかく書けるようにしましょう。表現はいろいろありますので，一応，教科書に準拠し，ハイ，実際に下に書いてみてください。

① ふじん(じょせい)さんせいけんのふよ

② ろうどうくみあいのけっせいしょうれい

③ きょういくせいどのじゆうしゅぎてきかいかく

④ ひみつけいさつなどのはいし

⑤ けいざいきこうのみんしゅか

①②③⑤は具体的な民主化の過程を勉強していくので，だいじょうぶです。一番忘れやすいのが④ですよ。

1 労働組合の助長と教育の民主化

授業ノート p.39 参照

「**婦人(女性)の解放**」については，1945年にさっそく選挙法が改正されます。新選挙法によって**婦人(女性)参政権**が認められ，年齢も**25歳**から**20歳以上**に引き下げられます。

労働三法(労組・労関・労基)

「**労働組合の助長**」については，「**労働三法**」と総称される法律の整備が進みます。年号も覚えます。まず敗戦の年，**1945年**12月，

Q 労働者の基本的な権利，団結権，団体交渉権，争議権(ストライキ権)を確立させた法律は？
――労働組合法

労働者は団結して自分たちの利益を守ることができる。そして，会社，社長など資本家側と団体で交渉する権利がある。個人で交渉しなくてもよい。また，どうしても話し合いで決着がつかない場合，正規の手続きを経て**ストライキ**，すなわち仕事を放棄して抵抗する権利がある。

1人ひとりでは弱いから「みんなで**団結**しようぜ。みんなで**交渉**にいこうぜ。どうしても社長が言うことを聞かなかったら**ストライキ**をやろうぜ」という権利が認められたのだ。

翌**1946年**には，労働争議の予防や調停，あるいは国民生活に広くかかわるような公益事業の争議についての制限などを目的とした「**労働関係調整法**」が制定されます。さらに，

Q 翌1947年に出された労働条件の最低基準を定めた法律は？
――労働基準法

これによって戦前からの「**工場法**」**が廃止**されます。戦前からの工場法は保護立法として極めて不十分でした(第3巻，p.338)。そこで労働基準法によって，1日**8時間**，週**48時間**を限度とする労働制など，いわゆる労働者の基本的権利を守るための基準が示されます。

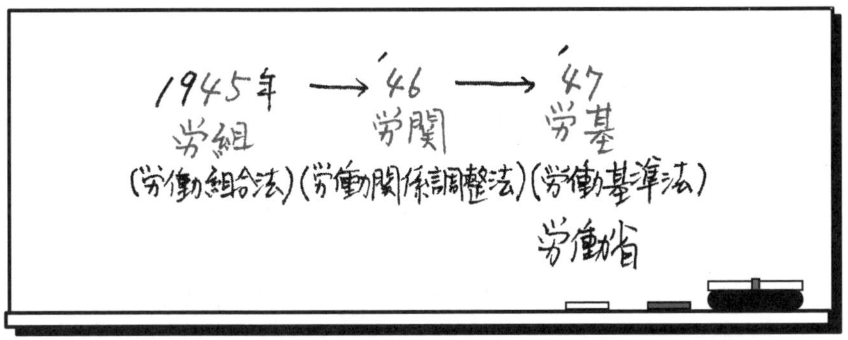

はい，もう一度。略称で「**労組**」，「**労関**」，「**労基**」，そして年号は 1945 年，46 年，47 年と連続です。また，**1947 年**には「**労働省**」が設置され，初代の婦人少年局長に**山川菊栄**が就任します。

ここは，順番が大事ですよ。

（×）労働基準法 →労働組合法 →労働関係調整法
（×）労働基準法 →労働関係調整法 →労働組合法

「まず，"基準"が決められてから」じゃない。まず，**労働組合の結成**から，それが前提だから，

労組 ➡ 労関 ➡ 労基

ろうくみ・ろうかん・ろうき
ろうくみ・ろうかん・ろうき

……と，音で暗記ですよ。

それと，女性史などでも頻出の**山川菊栄**は**伊藤野枝**とともに，復習しておくこと(p.80)。

┌**山川菊栄**(赤瀾会)…山川均(マルクス主義者)と結婚
└**伊藤野枝**…甘粕事件で虐殺される。大杉栄(マルクス主義・アナーキズム)と結婚

軍国主義教育の停止

次，「**教育の自由主義化**」。「民主化」でもOKですよ。軍国主義教育を解消するため，1945年10月には教科書の不適切な部分の削除を指示するとともに，軍国主義的な教師の追放を命じます(**教職追放**)。まず「**修身**」，今でいう道徳教育，そして日本歴史，当時でいう「**国史**」，そして「**地理**」，この3科目の**授業の停止**が命令されます。

天皇陛下のために命を投げ出そうと教えたり，満洲や樺太が真っ赤に塗ってある地図はまずい。

そしてアメリカから教育使節団が日本を訪れて現状調査したうえで，アドバイスが出ます。その結果，まず，

Q 1947年に制定された戦後教育の基本理念となった法律は？

——**教育基本法**

史料

25　教育基本法

われわれは**日本国憲法**を定め，民主的で文化的な国家を建設しようと決意した。その実現には，教育が基本であり，真理と平和を希求する人間の育成と，個性豊かな文化の創造を目指す教育を徹底しようとするものである。そして，教育の**機会均等**や人種，信条，性別，社会的身分，経済的地位などによる**差別を否定**する。

これは日本国憲法を前提として，その主旨を生かした戦後教育の基本を定めたものです。

「学校教育法」／教育委員会

具体的な教育制度は「**学校教育法**」によっていわゆる「**6・3・3・4制**」が導入されます。もちろん小学校6年，中学校3年，ここまで**9年の義務教育**と，高校3年，大学4年の高等教育ということになっています。

ということは，現在の小学校6年，中学校3年が義務教育，3年高校，4年大学というのは戦後の制度だったわけですが，「それでは，戦前は？」というと，教科書に概念表(がいねんひょう)が載(の)っています。ちょっと簡略化(かんりゃくか)すると，こんな表です。

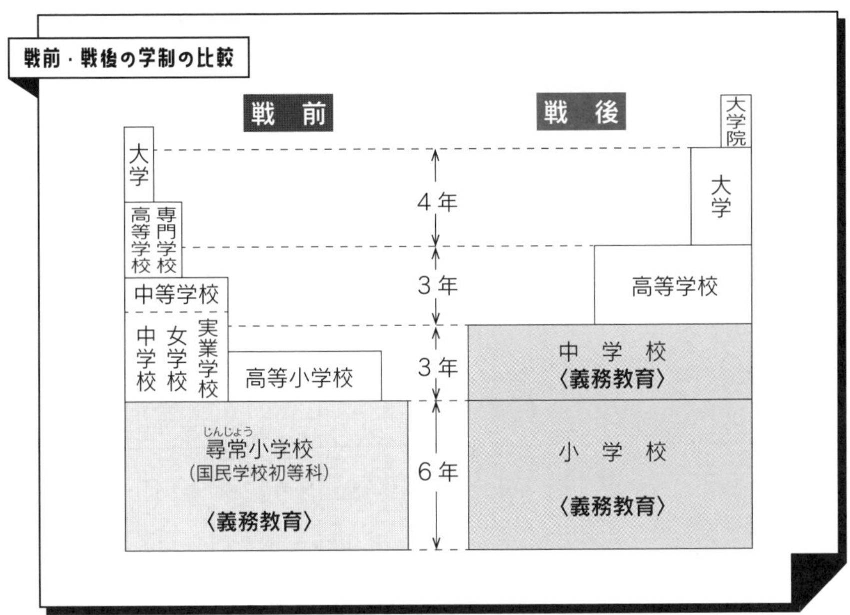

ポイントは，現在は一直線に小・中・高・大というふうに大部分の人が進む，**単線型**というところです。ところが，戦前は**複線型**。「尋常小学校」から次の中等教育に進むコースが複数ある，複線型だったというところです。

また，各地域の自治体(じちたい)ごとに「**教育委員会**」を置いて，その地域の教育を運営していこうということになりました。この教育委員は，今でいうと，市議会議員とか県会議員と同じように選挙で選ぶ「**公選制**(こうせんせい)」とされました。

この公選制はその後，1956年に「**任命制**(にんめいせい)」──市長が市の教育委員を任命するという制度に変更されます。

教育委員(会)…「公選制」(1948年) ➡「任命制」(1956年)

さらに1948年に「**教育勅語**」の**廃止**が国会議決されます。これがいわゆる「教育の民主主義化」です。「**男女平等の教育**」というところも忘れないでおいてください。

次に4番目の「**秘密警察などの廃止**」，あるいは「**圧政的諸制度の廃止**」は，さまざまなものを含みますから，特定のものを覚える必要はありません。

そして,5番目の「**経済機構の民主化**」。これは大きなテーマですから,しっかり見ていこう。これも「経済の民主化」でも同じですよ。

2 財閥解体

授業ノート p.39 参照

さて，「**経済機構の民主化**」は，２つのテーマ「**財閥の解体**」と「**寄生地主制の解体**」に分かれます。「経済（機構）の民主化」ということは，経済が閉鎖的で自由競争が抑えられているから，これを公正なものにしようという意味です。GHQ は，軍国主義の経済的な背景は財閥と寄生地主制にあると考えた。

財閥解体

そこで「**財閥解体**」ですが，まず **15 財閥の資産の凍結**が指令されます。財閥は私的に経済を独占し，民主的な会社経営や経済運営を阻んでいるということです。

後進的な経済体制で，株主の意見が会社経営に反映しない。**株を同族で保有**している。それだけでなく，政党の資金源となり，自分たちに有利な政治を確立している。これは，青年将校たちが軍部クーデターを起こすときの理由と一緒です。「財閥と政党を潰せ」というのが彼らの目標だった。恐慌に喘ぐ民衆をよそに，**財閥が富を独占しているという現状**に対する反発だった。

そこで同族会社，同族支配の根拠となってグループ全体の司令部であった「**持株会社**」を整理してしまおうということになります。「**持株会社整理委員会**」が設置され，「持株会社」と指定された **83 社**のうち，**43 社が解体**されます。

そして財閥家族が持株会社を通じて保有していた株は取り上げられて，これが市場に開放されます。これで「**株式の民主化**」が実現します。

持株会社の解体 ➡ 株式の民主化

「独占禁止法」・「過度経済力集中排除法」（1947 年）

次に，あまりにも大きすぎる企業は同業の他社との自由な競争を抑え，公正な競争のジャマになっている。公平な自由競争を妨げる巨大な会社が現れないように，また，ふたたび持株会社などが復活しないように，「**独占禁止**

法」が制定されます。

トラストの結成やカルテル行為も禁止されます。「独占禁止法」はその後改変され，緩和されつつ，**今日まで続いている法律**です。現在では持株会社の禁止は解除されていますので，念のため。

Q 独占禁止法を運用するために設置された特別の機関は？

——公正取引委員会

さらに，すでに強すぎる，大きすぎる企業は，分割したり規模を縮小させようということになり，そのための法律が「**過度経済力集中排除法**」です。そして，実施機関は**持株会社整理委員会**。**325** の企業が同法の対象とされます。

ところが，実際に分割された企業は，そのうちの**日本製鉄会社**・**三菱重工業**など，わずか **11** 社にとどまります。ここは，入試で必ず問われるところです。325 分の 11，この数字は絶対に覚えておく。

実際に分割された企業数 / 対象となった企業数 … 11 / 325

さらに，

分割された 11 社のなかに銀行が 1 つも含まれていない

これも超重要！

ビッグ・ファイブ，いわゆる**五大銀行**，三井，三菱，住友，安田，第一などの巨大銀行は一切，分割の対象になりませんでした。そこで，結論はこのようになります。

財閥家族による支配は「株式の民主化」とともに解消されたが，**巨大企業の分割は極めて不十分に終わった**。さらに，**財閥系巨大銀行は分割されず**，その後，戦後の日本の会社，企業は銀行を中心に再結集されていく。これが，戦後の日本の経済界で銀行というものが非常に強い力を持ってしまった大きな原因です。はい，キーワードを覚えて。

銀行は分割されず，銀行中心の「企業集団」が形成された

「**企業集団**」という言葉を覚える。

ところで，「なぜ財閥解体が株式の民主化だけで，ほかは徹底(てってい)しなかったのか？」という疑問が湧(わ)いてきますが，これは第67回でやります。とりあえず，**占領行政の目的が，「日本の徹底した民主化」から「経済の再建」に大転換したから**です。**東西冷戦**，**朝鮮戦争**という国際情勢がその背景です。日本の経済を民主化する前に，一刻(いっこく)も早く日本の経済を再建しようということになったのです。

ハイ，五大銀行の暗記をすましておきましょう。

五大銀行…**三井・三菱・住友・安田・第一**

みつい・みつびし・すみとも・やすだ・だいいち
みつい・みつびし・すみとも・やすだ・だいいち

ちなみに，昭和恐慌を経(へ)て，さらに大きくなった財閥を「**四大財閥**」と総称しますが，その4つは，

四大財閥…**三井・三菱・住友・安田**

です。五大銀行はこれに**第一銀行**を加えればいい。第一銀行は第一国立銀行が普通銀行となって巨大化し，渋沢栄一系の金融財閥としての中枢(ちゅうすう)を担(にな)った銀行です。

3 農地改革

授業ノート p.40 参照

寄生地主制の解体

さて次は，「**寄生地主制**」の**解体**です。寄生地主は小作人から奪った富を農業のために投資しない。寄生虫のような地主という意味でしたね。

貧しい農村は安い賃金で働く労働者と不当な国際競争力をもった製品を産み出し，狭い国内市場とともに**輸出依存型の経済**となる，といった因果関係の知識は全部復習ですよ(p.18 ～)。輸出依存型の経済は，うまくいかなければまた市場を求めて戦争につながる。

そこで寄生地主を解体しよう。もちろん，基本的には不当に低い地位を強要され続けてきた**小作人の地位を上昇させよう**ということです。

第 1 次農地改革(1946 年)

GHQ に指示された政府はさっそく「**農地改革**」に着手します。ところがこれは不十分なものだった。戦前の**近衛文麿内閣**のときに制定されていた「**農地調整法**」という法律を利用し，これを**改正**して実施しようとしました。

復習のときに授業ノートの農地改革の表(授業ノート，p.41)をよく見てください。「農地調整法」の改正で，最初にやろうとしたのが「**第 1 次農地改革**」です。

不在地主，すなわち現地に住んでいない，簡単にいえば東京などに住んでいる地主の小作地保有は認めない。全部取り上げる。

不在地主の土地保有は認めない

これは**第 2 次農地改革でも一貫して貫かれた方針**ですから，しっかり覚えてください。

次に，村にいて自分自身も農業経営に携わっていながら，多くの土地を小作人に貸している「**在村地主**」の場合。**5 町歩**までは小作地の保有を認め，残りは解放させよう。

在村地主の小作地保有限度…5町歩

そして解放されることになった在村地主の小作地については，おのおのについて**地主と小作人とのあいだで話し合ってこれを譲渡しなさい**ということになっています。

また，小作料は「**金納**」ということにされましたが，小作人が希望すれば，従来どおりの現物納，**物納でもよい**ということになっています。

Q 小作地の解放の実務を担った機関は？ ——**農地委員会**

委員会のメンバーの構成比率ですが，「**第1次農地改革**」案では，

農地委員会…地主5：自作農5：小作農5

要するに，豊かな農民たちが10に対して小作農は5という比率でした。

さて，この政府案を見て，GHQは，“NO！”「ダメだ」，もっと徹底した農地改革をやりなさいということになります。

第2次農地改革（1947年）

そこで，より徹底した形の「**第2次農地改革**」案が登場します。**農地調整法の再改正**をやりますが，それでは足りない。そこで，

Q 特別立法として制定された第2次農地改革の基本法は？
——**自作農創設特別措置法**

その結果，**不在地主は一切認めない**。これは一貫しています。在村地主の**小作地保有の限度**については**大幅に縮小**されます。

在村地主の小作地保有限度…内地1町歩，北海道は4町歩

さらに，自作地と小作地を合わせてどの程度まで土地を所有していいか，

その限度額も設けられました。

「自作地＋小作地」の保有限度…内地３町歩，北海道は 12 町歩

そして譲渡方法は，第１次農地改革では地主と小作人の当事者同士の話し合いによるということになっていましたが，これでは，どうしても地主側が有利になってしまうだろうというので，

譲渡方法…国家による強制買収

となって**国家**が小作人に売却します。間に国が入ることになった。小作料については例外を認めず，「**金納**」ということになり，額についても，田地については収穫の 25%に当たる額が最高限度，畑は 15%とされます。

さらに**農地委員会**の構成は，

農地委員会…地主３：自作農２：小作農５

で，半分を小作農の委員が占めることになり，農地改革はかなり徹底的に行われました。

この結果，**寄生地主制**は，**ほぼ完全に解体**されてしまいました。ただ「**山林地主**」，山林を支配している地主たちは対象とされず，温存されます。江戸時代以来の水利慣行なども残ってしまいます。

入試での問われ方は単純です。共通テストでも難関私大でも同じ。実際は，第１次農地改革のほうはほとんど出題されません。

授業ノートの農地改革の表で念のため第１次と第２次を比較して，**変わった部分**だけでなく，**変わらなかったところ**も確認しておいてください。

農地改革の結果

さて，農地改革は戦後の農業にどのような影響を与えたか？

農村人口が多すぎた状態で，徹底して民主化したために，結果的に**１人分**

の耕地が非常に少なくなってしまった。ここが一番大事なところです。**5反以下の零細農**が改革前よりもかえって**増えた**。1町歩未満の小規模な農家が全農家の40%強になってしまったんです。

次のグラフを見てください。自作地の面積の比率は飛躍的に増えて約**87%**。小作地は約**13%**，約1割しか残っていません。そして完全な自作農が55%に達し，自作と小作を兼ねている**自小作**の農家の割合が約35%で，純粋な小作農は約**8%**です。

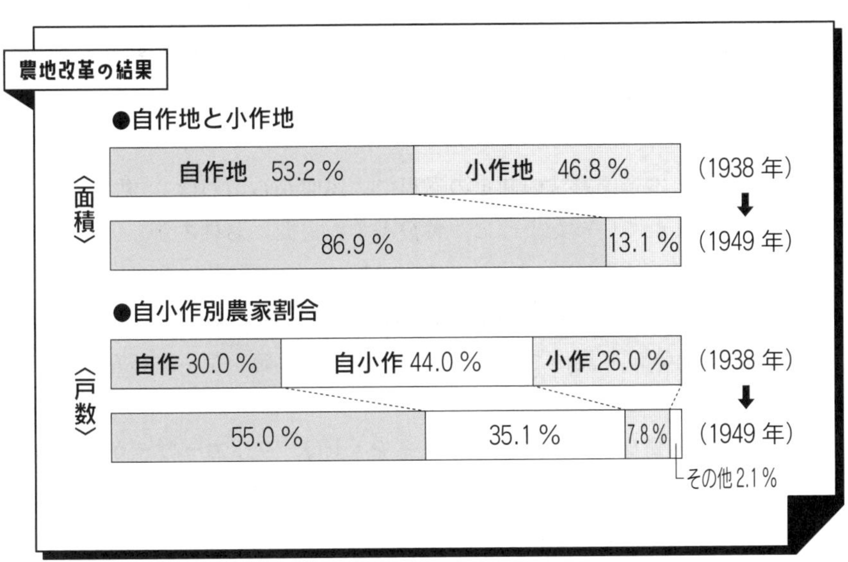

もう一度繰り返しますが，この結果，日本の自作農の経営規模が極めて小さいものになってしまい，その後の農業の自立を妨げ，**専業農家がなかなか日本では育たない**ということになってしまったということです。

4 日本国憲法

授業ノート p.41 参照

「日本国憲法」の制定

さて，以上のような戦後の民主化の最大の課題，また成果が「**日本国憲法**」の成立です。もっとも，戦後の政府中枢部は，まさか抜本的な憲法の改正が必要だとは思っていなかったんですよ。

しかし，マッカーサーは憲法の改正を示唆し，その作業が始まります。

幣原喜重郎内閣は，「**憲法問題調査委員会**」，別名「**松本委員会**」ともいいますが，**松本烝治**国務相を委員長とする委員会を置いて，新憲法の草案を作成していきます。

ちょうど大日本帝国憲法の制定の過程で，民間からいわゆる「私擬憲法」というものが生まれていったように，戦後もまた民間における新しい憲法構想がいくつか発表されます。

たとえば「**憲法研究会**」の**高野岩三郎**らの「憲法草案要綱」なども発表され，日本政府や GHQ にも提出されています。これは大統領制や主権在民・立憲君主制などを柱としたものです。

ところが松本委員会のつくった改正案を GHQ，**マッカーサー**が不十分だと拒否します。そしてもう一度つくらせて，また“NO!”というのも面倒だということで，いわゆる「**マッカーサー草案**」と呼ばれる GHQ の英文の改正案が示されるわけです。

占領下ですからイエスもノーもありません。これを受けて，幣原内閣は，改めて，英文で書かれていたマッカーサー草案を和訳し，これをもとに「政府原案」を発表するのです。なんと英文解釈から始まるんですね。

ところが，これはあとでやるテーマですが，このあと幣原内閣を支える当時の政党，**日本進歩党**が選挙で第一党になれなかったため，幣原が総辞職してしまうのです。

そこでこの憲法改正の作業は，幣原内閣から自由党と進歩党の連立内閣，**吉田茂内閣**に引き継がれる。そして**第 1 次吉田茂内閣**の下で，この改正草案が帝国議会で審議され，若干の修正を施されたうえで可決されます。いいですか，まだ帝国議会ですからね。貴族院と衆議院ですよ。ですから**現在の**

憲法は帝国議会で可決されたんです。

正確に言うと，大日本帝国憲法第73条の規定にしたがって，天皇の命により帝国議会に新憲法案が付され，貴衆両院のおのおの，3分の2以上の議員が出席し，3分の2以上の賛成によって成立するという形で日本国憲法は誕生したのです。

「日本国憲法」の特徴

さて，**1946年11月3日**，**「日本国憲法」**が公布されます。そして半年後からこの憲法を使う。法律を実際に使うことを**「施行」**と言います。半年後だから，施行は**1947年5月3日**，**憲法記念日**ですよ。

さて，日本国憲法の3大特徴，小学校の復習です。

1つ目**「国民主権」**(**主権在民**)です。そして天皇は国家の主権者であったのが，国の象徴であり，国民統合の象徴ということになります。いわゆる**「象徴天皇制」**というものです。

国会が国権の最高機関となり，**衆議院**と**参議院**になります。**衆参両院**と覚えましょう。旧憲法では国会の立法権は制限されていて，「天皇大権」にかかわる予算は，政府の同意なしで削減することはできないことになっていました。

さらに新憲法では，衆議院のほうが圧倒的に権限が強い優越権を持っています。旧憲法はほぼ対等だった。予算案の先議権のみ衆議院の優越。

2つ目，**「戦争放棄」**，いわゆる**平和憲法**といわれるゆえんです。もちろん憲法**第9条**です。戦力の不保持，および平和主義です。

3つ目が，**「基本的人権の尊重」**です。思想，信条，結社，学問等の自由。生存権および労働基本権の保障というものです。

民法・刑法・地方制度の改革

この憲法にともなって，教育については**教育基本法**が出ましたし，さまざまな法律が整備されてきます。

主要なものとしては，まず**民法**。**「戸主権」**，この圧倒的に強かった家父長の権限が廃止されます。男女，夫婦，兄弟は平等になりました。戦前だったら長男１人にすべての財産がいく。これが，夫婦のあいだでも財産相続が行われますし，兄弟姉妹は平等に扱われるようになった。**戸主権の廃止**です。そこで民法は**大改正**。

刑法については，民法ほどの大きな改正はありませんが，天皇に対する罪，いわゆる**不敬罪**，**大逆罪**，そして女性のみを対象とした**姦通罪**などが廃止されます。刑法は**小改正**。

さらに拷問，あるいは自白の強要などの非民主的な捜査や審理を廃止するための「**刑事訴訟法**」の全面的な改正も行われます。

次に，地方制度については，中央集権色が強かった旧憲法体制を改めて，「**地方自治法**」が制定されます。市長，あるいは県知事，都知事，府知事といったような首長，いわゆる自治体の長は**公選**，すなわち**選挙制**になります。**リコール制**もとり入れられます。

警察・司法制度の改革

さらに警察についてはすでに**特高の廃止**などが行われていますが，民主的な警察をめざして「**警察法**」が公布され，**自治体警察**と**国家地方警察**という２本立ての警察制度で出発します。そしてこれを監視するためのいわゆる統括機構としての「**公安委員会**」も創設されます。

裁判制度についても，国民によって裁判官が監視されるというシステムが導入されます。あまり実際に機能したことがありませんが，「**最高裁判所裁判官国民審査制度**」というのが始まります。入試ではめったに聞かれませんが，大事な制度です。いわゆる**裁判官弾劾制度**というものが始まった。いいですね。

「日本国憲法」のポイント

現憲法の主要な条文を確認しておきましょう(授業ノート，p.42～43)。注意するところだけを簡単に言っておきますよ。

▶第１条(天皇の地位)

まず「**象徴天皇制**」は，**第１条**でいいですね。国民の総意にもとづくものである。そして主権は国民に存することが明確に書かれています。

▶第９条(戦争の放棄)

第９条は，一番議論のある，いわゆる「**平和憲法**」と呼ばれるゆえんとなる条文です。**国際紛争を解決する手段としては戦争を放棄する**とあるので，いわゆる自衛のための戦争を放棄したわけではないという解釈が最近では多くなってきました。

それから，当然ながら第２項は，「前項の目的を達するため」ですから，国際紛争の解決の手段としての**陸海空軍などは持たない**，そして**交戦権は認めない**ということになっています。

このあたりはよく議論されるところです。日本史の授業というよりも，一般常識として覚えておかなければいけないところ。

▶第41条(国会の地位)

第11条の「**基本的人権**」はいいですね。

第41条，国家権力の**最高の機関**は何かというと，これは**国会**である。そして緊急勅令などの天皇の立法権は一切否定され，**唯一の立法機関が国会**ということになっています。

第42条の**二院制**については，いいでしょう。

衆議院の予算案の先議権については旧憲法も認めていますが，さらに外交条約の承認等々，圧倒的に**衆議院が優越**になっています。**第61条**の「条約の国会承認における衆議院の優越」です。

▶第66条(内閣の組織，国務大臣の資格)

第65条。行政権が内閣にあることは，もうみなさんが毎日見ていますからわかります。

第66条，内閣および国務大臣はやっかいです。旧憲法の天皇を助ける，「輔弼」する大臣によって構成される内閣，行政府，あるいは天皇の名において裁判所が行う裁判，司法権は民主化されて，まったく様相が変わってしまいます。

すなわち，まず**内閣総理大臣は文民でなければならない**ということで，いわゆる軍人が総理大臣になることが拒否されている。

そして一番大事なところで，内閣は行政権の行使について，だれに責任を負うかというと，

内閣は国会に対して連帯責任を負う
〈注意〉「国民に対して」ではない

ここはくれぐれも注意しておいてください。もちろん，「そんなあたりまえのことは知っているよ」という人は無視していいです。

たしかに道義的には国民に対して責任を負うわけですが，法律上というか，直接的には，**国会**に対して内閣は責任を負います。それはなぜかというと，次の第 67 条に規定があるからです。

▶第 67 条（議院内閣制）

第 67 条には，「**総理大臣は国会議員から国会が選ぶ**」と書いてあります。これがいわゆる「**議院内閣制**」です。国会が総理大臣を指名するわけですから，内閣は総理大臣を選んでくれた**国会に対して責任を負う**のだということになります。

では，今度は**国務大臣**はどのようになるのかというと，旧憲法では天皇がそれぞれ任命するわけですが，現行憲法，いまの憲法では，**第 68 条**，**内閣総理大臣が任命する**のです。

簡単に言ってしまえば，内閣総理大臣の部下ということです。国会が選ぶのではないのですよ。国務大臣は内閣総理大臣が選ぶ。しかも**半数は国会議員のなかから**ということになっています。ですから半数以下であれば，民間からも任命することができます。

そして内閣総理大臣は当然自分で選んだ国務大臣を罷免，首にすることもできます。戦前の内閣総理大臣に比べて権限が強い。そしてこの内閣総理大臣の下で，**内閣は連帯して，国会に対して責任を負います**。

▶第 96 条（憲法改正）

次に**第 96 条**，**憲法の改正**についても今後，頻繁に出題されると思いますので，正確に覚えてください。まず憲法改正案に衆参両院の総議員の **3 分の 2 以上が賛成**することから手続きが始まります。

しかし，これで憲法改正は決まりません。国会がこれを国民に向かって提案するのです。**国会**がこれを「**発議**」する。内閣じゃないよ。国会が国民に向かって，「われわれはこのように変えたいということで決めましたが，どうですか」と発議する。

これに対して「**国民投票**」が行われます。そして，国民投票の結果，**過半数の賛成**が必要になります。こちらは３分の２ではありませんよ。**過半数**でいいのです。はい，

憲法改正…国会議員の３分の２，国民の過半数の賛成で成立

この２段階を経(へ)て，**両方をクリアした場合**，**憲法が改正**されます。もちろん天皇はこれを拒否することはできません。前項(ぜんこう)の承認を経たとき，すなわちこの手続きが終わると，**天皇は国民の名で，これを公布(こうふ)する**ことになっています。

ここは今後も政治の流れのなかで出てくるところです。しっかり覚えておいてください。

第65回 民主化と日本国憲法

第66回

現代（3）

政党政治の復活・経済の再建

GHQによる占領のもとでの戦後政治，そして**経済の再建**について学習します。内閣でいうと，

> **東久邇宮稔彦 ➡幣原喜重郎 ➡第1次吉田茂 ➡片山哲 ➡芦田均 ➡第2次吉田茂 ➡第3・4・5次吉田茂**

今回は，第3次吉田茂（よしだしげる）内閣あたりまでが学習範囲です。出だしのところは「**ひが**しくにのみや・**しで**はら・**よしだ**・**かた**やま・**あしだ**」ですから，「ひが（東）」「しで（幣）」「よしだ（吉田）」が「かた（片）」「あしだ（芦田）」とアタマの音をとって，

ひがしでよしだが かたあしだ
ひがしでよしだが かたあしだ

吉田　茂

と覚えてから始めましょう。

マッカーサーが幣原に対して「五大改革指令」。そして選挙で**吉田茂内閣**。そのもとで**日本国憲法**。選挙で日本社会党が第一党となり，3党連立の**片山哲**（かたやまてつ）内閣・**芦田均**（あしだひとし）内閣。昭和電工事件で芦田内閣が総辞職すると，第2次吉田内閣以降，**吉田の長期政権**となります。

1 政党政治の復活

授業ノート p.44 参照

政党の復活

戦後，すぐに，政党が復活します。

最初に結成されたのは，GHQ の指令によって釈放された**徳田球一**を中心とする**日本共産党**で 1945 年 10 月ですが，翌月，戦前の無産政党系が結集した**日本社会党**。

さらに，旧**立憲政友会**系で，東条英機内閣のときの**翼賛選挙**において非推薦で当選した議員たちの**日本自由党**。これに対して，旧**立憲民政党**系で，翼賛選挙で推薦を受けて当選し，「**大日本政治会**」を結成していた議員たちが中心となった**日本進歩党**。年末には，中道政党として労使協調路線をとる**日本協同党**も結成されます。翼賛選挙というのは，1942 年 4 月の選挙で，政府が設置した翼賛政治体制協議会が公認した推薦候補が，大量に 381 名も当選した異常な選挙です。非推薦で当選した議員も 85 名いました。

推薦を受けて当選した衆議院議員と貴族院議員が「翼賛政治会」という議会内の会派のような団体をつくったのですが，それが戦争末期に解散し，再結成されたときに，「**大日本政治会**」と名前を変えたのです。

所属政党と推薦・非推薦は入り組んでバラバラですから，スッキリしませんが，無視しておきましょう。しかし，戦後政治の出発点ですから，政党名は正確に，単純に暗記してください。

立憲政友会は明治 14 年の**自由党**まで遡っていく。自由党の系統が 1900 年の立憲政友会の成立につながっていくのだということを思い出して，その「自由」という言葉を使ったから，**政友会**系が日本**自由**党。

次，「明治十四年の政変」で首を切られた大隈重信が，明治 15 年につくったのが**立憲改進党**です。この立憲改進党は日清戦争後——ああ，懐かしい，対外硬派連合の国民協会を除く 4 つと合同して，日清戦争後，**進歩党**になった。

その後，進歩党は紆余曲折を経て，最終的には**政友本党**といっしょになって**立憲民政党**になっています。ですから立憲民政党はたどっていけば，メインの流れとして改進党，そして進歩党につながる。そこで日本**進歩**党は**民政党**系と覚える。

政党の再建

- 自由党……立憲政友会・(翼賛選挙)非推薦 ➡**日本自由党**
  (総裁)鳩山一郎→吉田茂
- 立憲改進党・進歩党…立憲民政党・(翼賛選挙)推薦 ➡**日本進歩党**
  (総裁)町田忠治
- 無産政党の系統 ➡**日本社会党**
  (委員長)片山哲
- 共産主義 ➡**日本共産党**
  (書記長)徳田球一
- 中道政党・労使協調 ➡**日本協同党**
  (委員長)山本実彦

東久邇宮稔彦内閣(皇族内閣)

では，内閣ごとに政治の動向を見ていきます。

東久邇宮稔彦内閣は，「**国体護持**」，何とか天皇制を守ろう。「**一億総ざんげ**」，みんなで反省しよう，そして戦前の体制をできるだけ守ろうとしましたが，**人権指令**(p.206)を受けて，あっさり辞職。

幣原喜重郎内閣(「五大改革指令」)

次が，**幣原喜重郎内閣**です。

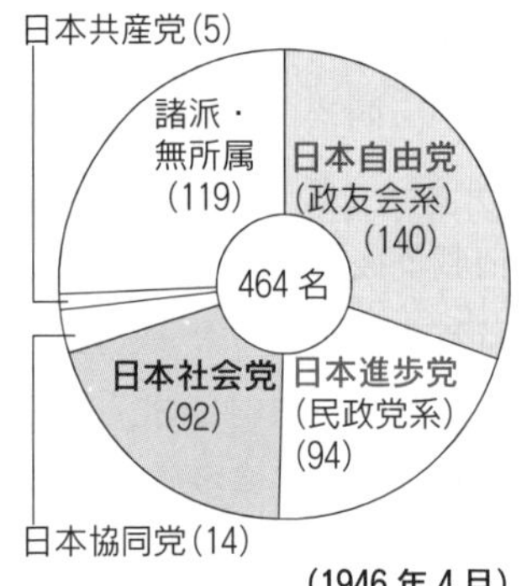

▼新選挙法による選挙

▶衆議院議員選挙法改正／総選挙の実施(1946年)

さっそく「**衆議院議員選挙法**」の改正が行われた。そして，幣原に対してマッカーサーは「**五大改革指令**」を発した。いいですね。

さて，そこで新選挙法によって，**婦人**(**女性**)**参政権**が認められ，いよいよ翌1946年4月に**戦後最初の衆議院選挙**が行われます。当然，被選挙権，立候補する権利も女性に与えられています。

選挙の結果，女性議員が**39名当選**した。39名ですよ。そして政党別の議席数でいきますと，第一党に**日本自由党**，第二党が**日本進歩党**。第三党が2議席差で**日本社会党**。以下，**日本協同党**，**日本共産党**です。

幣原を支える旧民政党系の**日本進歩党**は第2位でした。そこで衆議院の第一党が総理大臣を出すべきだという観点からするとマズイ。これが**幣原喜重郎内閣総辞職**の原因です。

ところが，やっかいなことが起こります。第一党，日本自由党の総裁**鳩山一郎**(はとやまいちろう)が**公職追放**になってしまうのです。総理大臣は公職中の公職ですから，鳩山は総理大臣になる資格を失ってしまったわけです。

そこで1カ月ぐらい，後任の総理大臣が決まらないという**政治的な空白**が続くのです。幣原内閣が発表した政府の憲法案も棚(たな)ざらしになっています。さあ，どうしようか。鳩山の代わりにだれがトップとなって日本自由党を代表するか。

第1次吉田茂内閣(「日本国憲法」公布・施行)

そこで親英米派の外交官であった**吉田茂**(よしだしげる)が鳩山一郎に代わり，いわゆる無産(むさん)政党系に政権を奪(うば)われないように，日本自由党に日本進歩党が協力して**第1次吉田茂内閣**が発足(ほっそく)しました。

そして**日本国憲法**が1946年11月3日に公布され，翌1947年5月3日から施行されます。その**新憲法による最初の選挙**が1947年の4月の総選挙です。

はい，入試の要点，**"最初"が2度ある。**

> ┌戦後最初の新選挙法による総選挙………**1946年4月**
> └日本国憲法を前提とする最初の総選挙…**1947年4月**

日本国憲法によって貴族院がなくなって，**参議院**が開設されます。**参議院**については文字どおり初めての選挙です。

ちょっと注意をするのは，**4月に選挙**ですよ。憲法の施行は5月3日か

第66回 政党政治の復活・経済の再建

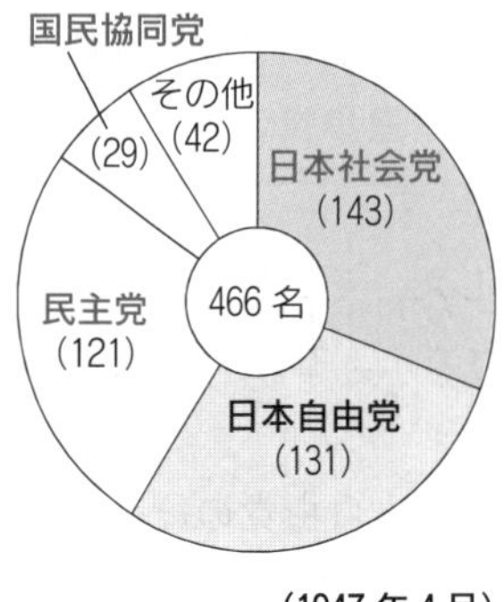

▼新憲法下，初の選挙

(1947年4月)

らです。憲法の施行の前提として，あらかじめ選挙をしなければならなかったわけです。参議院も議員ゼロではまずいからね。これが回数でいえば戦後2回目の選挙です。

そして選挙の結果，なんと第一党が**日本社会党**となったのです。「なんと」というと社会党が怒りますけれども，日本社会党は143名，そして**日本自由党**は131議席で第二党。

日本進歩党は，このとき名前が「**民主党**」に変わっています。その民主党が121議席で第三党です。日本協同党も名前が変わって「**国民協同党**」です。このあたりの名称変更が一番迷惑なものです。これはもう覚えるしかない。

どの政党も過半数は得ていません。戦後2回目の選挙でもやはり**過半数をとる政党が現れなかった**。参議院選挙についても，日本社会党は第一党です。そして日本自由党，民主党で順番は変わりません。

さて，そこで問題になったのは，次の総理大臣をだれにするか。日本国憲法を前提にしていますから，「**議院内閣制**」です。総理大臣は衆議院と参議院で選挙によって**国会議員のなかから選ぶ**のですよ。もしも衆議院と参議院が違う人を選んだ場合は，衆参両院が話し合って，意見が合わない場合は，衆議院が優越することになっています。これも前回やった衆議院の優越の1つですよ。

ということは，要するに過半数を得るためには，政党間でだれをかつぐかを話し合って，**連立を組むしかない**。

片山哲内閣（3党連立内閣）

そこで話し合いがどうまとまったかというと，政権を握っていた日本自由党の吉田茂内閣を倒し，新政権をつくろうということになった。第一党の**日本社会党**が主導権を握り，第二党の**日本自由党**を外し，3位，4位と連立を組む。

2位を外して1，3，4位が連合した。これが**3党連立**の**片山哲内閣**です。

片山　哲

片山哲3党連立内閣
- ①日本社会党
- ②民主党
- ③国民協同党

この3党の連立の組合せは必須です。日本社会党の書記長片山哲を首班(総理大臣)とする3党連立内閣ができあがりました。ところが，**日本社会党の内部対立**がすぐに表面化してしまう。

日本社会党のなかに，共産党にほとんど近いような，あるいはそれを超えるような徹底した社会主義をめざすグループ・左派と，現体制を容認しつつ社会主義的な政策を実現しようとする比較的穏健なグループ・右派との争いが常にある。

急進派，**左派**が「もっと徹底した社会主義的政策を取れ」と，声を大きくして内閣を揺さぶってしまったのです。片山は，日本社会党をまとめきれなくなって，内部事情から，いわばお家の事情から総辞職をしてしまうのです。

芦田均内閣

芦田　均

では，政権を野党である日本自由党にまわすか？「それはイヤだ。保守政権は嫌だ」。そこで3党連立は崩さないことにして，今度は**民主党**の代表**芦田均**をかつごうということになりました。これが同じ3党連立の**芦田均内閣**です。

▶昭和電工事件で総辞職(1948年)

ところがこの内閣は汚職事件が大きくなって，批判を浴びて総辞職をしてしまいます。はい，

Q 芦田均内閣が総辞職をした原因となった事件は？　——昭和電工事件

汚職という最悪の原因によって総辞職に追い込まれた芦田内閣に代わる内閣をどうするか。民主政治のルールからいけば，政権は交代。しかし，二大

政党という状況にはなっていない。野党は当時少数の「**民主自由党**」です。日本自由党が民主党の一部を取り込んで**民主自由党**になっています。

第２次吉田茂内閣

しょうがない，吉田茂の民主自由党内閣に政権をバトンタッチするということで一応合意ができあがり，**第２次吉田茂内閣**が発足します。すなわち**少数与党の内閣**であったということです。

そこで，内閣不信任案，「この内閣をわれわれはもう信用しない」という法律案が可決されますと，内閣は**総辞職**するか，またはこれに対抗して衆議院を**解散**して，**総選挙**に訴えるか，この２つしか，憲法上，選択肢はありません。

そしてまもなくその内閣不信任案が提出されます。総辞職するか，衆議院を解散するかです。当然，吉田は衆議院を解散し，**総選挙**ということになりました。これが1949年１月の総選挙です。

第３次吉田茂内閣

ところが，このころ労働組合運動などに対する風当たりが非常にきびしくなってきていて，日本社会党の政治に対しても失望感が広がっていたこともあって，選挙の結果，少数与党であった吉田の**民主自由党**が第一党に踊り出るのです。

そこで戦後通算３回目の選挙，**1949年１月**選挙で民主自由党がついに**単独で過半数を獲得**しました。466議席中の264議席を取った。そして民主党，日本社会党，国民協同党は激減する。

こうして，**安定した第３次吉田茂内閣**が発足します。その後も，吉田の第４次，第５次内閣と**保守長期政権が続きます**。

この**1949年**に発足した吉田内閣の下で，抜本的な財政改革である**ドッジ=ライン**にもとづく**緊縮財政**がとられ，そして翌**1950年**にはついに**朝鮮戦争**が勃発。さらに翌**1951年**に日本は**サンフランシスコ平和条約**によって**独立を達成**するわけです。これらについてはあとでくわしくやります。

まず，戦後３回の選挙，1946年４月，1947年４月，1949年１月の選挙結果と内閣の交代をしっかり覚えてください。

戦後3回の総選挙

〈第1回〉1946年4月…戦後初の総選挙，婦人(女性)参政権実現
＊第一党:日本自由党→第1次吉田茂内閣(政党内閣の復活)

〈第2回〉1947年4月…新憲法下初の総選挙
＊第一党：日本社会党→片山哲内閣(日本社会党・民主党・国民協同党の連立内閣)

〈第3回〉1949年1月…民主自由党，単独過半数獲得
＊第3次吉田茂内閣(保守長期政権の始まり)

2 国内経済の再建

授業ノート p.46 参照

戦後の食糧不足

さてそこで，話はまた**戦後直後**に戻ります。**国内経済**の問題です。まず最初はわかりやすい話で，戦後直後の日本の経済はまさに荒廃(こうはい)，**破局的な状況**，インフレ，破局的なインフレだった。

これは当然のことでしょう。戦後の経済危機は農業資材や畜力(ちくりょく)などの不足，肥料(ひりょう)不足，そして戦災による国土の荒廃(こうはい)，そこへいわゆる武装解除された軍人たちが，アジアなどの各地から戻ってくる。あるいは満鉄(まんてつ)の職員などの一般の日本人なども海外植民地(しょくみんち)にたくさん移住していましたので，その人たちも引揚(あ)げてくる。そこで，**食糧生産が落ち込んできているところに，逆に人口が増える**。

戦争が終わった段階で，海外には軍隊が約 310 万人，一般人が約 320 万人いたといいますから，この人たちが帰ってくる。人口が膨(ふく)れ上がる。

Q 前々回の復習。軍人らの帰国，一般の居留民の帰国をそれぞれ何と言ったか？
――（軍人）復員，（一般人）引揚げ

海外からの帰国┬軍人……**復員**
　　　　　　　└一般人…**引揚げ**

空襲を受けた東京などの都市部は**焼け野原**。家を失って，空襲から逃(のが)れるために掘(ほ)った大きな「防空壕(ぼうくうごう)」や，焼け跡(あと)につくった「バラック（小屋）」で雨露(あめつゆ)を凌(しの)いでいる人がいっぱいいる。軍需工場などがなくなって，失業者もいっぱい。そこへ，復員，引揚げ。**人口が膨れ上がる**。

米の生産力は戦時中で平均 911 万トンだったのが，1945 年は凶作で 587 万トンと 3 割減。配給用の米も不足で，米の代わりの代用食としてサツマイモ・トウモロコシが登場するという**食糧難**が深刻化(しんこくか)する。

たとえ配給されても，そもそも量は少ないので，都市住民は非合法の食糧を手に入れようと農村に「**買出し**」に行く，あるいは非合法の**闇市(やみいち)**へ殺到(さっとう)するというのが日常化するのです。教科書や図録には鈴なりの「買出し列車」の写真が掲載されていることもあります。

そもそも，鉱工業生産額は戦前の３分の１にまで落ち込んでいますから，**経済はドン底**。終戦処理にともなう必要経費がない政府は紙幣などを増発しますから，強烈なインフレが進行する。

「金融緊急措置令」

そこで，インフレを抑えようとして，幣原喜重郎内閣は法律を出します。

Q 1946年2月，幣原内閣がインフレを抑制するために制定した法律は？

――「**金融緊急措置令**」

預金の封鎖，預金を必要以上におろしてはいけない。そして新しいお札に換える**新円切替**。**払い戻しを制限する**ことによって，市場に流通する紙幣の量そのものを減らそうとします。

しかし，絶対的な物不足で，一時的な効果はあったのですが，すぐにまたインフレが進行する。

経済復興策

ともかく食糧増産を実現しよう。経済そのものを再建しなければいけない。そこで政府は考えた。農業も工業も商業も，各種産業分野がすべて打撃をこうむっている。このすべてを一斉に立て直していこうとしても，ほとんど効果がない。

何が一番問題か。農業を回復しようと思っても，農器具をつくるための鉄が足りない。工場で服をつくろうと思っても，繊維会社の工場の機械をつくる鉄が足りない。鉄をつくる前提となる石炭業も，労働者の不足などから産出量が減退している。

第１次吉田茂内閣は**経済安定本部**を設置し，具体的計画を立てさせます。1947 年には石炭・鉄の増産を経済再建の第１段階とすることにした。このような，

Q 石炭・鉄鋼の生産に重点を置く経済復興の基本方針を何と呼んだか?
――「傾斜生産方式」

「傾斜」というのは平均的ではなくて，差をつけたという意味。そのために**石炭業と鉄鋼業に集中的に資金援助**をしていこう。

Q 1947年，石炭・鉄鋼業の回復のために設置した専門の融資機関は?
――「復興金融金庫」です。

石炭業と鉄鋼業，あるいは電力事業・海運業，要するに基幹産業に優先的に融資し，あるいは補助金を出していく。その結果，**金融緊急措置令**の効果などは吹っ飛んでしまいます。インフレがなお続く。これを略称で「**復金インフレ**」といいます。

昭和電工事件

このように**第1次吉田茂内閣**で採用された**傾斜生産方式**は，さらに**片山哲内閣**でも継続されるなかで，石炭業はもうこうなったらいっそのこと国家管理にしようという話になってくるわけです。

このあたりが社会主義をめざす日本社会党の左派などが主張した「**石炭業の国家管理**」です。主要産業を国営企業にしてしまうと，限りなくこれは社会主義，共産主義国に近づいていくわけです。そこまではやりすぎだという右派も多い。この日本社会党の内部対立が原因で，片山哲内閣は総辞職する。

そこで同じ連立3党で芦田均内閣が発足しますが，そこで起こったのが，覚えていますね，**昭和電工事件**(**昭電疑獄**)です。

この事件そのものが，復興金融金庫からの融資を早く受けたい，ズルしてでも早く資金の融資を受けたいというので，昭和電工の社長が賄賂を政界に送ったことに端を発した疑獄事件です。謎の多い事件で，GHQまで巻き込み，大物政治家が次つぎに逮捕されたが，やがてほとんどが無罪となっています。

労働組合運動が活発化

さて，一方で，民主化の五大改革指令のなかで「**労働組合の助長**」が象徴するように，この時期は労働組合運動が一挙（いっきょ）に活発化した時代でもあります。

Q 日本社会党を支持する，いわゆる右派の社会主義者たちがつくった労働組合の全国団体は？ ——日本労働組合総同盟

これに対して，

Q 日本共産党，いわば左派，急進派のグループがつくった労働組合の全国団体は？ ——全日本産業別労働組合会議

いわゆる社会党系と共産党系，これは基本的な区別です。

> **日本労働組合総同盟**（総同盟）……………社会党系
> **全日本産業別労働組合会議**（産別会議）…共産党系

また，ファシズムの下（もと）で，衰退，あるいは解散させられていたさまざまな団体が復活します。いわゆる小作人（こさくにん）の組合であった「**日本農民組合**」が復活する。部落（ぶらく）解放運動も再開されて，「**部落解放全国委員会**」が発足します。

このような民主的な運動のうねりのなかで，一時凍結され，禁止されていた**メーデー**が復活します。1946年5月のメーデーは，「食い物をよこせ」というのが全労働者の要求だった。

Q そこで，1946年5月のメーデーの別称は？ ——「食糧（しょくりょう）メーデー」

これはまさに当時の経済状態を表すものです。

二・一ゼネスト

そのような労働運動が最高潮（さいこうちょう）に達（たっ）したのが，翌1947年の「**二・一ゼネスト**」です。ただし，これは計画の段階で終わります。

ゼネストとは，特定の企業とか，特定の業界の一部がストライキをやるのではなくて，「**ゼネラル=ストライキ**」——総体的なストライキ，労働者みんなが一斉（いっせい）に立ち上がろうという運動です。

このときは，**官公庁労働者**，公務員あるいは公共事業の労働者たちが中心となって，一斉にストをやる。国家機能を一瞬(いっしゅん)にして麻痺(まひ)させるスト計画でした。

大混乱が起こり，一挙に革命につながっていくことを恐れたGHQは，前の日，1月31日に**中止の指令**を出すのです。

民主化を進めてくれたのは，たしかに占領軍ですが，占領軍そのものに対しては一切逆(さか)らえません。ストライキは中止。そして政府があわてて出した，

Q 国家公務員に対するストライキ禁止の命令とは？ ──「政令201号」

そして，「**国家公務員法**」が1948年の11月に改正されて，**公務員のストライキが禁止**されます。しかし，公務員はストライキもできないから，給料が上がらないというのではかわいそうだ。

そこで第三者機関として，政府に対して公務員の賃上(ちんあ)げなどを勧告(かんこく)する機関が置かれます。これが「**人事院**(じんじいん)」です。人事院が政府に公務員の給料のアップなどを勧告(かんこく)するのを「**人事院勧告**」といいます。これは覚えておいてください。

さあ，このあたりまで，1945年の終戦，敗戦から混乱の時期をずうっとやってきました。あと残ったのは，そのような占領下の日本を取り巻いている国際的な情勢ということになります。

これがいわゆる**二大陣営の対立**，すなわち「**東西冷戦**」です。

次回は，今までのところを全部頭に入れたうえで，戦後の日本を取り巻いていた国際社会の情勢と，そのなかから独立を達成するところを勉強します。

あわてないで,

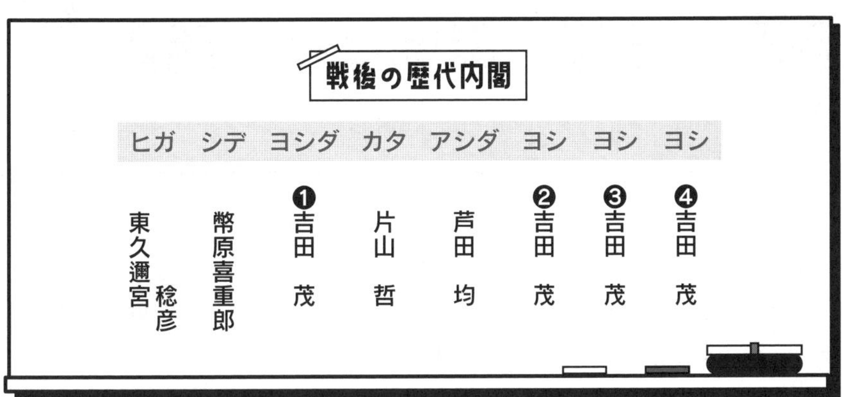

と唱えて,そして,年表を確認してください。

第67回

現代(4)

冷戦・朝鮮戦争・講和

連合国による日本占領は約７年にわたりました。

ポツダム宣言受諾から独立を回復するまでのあいだに，また戦争が始まります。言うまでもなく，**朝鮮戦争**です。

朝鮮戦争

1945,8 **ポツダム宣言**受諾，9 降伏文書調印

1950,6 **朝鮮戦争**勃発

1951,9 **サンフランシスコ平和条約**・日米安全保障条約

1952,4 条約発効(独立)

1953,7 **朝鮮休戦協定**

第２次世界大戦後の国際社会はひとことで言えば，「**冷戦**」――「米ソ」の冷戦という構造です。日本軍が去った中国では，国共合作が破れて内戦が勃発。朝鮮半島は北を**朝鮮民主主義人民共和国**(北朝鮮)，南部を**大韓民国**(南朝鮮)が支配する。

ヨーロッパは「冷戦」が続きますが，中国共産党が内戦に勝って**中華人民共和国**の大陸支配が実現すると，北朝鮮が朝鮮半島の統一をめざして南に侵攻する。**朝鮮戦争**が勃発する。アメリカが**国連軍**として，北朝鮮を北に押し戻します。この朝鮮戦争が日本に独立をもたらすのです。このあたりの状況をていねいに学習するのが，今回の目標です。

1 冷戦

授業ノート p.48 参照

米ソの対立

さて，戦後世界のキーワードは「冷戦(れいせん)」。第２次世界大戦の末期(まっき)には，**アメリカとソ連の対立**がハッキリしてきます。そして敗戦後のドイツは，アメリカの支配体制である資本主義・私有財産(しゆうざいさん)制度を基本とする自由主義の**西ドイツ**と，共産主義・社会主義的体制をとるソヴィエト連邦の影響(えいきょう)を受けた**東ドイツ**に分裂(ぶんれつ)する。

アジアでも，植民地(しょくみんち)支配から脱(だっ)した**朝鮮**で南北の対立が起こる。すなわち戦後世界は，アメリカ中心の**自由主義**陣営，「**西側**」諸国と，ソヴィエト連邦中心の**社会主義**体制を基本とする「**東側**」諸国の対立が激化していきます。

自由主義		社会主義
アメリカ，西側諸国 （西ドイツ，韓国）	⚔ 冷戦	ソヴィエト連邦，東側諸国 （東ドイツ，北朝鮮）

国際連合の発足（1945 年）

さて，戦後，国際連盟に代わって**国際連合**が発足(ほっそく)します。

第１次世界大戦の反省から，1919 年に結成･発足した**国際連盟**は，「**連盟**」と略称します。英語だと“League of Nations”。これに対して，第２次世界大戦後の国際組織は**国際連合**，略称で「**国連**」。英語だと“United Nations”――“UN”ですね。

Q 国連の発足を決めた，1945 年４月から６月にかけての会議とは？

――サンフランシスコ会議

後でやる対日講和を話し合った 1951 年の「サンフランシスコ講和会議」とまちがえないように。サンフランシスコ会議はまだ太平洋戦争の最中ですよ。

Q サンフランシスコ会議が開かれているころの日米戦争の局面は？

——沖縄戦

そう，ちょうど沖縄戦。サンフランシスコ会議が始まってすぐ，ドイツが降伏。それでは，

Q 「国連」発足時の加盟国は何カ国？ ——51カ国

一番中心的な機関は「**安全保障理事会**」ですが，米ソの対立がすぐに始まる。関係ないけど，御成敗式目の条数も51。

米・英・仏・ソ・中のいわゆる五大国が常任理事国として**拒否権**(きょひけん)を持っています。すなわち五大国の1カ国でも“NO”と言えば，つまり拒否権を行使すれば，安全保障理事会は，何1つ議決することもできない。

「冷戦」というのは**冷たい戦争**ということで，大砲の弾(たま)が飛(と)び交(か)い，爆弾が落ち，火薬が爆発する熱い戦いではないが，事実上の戦争状態だということ。大国どうしで戦争することはないが，事実上は戦争状態ということです。

1947年，アメリカ大統領トルーマンはソ連を「**封(ふう)じ込(こ)め**」る政策をとると表明します。この政策は「**トルーマン=ドクトリン**」とも呼ばれます。

さらに，ヨーロッパの復興のための経済援助を国務長官マーシャルが提案します。「**マーシャル=プラン**」と呼ばれるものですが，実際には西ヨーロッパだけが対象とされることになります。

北大西洋条約機構（NATO）vs ワルシャワ条約機構

西ヨーロッパの自由主義諸国は，**1949年**に早々とNATO，「**北大西洋条約機構**(きたたいせいようじょうやくきこう)」をつくって連帯を強めていきます。

ソヴィエトを中心とする社会主義化した東ヨーロッパの国々は，1947年，「**コミンフォルム**」を形成し，やがて時期は遅れますが，**1955年**，「**ワルシャワ条約機構**(きこう)」でNATOに対抗していく。

ヨーロッパの対立は，まさに**東西**の対立ですが，アジアではこれが**南北**の対立になってきます。まず先ほども言ったように，日本が去った後，朝鮮が1つの国として独立を達成できなかった。すなわち西側陣営の南側には**李承**(イスン)

晩を大統領とする**大韓民国**が，北には社会主義，共産主義を掲げる**金日成**を主席とする**朝鮮民主主義人民共和国**が成立し，対立が起こります。これはまだ今日まで続いている南北朝鮮の問題ということになります。

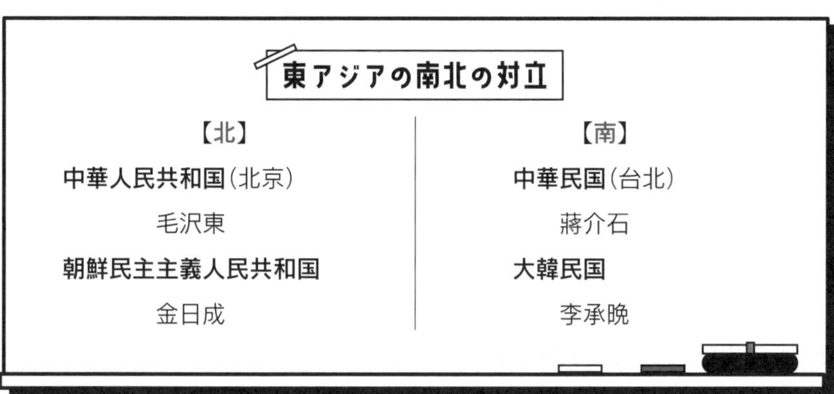

2つの中国

中国でも，日本軍が去っていったあと，早々と国共合作が崩れます。**中国国民党と中国共産党の内戦**が始まる。

カイロ，ポツダムで中国を代表した**蔣介石**の国民党政府は，この内戦に敗れて大陸を逃げ出し，**台湾**に流れ込むわけです。日本の植民地だった台湾には，日本に代わって蔣介石の中国，**国民党政府**がやってきた。

蔣介石は台湾を根拠に，ふたたび大陸への復帰をめざします。しかし，大陸を制覇した**毛沢東**を中心とする中国共産党は，**1949年**，北京から**中華人民共和国**の成立を宣言するわけです。ここに**2つの中国**が生まれた。そして，中華人民共和国は翌1950年に**中ソ友好同盟相互援助条約**を結びます。

アメリカの占領政策転換

アメリカは，何とか社会主義がこれ以上波及しないように，アジアの共産主義化を阻止しようとします。

アメリカ陸軍長官**ロイヤル**は，「**日本を反共の防壁**」，「**極東の兵器廠**」にしようとの演説をします。「日本を，共産主義化を阻止する楯にしよう。東アジアにおける米軍の武器庫にしよう」と主張する。こうして，アメリカ政府は外交官ケナンの提唱する冷戦政策をとり入れ，**占領の方針を大きく転換させる。**

占領政策の転換：「**民主化の徹底**」➡「**経済再建**」

具体的には，日本政府の行政権を拡大し，公職追放も緩和する。さらには民間産業の育成に取り組み，インフレ予算を是正して日本の**経済の再建**を優先することにしよう。

そして，アメリカにとって不可欠な**東アジアの軍事基地**，あるいは**兵器の製造所**としての役割を担わせようとするわけです。

「経済安定九原則」(1948年)

そこで質問。

Q ケナンの提言が行われたあとの1948年12月，このときの内閣は？
——(第2次)吉田茂内閣

少数与党の第2次吉田茂内閣ですね。

吉田内閣に対してGHQは，「**経済安定九原則**」を示します。九原則のなかで絶対に覚えるのは，「**予算の均衡**」，「**徴税の強化**」です。

「経済安定九原則」…「**予算の均衡**」，「**徴税の強化**」が重要！

そのほか，「**賃金の安定**」，「**物価統制**」，「**輸出増加**」など，基本的には破局的なインフレーションを抑え，赤字財政はやめて均衡ある予算を組み，しっかり税金を取って，経済を安定させよう。**経済を抜本的に自立化させよう**というものです。

ドッジ=ライン：「超均衡予算」

さっそく**デトロイト銀行頭取**のドッジが日本にやってきて，日本政府を指導し「**超均衡予算**」を組ませます。いまは何でも「超」がつきますし，私もつい「超基本」とか言ってしまいますが，これは文字どおり「超均衡予算」です。

絶対に**収支のバランスを保て**。歳入，1年間に国家に入ってくるお金が100だったら，使うのも100以下におさめろ。101使ってもいけない。これが超均衡予算です。しかし，100では食糧が集まらない。餓死者が出てしまう。それでも赤字予算はダメ。

ガリオア=エロア資金

それではどうするか。そこで食糧については，アメリカの**ガリオア**，あるいは**エロア**と呼ばれる資金による**日本に対する食糧援助**が拡大されます。1947年からガリオア資金，1949年からはこれに追加してエロア資金が供与された。

ガリオア，エロアというのは，アメリカが被災地や食糧事情の悪い国に対して設けた食糧援助のための基金です。もちろん，無償というわけではなく，経済が回復したら返すことになります。

もう1つ問題があります。なにしろ100しか使えない。ところが公務員にこれまでどおり給料を払うと，120になってしまう。これをどうするか。「それでも100でいけ」ということですから，払えない賃金分の労働者は首を切るということです。すなわち**国鉄職員を中心に大量解雇**，クビ切りをやった。そこで**労働運動**が**激化**するということになります。

ドッジ=ライン：「単一為替レート」

そのようないわばルールのある均衡予算を組んだら，その代わり，日本の円にドルと同じ信用を付けてやろう。それが「**単一為替レート**」の設定です。

現在のように昨日は1ドル＝150円，今日は151円というふうに円とドルの交換レートが変動する，変動相場制ではなく，1ドル＝**360円**で固定してしまう。これを**単一為替レート**，あるいはそのような為替相場を「**固定相場制**」といいます。

当時のアメリカのドルは，金貨と替えられる。すなわち**金本位制**をとっています。世界中でアメリカドルは金と替えられる。要するに1ドル紙幣は金といっしょだ。

その1ドルと常に360円で替えられるということは，**日本の円もまた間接的にその金本位制にリンクする**，つながるということになります。円の信用が飛躍的(ひやくてき)に増すことになる。均衡予算(きんこうよさん)を組んでちゃんとした財政政策をとるなら，ドルの信用で円をドルと同じ信用ある通貨にしてあげましょうということになったわけです。

そこで**超均衡予算を前提に単一為替レートが設定された**のだということをしっかり理解しておきましょう。

このような超均衡予算や単一為替レートの設定などの一連の施策を**ドッジ=ライン**といいます。

税制改革：直接税中心主義

もう1つ，経済安定九原則で絶対に覚えておかなければいけない，「**徴税(ちょうぜい)の強化**」ですが，これについてはコロンビア大学の先生の**シャウプ**がやってきて，税制改革を指導します。「**直接税中心主義**」，いまもサラリーマン，給与所得者(しょとくしゃ)はそうですが，給料をもらう前に「源泉徴収(げんせんちょうしゅう)」といって，あらかじめ税金が徴収されることになります。いわゆる「**直接税**」中心，**所得税**を中心とする税制が採用される。それも，収入が多いほど税率が上がっていく**累進(るいしん)所得税制**です。

安定恐慌と謎の事件

さあそこで当然，インフレから一転して**深刻な不況**がやってくる。いわゆる「**安定恐慌**」，「**ドッジ=デフレ**」などと呼びます。中小企業が倒産し失業者が増えていく。先ほども言ったように，労働運動は国鉄職員の大量解雇などとともに激化していき，過激な事件が起こります。

Q 1949年7月，国鉄総裁が線路際にバラバラの死体で転がっていた事件は？ ——**下山事件**

Q 同7月，運転手が乗っていない無人電車が爆走してしまった事件は？ ——**三鷹事件**

Q 同8月，福島県で列車が転覆した事件は？ ——**松川事件**

「下山」は国鉄総裁の名前，「三鷹」と「松川」は事件の現場，それに近い駅名です。このような，戦後最大のミステリーと呼ばれる，いまだ真犯人のわからない事件があいつぎます。

国有鉄道の職員が大量に首になる。労働組合は過激化している。国鉄総裁がバラバラの死体で現れた。ということで，**世間一般の目が労働運動や労働組合に対して非常にきびしくなっていく**大きなきっかけとなります。

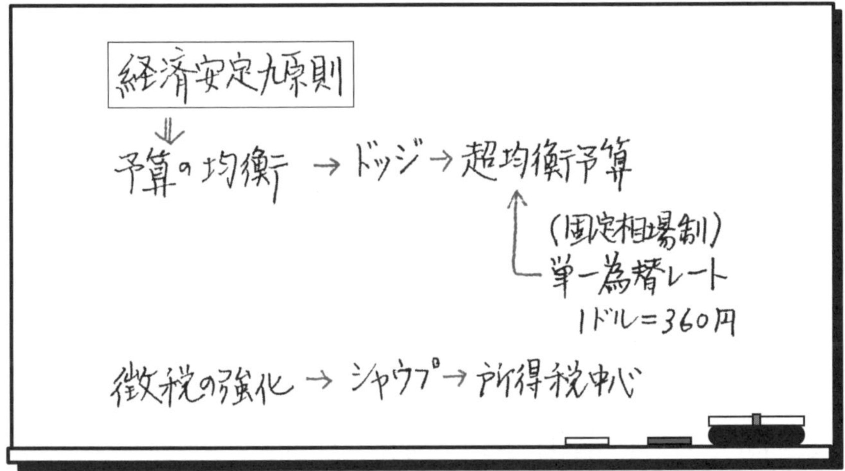

さて，問題はそのデフレがどのようになったかです。これがあっというまに不景気から脱出してしまうんです。すなわち，**戦争が始まって景気が一挙に回復する**。

朝鮮戦争(1950年)

さて，その戦争が次のテーマ，「**朝鮮戦争**」です。朝鮮半島で，

Q 李承晩(りしょうばん／イスンマン)を大統領とする自由主義陣営の国は？ ――大韓民国(だいかんみんこく)

Q 金日成(きんにっせい／キムイルソン)を国家主席とする北側の国は？ ――朝鮮民主主義人民共和国

朝鮮半島では，冷戦がついに熱い戦いに変わる。すなわち，**1950年6月の朝鮮戦争の勃発(ぼっぱつ)**です。前年の中華人民共和国の成立，中国共産党の勝利に触発(しょくはつ)され，北朝鮮軍が半島の統一をめざして，北緯(ほくい)38度線を越えて南下した。

1945年からずうっと勉強してきました。そこで，大きなひとくくり目として，この**1950年**を覚えましょう。1945年，敗戦，民主化の開始から，50年の**朝鮮戦争までの5年間が1つの大きな枠組み(わくぐみ)**だと思いましょう。この朝鮮戦争によって，日本の経済も，あるいは社会体制も一変するんです。

朝鮮半島が完全に社会主義化したらたいへん。アメリカは国連軍の名で，全力を挙(あ)げて戦争に介入(かいにゅう)するわけです。

なぜアメリカ軍が「**国連軍**」という名で北朝鮮軍と戦うことになったかというと，国連の安全保障理事会で，ソ連が欠席しているのを利用した結果です。要するに，**ソ連が拒否権を行使できない**。そこで，北朝鮮軍の侵略を止めるための軍事行動を認めることとして，アメリカ軍を国連軍と位置づけたのです。

北朝鮮軍に朝鮮半島の南の隅(すみ)まで追いつめられた**韓国軍**を助けるため，1950年9月，国連軍が仁川(じんせん／インチョン)上陸作戦を展開して以降，形勢は逆転し，逆に中国との国境近くまで進撃(しんげき)します。今度は，韓国軍が完全に朝鮮半島を制圧しそうになったんです。

すると今度は，中華人民共和国の「**中国人民義勇軍(ぎゆうぐん)**」が北朝鮮を助けるために参戦して，また押し戻し，**北緯38度線**あたりで戦争は膠着(こうちゃく)状態となり，1951年7月から休戦会談が始まって，1953年にようやく**休戦協定**(**朝鮮**

休戦協定）が実現しました。その後，現在まで北緯38度線をはさんでにらみ合っているわけです。

Q 朝鮮休戦協定が結ばれたのはどこか？ ——**板門店**（はんもんてん）

これは知っていますね。地図を見ながら，もう一度，確認しましょう。1950年6月，北朝鮮軍，韓国に侵攻。8月，釜山（プサン）付近まで韓国軍後退。

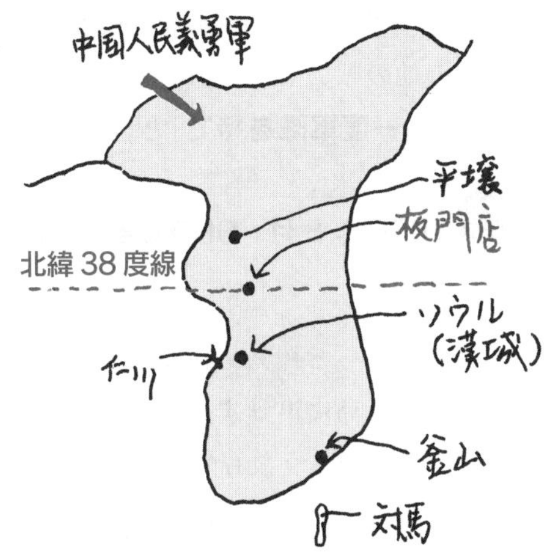

そこで，国連軍（米軍）が**仁川**上陸作戦。伸び切った北朝鮮軍の横っ腹というか，背後に国連軍が入ったことで形勢が逆転し，北朝鮮軍は中国国境近くまで後退する。しかし10月，今度は中華人民共和国から中国人民義勇軍が参戦し，ふたたび**ソウル**を制圧。韓国軍・国連軍がこれをまた押し戻す。

結局，激戦の末，**北緯38度線あたりで戦線は膠着**。休戦に関する交渉が板門店（はんもんてん／パンムンジョム）で始まりますが，交渉の決着がついたのは，**1953年**7月です。

朝鮮戦争の影響

さて，当然というか，必然というか，朝鮮戦争は日本にも大きな影響を与えます。

日本国内では，それまで容認されていた**共産党の幹部が公職**（こうしょく）**から追放**されていきます。当時，一種の蔑称（べっしょう）で共産主義者を「赤」と呼びました。英語でいえばレッドですから，共産党員の追放を「**レッド=パージ**」と呼んだ。

さらに労働組合運動においても，過激な産別会議の勢力は弱くなります。労働運動，暴力をともなう革命をめざす組合運動は拒否しようというので，**日本社会党**系の労働組合全国組織，「**日本労働組合総評議会**（そうひょうぎかい）」——「**総評**（そうひょう）」が発足（ほっそく）します。

やがてこの総評も戦闘的な闘争を展開しますが，日本労働組合総評議会が発足したのは 1950 年 7 月，朝鮮戦争勃発の直後です。

再軍備

そして一番大きい国内政治の転換は「**再軍備**」です。憲法第 9 条で，「陸海空軍その他の戦力は，これを保持しない」と定めておきながら，なんと GHQ は，「**もう一度軍隊を持て**」と吉田内閣に迫る。そこで，

Q 1950 年 8 月，GHQ の要請で創設された軍事組織は？

——警察予備隊

名前はちょっと控えめになっていますね。軍隊色が出ないようになっています。朝鮮半島に出動するアメリカ軍の代わりに日本列島を守備する，要するに軍隊の卵のようなものです。

そして共産党員が排除されていくのに対して，逆に，**戦争協力者の**「**公職追放**」**が解除**されていく。軍国主義者として追放されていた人物が，政界にも実業界にも復帰してくる。

しばしばこのあたりの現象を「**逆コース**」とか，「**U ターン現象**」といいます。「民主化よりはむしろ強い日本を」，「平和な日本よりも経済力のある日本を」という GHQ，アメリカの意向が，**国内政治の民主化を大きく後退させた**。

さらに，占領して，日本のことにかまっている場合ではない。早く独立させよう。そこでアメリカは**ダレス**国務長官を日本に送り，日本政府に講和を促します。

特需景気

経済は一挙に好転していきます。**ドッジ=デフレは**「**特需景気**」**で一挙に吹っ飛んだ**。

このころは戦争という言葉を非常に嫌った時期ですから，「大戦景気」とか，戦いという言葉を避けたいのです。ですから実態は戦争景気ですが，これを特別な需要ということにして，「**特需**」あるいは「**特需景気**」と呼びました。

原因は簡単で，米軍の出撃基地，そして米軍に対する補給廠，米軍用の工場となった日本は，アメリカ軍からの注文を受けて，あっという間にドッジ=ラインによる不況から脱します。

1951 年には，早くも鉱工業生産が戦前水準まで回復します。

1951 年…特需景気で鉱工業生産が戦前水準を超えた

もちろん**傾斜生産方式**による効果もあるわけですが，満洲事変後の好景気のころの重化学工業の水準まで戻っていくのです。これは，考えてみるとすごいことですよ。戦争しているわけではない，軍隊のない段階で**重化学工業が戦前の最高水準まで戻ってしまった**んですから。

さらにこの年，**1951 年**，**サンフランシスコ平和条約**で日本は**独立を回復**。翌年には **IMF**(国際通貨基金) や **IBRD**(世界銀行) に加盟し，1955 年には自由貿易をめざす **GATT**(関税および貿易に関する一般協定) にも加盟します。このあたりはあとでまたやりましょう。

3 サンフランシスコ平和条約

授業ノート p.50 参照

戦後史のメインテーマ

さて，1951 年の「サンフランシスコ平和条約」ですが，当然，これは戦後史のメインテーマ，基本問題。

サンフランシスコ講和（こうわ）の最大の問題は，日本が戦った**すべての国**と平和友好条約を結んで独立を達成する「**全面講和**」か，あるいはアメリカ中心の**西側陣営**だけとの「**単独（片面（かためん））講和**」でもいいから独立を実現するかという問題でした。

アメリカも，そして当時の第 3 次吉田茂内閣も，ほぼ実現不可能な**全面講和**をあきらめ，単独講和，アメリカ中心の西側諸国のみとでいいから講和条約を結んで，独立をまず手に入れようという方針をとり，大蔵大臣の池田勇人（いけだはやと）を渡米させます。アメリカからは大統領特別顧問の**ダレス**が来日します。

サンフランシスコ講和会議

そして，サンフランシスコ講和会議。日本の全権は総理大臣**吉田茂**です。**52 カ国**が参加し，日本は **48 カ国**と調印します。

入試の焦点（しょうてん）は，ここはたった 1 つ，「**ソ・ポ・チェ**」，「**イン・ビ・ユー**」，「**中（チュウ）・中（チュウ）**」の区別です。絶対に覚えますよ。

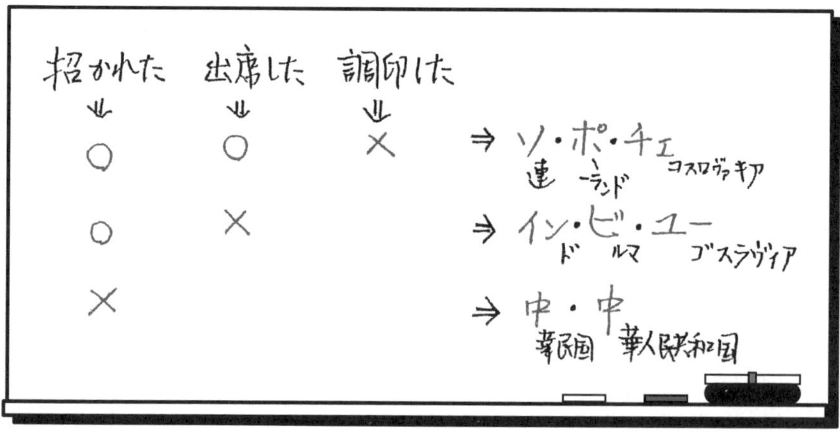

まず，「**ソ・ポ・チェ**」(ソ連・ポーランド・チェコスロヴァキア）は，サンフランシスコ講和会議に一応招かれて**出席**しますが，最終的に**調印しません**。

次に，「**イン・ビ・ユー**」(インド・ビルマ・ユーゴスラヴィア）は招かれますが，初めから会議に**出席しません**。サンフランシスコに来なかった。

次に「**チュウ・チュウ**」，2つの中国，**中華人民共和国**と**中華民国**は**招かれない**。どちらが中国を代表するかということについて，連合国側で話し合いが一致しなかったのです。

現実に中国大陸全体をほぼ支配下に収めているのは中華人民共和国ですが，連合国の一員であったのは台湾の中華民国ですから，結局どちらとも決めかねて，**呼ばなかった**ということになります。

ソ・ポ・チェ / イン・ビ・ユー / チュウ・チュウ
ソ・ポ・チェ / イン・ビ・ユー / チュウ・チュウ

そこで結局，西側諸国を中心に**48カ国**との調印が実現しました。これが「**サンフランシスコ平和条約**」です。**1951年9月8日**に調印され，**翌年の4月に発効**します。これによって日本は**独立を達成**しました。独立が実現するのは1952年のことですよ。

国内では南原繁・大内兵衛などの学者や日本社会党・日本共産党などの「全面講和」を求める声も強く，日本社会党は左派があくまでも全面講和を唱えて条約に反対し，結局，分裂してしまいます。

「単独講和で強引(**ご**[5]ー**い**[1]ん)に」

➡ **1951年，サンフランシスコ平和条約**

「サンフランシスコ平和条約」(1951 年)

史料は長いが簡単。

史料

26 サンフランシスコ平和条約

第一条 (a) 日本国と各連合国との間の戦争状態は，第二十三条の定めるところによりこの条約が日本国と当該(とうがい)連合国との間に効力を生ずる日に終了する。

第二条 (a) 日本国は，**朝鮮の独立を承認**して，済州島(さいしゅうとう)，巨文島(こぶんとう)及び鬱陵島(うつりょうとう)を含む朝鮮に対するすべての権利，権原(けんげん)及び請求権を放棄する。

(b) 日本国は，**台湾(たいわん)及び澎湖(ほうこ)諸島**に対するすべての権利，権原及び請求権を放棄する。

(c) 日本国は，**千島(ちしま)列島**並びに日本国が千九百五年九月五日の**ポーツマス条約**の結果として主権を獲得した**樺太(からふと)の一部**及びこれに近接する諸島に対するすべての権利，権原及び請求権を放棄する。

第三条 日本国は，北緯(ほくい)二十九度以南の南西諸島(琉球(りゅうきゅう)諸島及び大東(だいとう)諸島を含む。)孀婦岩(そうふいわ)の南の南方諸島(小笠原群島(おがさわらぐんとう)，西之島(にしのしま)及び火山列島を含む。)並びに沖(おき)の鳥島(とりしま)及び南(みなみ)鳥島を**合衆国を唯一の施政権者(しせいけんしゃ)とする信託統治(しんたくとうち)制度の下におくこととする国際連合**に対する合衆国のいかなる提案にも同意する。このような提案が行われ且(か)つ可決されるまで，合衆国は，領水(りょうすい)を含むこれらの諸島の領域及び住民に対して，行政，立法及び司法上の権力の全部及び一部を行使(こうし)する権限を有するものとする。

これまた現代文ですから，読んでもらえれば中身はわかると思います。中身は，当然暗記です。

> ① 朝鮮の独立を日本は承認する。
> ② 台湾および澎湖諸島に対する権利を放棄する。また千島列島および南樺太を放棄する。

ただ，放棄してこれを取り戻す相手側の**中国やソヴィエトは調印していない**ということに注意しておくこと。

それから朝鮮戦争のための米軍の重要な基地となっている**沖縄**などの問題が**第3条**です。

> ③ 沖縄および小笠原をアメリカの信託統治下におくとする提案には同意する。

国際連合に対するアメリカのこの提案に，日本は必ず同意するとされていますが，この提案は，実際はなされません。沖縄や小笠原については，事実上，**米軍はそのまま占領行政を続けていきます**。

そして，史料本文はカットしましたが，独立が達成されるわけですから，占領も終わり，**占領軍は日本から撤退する**ということになります。

「日米安全保障条約」（1951年）

しかし，アメリカ軍は日本列島から引き上げるわけにはいかない。そこで**同じ日**のうちに，日本とアメリカは２国間で「**日米安全保障条約**」を結びます。

史料

27　日米安全保障条約

第一条　平和条約及びこの条約の効力発生と同時に，アメリカ合衆国の陸軍・空軍及び海軍を日本国内及びその付近に配備する**権利**を，日本国は許与し，アメリカ合衆国はこれを受諾する。この軍隊は極東における国際の平和と安全の維持に寄与し，並びに，一又は二以上の外部の国による教唆又は干渉によって引き起こされた**日本国における大規模の内乱及び騒じょうを鎮圧**するため，日本国政府の明示の要請に応じて与えられる援助を含めて，外部からの武力攻撃に対する日本国の安全に寄与するために**使用することができる**。

アメリカ合衆国に対して，その**陸海空軍の配備を日本側が認める**こと。そして米軍は**極東**における平和と安全の維持に寄与するため，外国の**侵略**，あるいは外国の影響によって起こった**内乱あるいは騒じょう事件を鎮圧**するためにも出動することがある。

そしてもちろん，**外部からの武力攻撃**に対して，日本国の安全に寄与するためにこれを使用することができるという規定です。

ただ注意を要するのは，「使用**することができる**」という文章です。これは正確に読まなければいけません。「使用することができる」ということは，たとえば「君は東京大学を受験することができる」というのといっしょです。だから当然受験していいわけですが，**しなくてもいい**のです。

外部からの武力攻撃を日本が受けた場合，在日米軍はその外部から進入した軍隊と戦うことができるのですが，戦わないで一時撤退してもいいのです。すなわち，米軍に**日本防衛の義務はない**のです。基地を置く権利はあるが，日本防衛の義務はない。

日米安全保障条約…**米軍に日本防衛の義務はない**

要するに**不平等**。ここは注意しておいてください。

そこで，**米軍の多くはそのまま日本に残る**ことになるわけです。さらに，翌1952年，

Q 日本側の基地の提供および米軍の駐留費の一部負担など，日米安全保障条約にともなう細目を定めた協定は？ ――「日米行政協定」

米軍が日本に駐留するための費用全部を負担するわけではありませんよ。正誤問題で「日本側が全額を負担」(×)などという誤文は定番ですから。**一部を負担**する。くれぐれも注意して。

アジア諸国との平和条約

さて，これでサンフランシスコ講和と日米安全保障条約で，いわゆる戦後の国際体制の基本が決まったわけですが，多くの問題が残されたことは理解できますね。

まず1つは，**多くの国々と講和条約が結べなかった**ということです。そこで，日本軍の占領地のうち，**中華民国**，台湾の中国国民党政府とは，翌1952年に「**日華平和条約**」が結ばれます。**インド**ともその直後，「**日印平和条約**」が結ばれ，2年後の1954年に，ビルマとのあいだに「**日ビルマ平和条約**」が締結されます。これはサンフランシスコ平和条約のあと，まもなく結ばれた個別の講和条約です。

そしてアメリカを始めとする多くの国々は，戦争被害に対する，役務の供与などによる賠償を放棄することになります。一方，日本軍の占領を受けた東南アジアの国々とは賠償協定を結び，総額で10億ドルの賠償を，建設工事などの役務や物資の提供という形で支払っていきました。これは難関大対策のポイントですが，賠償の対象となった国は，次の4カ国です。

> 賠償金を支払った国…**フィリピン・インドネシア・ビルマ・南ベトナム**

独立後の「逆コース」(軍備増強)

そこで，このサンフランシスコ平和条約にともなう体制全体を，今度は国内で見ておきましょう。まず，

Q **GHQの指令により，1950年に発足した警察予備隊が，1952年に改編された組織名は？**
――**保安隊**

保安隊の発足とともに**海上警備隊**も新設されます。

Q **米軍による武器等の援助およびそのほかの経済援助を含む日米間の4つの協定(1954年)を総称して何というか？**
――**「MSA協定」**

そして，**1954 年**には保安隊と海上警備隊が統合され**自衛隊**が発足します。2 年ごとに変わってますからね。50 年，52 年，54 年で**警察予備隊**，**保安隊**，**自衛隊**です。そして自衛隊設置にともなって**防衛庁**が発足しています。

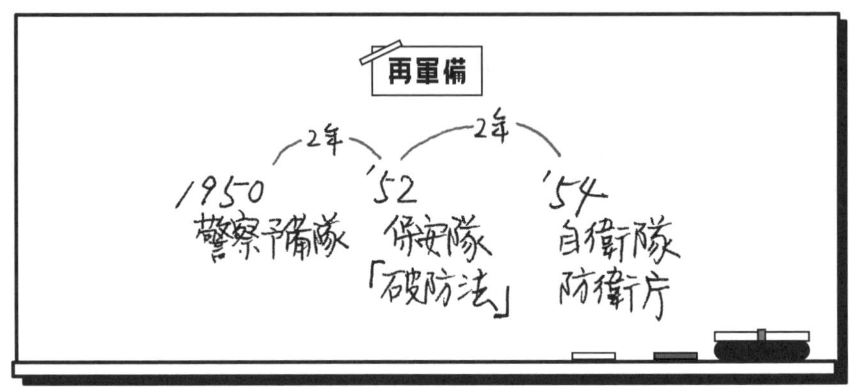

「逆コース」：治安体制・教育統制の強化

そして国内におけるいわゆる**逆コース**の 1 つの流れとして，思想弾圧系統の法律が制定されます。1952 年 5 月，皇居前広場でデモ隊と警官が衝突した**血のメーデー事件**が起こります。この事件をきっかけに制定された，

Q 暴力的破壊活動の取り締まりを規定した法律は？

——「**破壊活動防止法**」

これを担当するのが**公安調査庁**です。一時，「オウム真理教事件」がこの破壊活動防止法（略して「破防法」）の対象になるのではないかという審査が行われましたが，結局これは使われなかった。

さらに自治体警察，国家地方警察の 2 本立ての警察については，「**新警察法**」が **1954 年**に公布され，**一元化**されます。いわゆる中央集権の体制に戻る。

そして教育については，**公立学校の教職員に対する政治活動の規制**などが図られます。「**教育二法**」です。教育委員会の制度も変わり，公選制，選挙制だった**教育委員**が**任命制**に変わります。市町村，都道府県の教育行政を担う教育委員は，各自治体住民の直接選挙で選ばれることになっていたのですが，1956 年に**教育委員会法が改正**され，**自治体首長が任命**することとさ

れたのです(**新教育委員会法**)。

米軍基地反対闘争 / 原水爆禁止運動

あと1点。日米安全保障条約によって米軍はそのまま残ることになり，基地を提供させられた地域の人々の反対運動が起こります。**米軍基地反対闘争**で，最大のものは石川県の「**内灘事件**」。

それと，東京都立川近郊の「**砂川事件**」です。もちろん，いずれも警察等によって鎮圧されます。

そして**1954年**，米ソ冷戦にともなう**核開発**という今日的な問題が1つのピークを迎える。すなわち，**ビキニ環礁**における**アメリカの水爆実験**による被爆で死者が出た「**第五福竜丸事件**」が起こっています。

その結果，戦後世界の最大の反省として，原水爆を禁止しないと，地球環境そのものが破壊されるという気運が盛り上がって，唯一の被爆国である日本，その被爆地の1つである広島で，翌1955年に「**第1回原水爆禁止世界大会**」が開かれます。

このあたり，1945年から50年の**朝鮮戦争**までをひと区切り，そして51年の**独立**からそれにともなう問題を整理して，55年ぐらいまでを次のひと区切りと考えて，整理してください。

もう一度，1945年から55年ぐらいまで，やった項目だけでいいですから，授業ノートの年表でチェックしておくこと。

第68回

現代（5）

55年体制・安保体制

吉田茂(よしだしげる)の長期政権が終わって，**鳩山一郎内閣**(はとやまいちろう)の登場から1970年代まで，一挙(いっきょ)に学習します。

1955年，「**保守合同**(ほしゅごうどう)」で現在の**自由民主党**が誕生します。サンフランシスコ平和条約をめぐって分裂していた日本社会党の右派(うは)と左派(さは)が合同し，**日本社会党**が1つの政党としてまとまったのに対応して，**日本民主党**と**自由党**が合体して自由民主党が誕生したのです。

自由民主党は以後，**常(つね)に過半数**の議席を確保して政権を握(にぎ)り続け，日本社会党は常に**第二党**の地位を確保します。この状態が，40年近く続いたので，このような政界の固定化した状況を「**55年体制**」と呼んでいます。

外交では，現在の日本外交の基軸(きじく)となる「**安保(あんぽ)体制**」が確立します。日米安全保障条約が改定され，1960年，「**日米相互(そうご)協力及(およ)び安全保障条約**」が成立する。「**60年安保**」「**新安保**」などと呼びます。現在の安全保障条約です。

一方，ソ連や中華人民共和国，そして大韓民国との国交も実現していきます。まさに，現代の基本的な条件が成立していった時期ということです。

1　55年体制

授業ノート p.52 参照

第1・2次鳩山一郎内閣（日ソ国交回復）

鳩山一郎

さて，長期政権となった**第5次吉田茂内閣**は少数与党内閣となり，「**造船疑獄事件**」と呼ばれる大汚職事件などもあり，1954年末，ついに退陣に追いこまれます。

代わって，公職追放が解除されて政界に復帰していた**鳩山一郎**が**日本民主党**を率いて政権を奪取します。**第1次鳩山一郎内閣**です。追放解除で政界に戻った鳩山が自由党の反吉田派に声をかけ，脱党した議員を中心に結成したのですが，日本民主党は到底過半数には足りません。そこで，日本社会党などの反吉田勢力の協力で総理大臣となったんです。その意味で，この内閣は安定した内閣ではありません。

翌年の総選挙でも単独過半数をとれませんが，自由党が支持にまわり，**第2次鳩山一郎内閣**が発足します。

鳩山内閣の目標は「**自主憲法の制定**」と「**日ソ国交の回復**」。そこで，この1955年2月の選挙は**憲法改正**の是非が大きな争点となりました。当然，憲法**第9条**が焦点となります。

野党は「第9条を守れ」と，改憲を阻止しようとします。そして，1955年の選挙では**日本社会党**など野党側が**3分の1以上の議席を獲得**しました。

憲法改正には，まず**国会で3分の2以上の賛成が必要**ですから，3分の1以上の議席を野党が確保したので，憲法改正は阻止されたわけです。

▶自由民主党 vs 日本社会党

鳩山は防衛力の増強をめざして**国防会議**を発足させ，あくまで憲法改正をめざし，憲法調査会を設置します。憲法を改正し，合法的で強い軍隊を持とうということです。

一方，サンフランシスコ平和条約について，**全面講和**以外には認めないという急進派（左派）と，とりあえず**単独講和**でもいいから独立を優先しようと

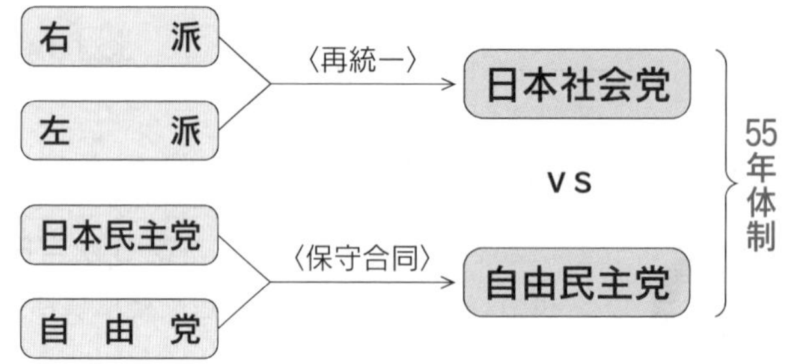

いう穏健派(右派)に分裂していた社会党は，ともに改憲阻止のためにがんばり，10月に統一を実現します。

これを見て，保守陣営も動きます。いつまでも戦前からの二大政党の対立をひきずっている場合ではないということになり，財界などの強い要請もあって，保守系が合同します。これが「**保守合同**」です。日本民主党と自由党が合同して「**自由民主党**」が誕生した。

この**自由民主党**が，その後，40年近くも，基本的には常に衆議院で**過半数**を確保し，一方で，**日本社会党**などの革新勢力，いわゆる野党も**3分の1**以上は確保するという状態が長く続きます。

端的に言ってしまえば，憲法改正はできないが，かといって野党に政権は回らないという状況が続き，**日本の政治は非常に固定化され，ダイナミズムが失われていった**のです。

▶「日ソ共同宣言」(1956年)

さて，鳩山は，憲法改正は挫折したわけですが，**1956年**10月，もう1つの目標であった対米自主外交，具体的には**ソ連との国交回復**を実現させます。「**日ソ共同宣言**」の調印。これは史料を見ておきます。

史料

28　日本国とソヴィエト社会主義共和国連邦との共同宣言

一，日本国とソヴィエト社会主義共和国連邦との間の戦争状態は，この宣言が効力を生ずる日に終了し，両国の間に平和及び友好善隣関係が回復される。

四，ソヴィエト社会主義共和国連邦は，**国際連合**への加入に関する日本国の申請を支持するものとする。

六，ソヴィエト社会主義共和国連邦は，日本国に対し一切の**賠償請求権を放棄**(ほうき)する。

九，日本国及びソヴィエト社会主義共和国連邦は，両国間に正常な外交が回復された後，**平和条約の締結に関する交渉**を継続することに同意する。

ソヴィエト社会主義共和国連邦は，日本国の要望にこたえかつ日本国の利益を考慮(こうりょ)して，**歯舞群島**(はぼまいぐんとう)及び**色丹島**(しこたんとう)を日本国に引き渡すことに同意する。（両国間の）平和条約が締結された後に現実に引き渡されるものとする。

まず**第1条**，戦争状態の終結によって，「**平和友好善隣**(ゆうこうぜんりん)**関係の回復**」。

そして**第4条**，日本の国際連合加入について，ソヴィエトは拒否権(きょひけん)を発動せず，賛成をする。この結果，1956年12月に日本の**国際連合加盟**が実現します。

そして**第6条**，「**賠償請求権の放棄**(ほうき)」。**第9条**，平和条約については「**継続交渉**」ということで合意しました。大事なのは，これがいまだに**合意できない**でいることです。そのあいだにソヴィエト連邦そのものが崩壊して，いまはロシアとの交渉が続いているところです。

北方領土(ほっぽうりょうど)**問題**について一応の合意ができていて，「歯舞群島(はぼまいぐんとう)および色丹島(しこたんとう)を日本側に返す」のだと言っています。ただし，それは**平和条約が締結された後に現実化する**のだというふうに書いてある。

ですから平和友好条約が結ばれ，これをソヴィエト，いまのロシアが守れば，歯舞および色丹は日本にとりあえず返ってくることになりますが，**国後島**(くなしりとう)**・択捉島**(えとろふとう)**については，ここでは何ら言及**(げんきゅう)**されていません**。ただし，日本政府は，「四島」返還，歯舞・色丹だけではなく，国後・択捉を加えた四島の返還を求め，現在に至っています。

さて，鳩山は国際連合への加盟を実現して引退します。

石橋湛山内閣(病気退陣)

石橋湛山

そして 1956 年末，自由民主党の 2 代目の総裁が党の選挙によって争われ，第 2 代総裁には**石橋湛山**がわずかの差で**岸信介**に勝ち，国会で総理大臣に指名されます。**石橋湛山内閣**。

大正デモクラシーの中心として『**東洋経済新報**』などで徹底した民主主義を主張した人物です。ところが石橋は病気によって翌年 2 月に退陣してしまった。

そこでわずかの差で敗れた岸信介が次の総裁となり，**岸信介内閣**が登場します。そしてこの内閣は**不平等な日米安全保障条約の改定**問題に取り組みます(p.271)。

国際情勢の展開：「雪どけと多極化」

ちょうどこのころ，1955 年から 60 年代にかけて，ようやく**米ソ対立**は新しい局面を迎えています。そこで，**1954 年，55 年以降の国際情勢**を見ておきましょう。

まず朝鮮戦争は，**1953 年**に「**朝鮮休戦協定**」が結ばれて，**北緯 38 度線**で南北朝鮮の勢力がとりあえず固定されたままです。そしてアメリカ・ソ連の二極化，米ソ 2 国による世界の支配というものに対抗して，**アジア・アフリカ諸国**が台頭してくる。

とくにその先頭に立ったのが中華人民共和国の**周恩来**首相，あるいはインドの**ネルー**首相です。

Q 1954 年に周恩来，ネルーたちが発表した世界平和実現のためのアピールは何と呼ばれるか？

――「平和五原則」

「領土主権の尊重」・「相互不可侵」・「相互内政不干渉」・「平等互恵」・「平和共存」などの主張です。そして翌年，

Q 1955 年にアジア・アフリカ諸国が集まってインドネシアのバンドンで開かれた国際会議は？ ——アジア=アフリカ会議（AA 会議）

開催された場所から「**バンドン会議**」と呼ぶ人もいます。

一方，1955 年には**米・英・仏・ソ**の 4 カ国の首相がジュネーヴで同じテーブルに着くという「**ジュネーヴ四巨頭会談**」が開かれます。

四巨頭 ➡ 米・英・仏・ソ
米：**アイゼンハワー**　ソ：**フルシチョフ**

はい，国名はしっかり覚える。首脳で覚えておくのは，アメリカのアイゼンハワーとソ連のフルシチョフだけで OK です。

この会談は具体的になんの成果もないのですが，同じテーブルに着いたということで，いわゆる「**平和共存**」——「**緊張緩和**（きんちょうかんわ）」へという方向がハッキリします。冷戦が緩和し，「**雪どけ**」だ——寒い冬が終わって，ちょっと春になったと世界は受け取ったのです。

その平和共存のために，最大の問題は核（かく）の問題です。そこで，

Q 1963 年に米・英・ソの 3 国で調印された，核実験を制限した条約は？
——「部分的核実験禁止条約」

大気圏（たいきけん）や宇宙空間での核実験を禁止することにした。地下での実験だけにしようという条約です。しかし，核の後発国（こうはつこく）であった**中国**，**フランス**はこれを不満として**参加しません**。

また，米ソの二極構造がゆるみ，「**多極化**（たきょくか）」も進みます。今日まで続くアジア・アフリカ諸国の国際連合における発言力の増加などがそれを端的（たんてき）に象徴しています。

ヨーロッパでも，西側ヨーロッパ諸国の経済などでの一体化が進み，1967 年には **EC**（欧州共同体）が成立して，今日のヨーロッパの一体化の動きがはっきりしてきます。

1955・1956 年は超重要なテーマが重なりますから，しっかり覚えてしま

いましょう。国際経済についても，日本の**GATT 加盟が 1955 年**ですから，この際まとめて GATT 加盟も入れておきます。

1955 鳩山一郎内閣

【内政】	【世界】
GATT 加盟	
社会党統一 ➡自由民主党	アジア=アフリカ(AA)会議
	ジュネーヴ四巨頭会談

第 1 回原水爆禁止世界大会(広島)

1956 新教育委員会法 (p.263)

12 国連加盟 ⬅ 10 日ソ共同宣言

ベトナム戦争

新たな課題も次つぎに出てきます。「仏印」，フランス領インドシナ，いまの**ベトナム**では，1954 年に宗主国である**フランス**が敗れ，独立を回復するんですが，**南北に分裂**して統一国家が確立しません。

北の**ホー=チミン**率いる**ベトナム民主共和国**に対して，アメリカの支援で軍人をトップに立てた南ベトナム，**ベトナム共和国**が 1955 年に成立し，対立が続きます。

神武景気

さて，国内の経済は，1955 年ころから好景気が続きます。朝鮮戦争にともなう「特需」景気が終わったと思ったら，すぐにまた好景気になった。57 年の半ばぐらいまで続く好景気で，マスコミはこれを「**神武景気**」などと呼びました。神話上の日本の始まりである神武天皇以来の好景気という意味です。

このあたりの経済は，次回にまとめて学習します。とりあえず，鳩山内閣のころは「神武景気」だということを意識しておいてください。

2 安保体制

授業ノート p.53 参照

岸信介内閣(新安保条約)

岸　信介

では，話を内政に戻します。石橋湛山内閣に代わって登場した**岸信介内閣**は，「日米新時代」を唱えて「**日米安全保障条約**」の改定をめざします。

しかし，安保体制そのものに対する反対が，日本社会党，労働組合などの革新勢力だけでなく，一般にも根強いことがわかっている。そこで，反対運動を抑え込むために，警察官の職務についての法律，「**警察官職務執行法**(**警職法**)」を改正して，警察官の職務権限を強化しようとします。

いまと違って「オイ……」「コラ……」と居丈高な感じの警察官にさらに強い権限を与えるものなので，すぐに反対の声があがった。「デートもできない警職法」というフレーズが流行する。

彼女，彼氏とデート中に，いきなり警官に職務質問，持ち物検査をやられかねないという意味ですよ。反対の声が広がり，岸は結局，改正案を引っ込めることになりました。しかし，安保改定は何としてでも実現したい。

1960年1月，政府は「**日米相互協力及び安全保障条約**(**日米新安保・新安保**)」・「**日米地位協定**」を締結します。そして5月，衆議院に警察隊を導入し，大混乱のなかで強行採決。条約をとおします。

これに対して，社会党，共産党，総評などの革新勢力だけでなく，全学連(全日本学生自治会総連合)などが結束，「**安保改定阻止国民会議**」が結成され，反対運動が全国的に広がっていきます。

参議院での審議は結局できない。連日，国会をデモ隊が包囲する状態が続き，結局は，**衆議院の優越**という憲法上の規定によって**自然成立**ということになります。締結を祝って来日する予定だったアメリカ大統領**アイゼンハワー**の訪日も中止。6月，条約が発効すると**岸内閣は総辞職**します。

29　日本国とアメリカ合衆国との間の相互協力及び安全保障条約（新安保条約）

第三条　締約国は，個別的に及び相互（そうご）に協力して，継続的かつ効果的な自助（じじょ）及び相互援助（えんじょ）により，武力攻撃に抵抗するそれぞれの能力を，憲法上の規定に従うことを条件として，維持し発展させる。

第六条　日本国の安全に寄与（きよ）し，並びに極東における国際の平和及び安全の維持（いじ）に寄与するため，アメリカ合衆国は，その陸軍，空軍及び海軍が日本国において施設及び区域を使用することを許される。

新安保の要点をチェックしておきましょう。**1951年の安全保障条約**はいいですか（p.259）。

旧安保が片務的なものであったのに対して，対等のものになったというところがポイントです。米軍は**日本防衛の義務**を負（お）います。そして，条約の期限が定められます。

Q 新安保条約の固定期限は？ ——**10年**

ただし，10年たって日米両国に異議（いぎ）がない場合は，そのまま自動的にさらに**10年自動延長**されていくことになっています。

そして現在まで自動延長が繰（く）り返されています。また，同時に「**日米地位（ちい）協定**」が結ばれて，具体的な基地の提供（ていきょう）等々についての細目（さいもく）が規定されます。

ここでちょっと注意するのは，最初の1951年の日米安全保障条約は，翌年，「**日米行政（ぎょうせい）協定**」で細目を決めた。1960年の「日米相互協力及び安全保障条約」は，同時に「**日米地位協定**」でその細目が規定されている。この2つの付属する協定の区別は，入試的には大事です。

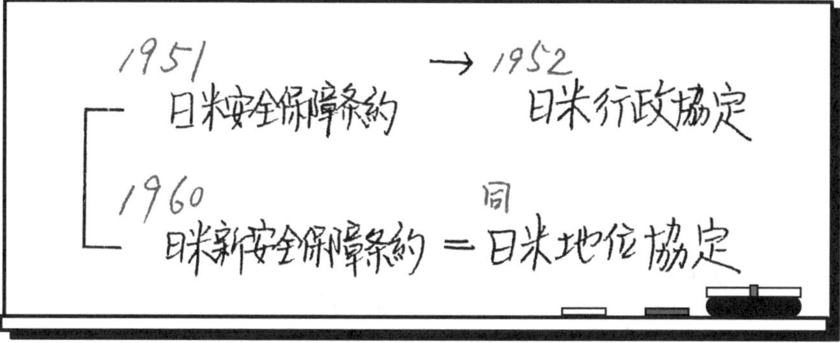

池田勇人内閣（所得倍増計画）

池田勇人

さて，強行突破で安全保障条約の改定を実現した岸内閣は，総辞職。そして，自民党は見事な政策転換をやった。新たに**池田勇人**（いけだはやと）が自民党総裁となり，**池田勇人内閣**が発足（ほっそく）すると，「**寛容**（かんよう）**と忍耐**（にんたい）」というソフトな姿勢（しせい）を表明し，最大の目標として「**所得倍増計画**（しょとくばいぞう）」を打ち出すんです。

「国民の収入，所得を倍にしましょう」という経済拡大路線を前面に出して登場したのが池田内閣です。それにともなって，「農業基本法」によって**農業の構造改善**（こうぞうかいぜん）を図（はか）り，日本農業の自立化を推進（すいしん）しようとします。

「安保・対決」の岸 ➡ 「所得倍増・寛容と忍耐」の池田

国交のない**中華人民共和国**とのあいだでも，いわゆる「**LT 貿易**」──**廖 承志**（りょうしょうし）と**高碕達之助**（たかさきたつのすけ）との協定にもとづく**準政府間貿易**を始めます。

こうして池田は，**所得倍増**を成功させ，**東京オリンピック**を実現して退陣します。

佐藤栄作内閣（「日韓基本条約」/ 沖縄返還）

次に登場したのが長期政権となった**佐藤栄作内閣**（さとうえいさく）です。1964 年 11 月に

佐藤栄作

成立したこの佐藤内閣は，さっそく翌年から重要な外交課題をこなしていきます。

▶「日韓基本条約」の締結(1965年)

戦後の独立回復後の最大の課題は**朝鮮**との問題でした。アメリカの強い後押しがあって，アメリカのベトナム戦争本格介入，北爆が本格化する年，すなわち**1965年**に，ついに「**日韓基本条約**」で正式な国交が結ばれます。もちろん，南の**大韓民国**とのあいだのものであって，北朝鮮は無視します。

アメリカはベトナム戦争に本格的に介入する。そこで，東アジアの日本と韓国の関係をしっかり確立しておこうと思ったんでしょう。

ベトナムでは，北ベトナムの影響下に「**南ベトナム解放民族戦線**」が結成され，1960年以降になると，ベトナム内戦が本格化します。

南ベトナムの共産化を恐れたアメリカが，ついに敵対する北ベトナムに対して**空軍による本格的な爆撃**を始めます。これが**1965年**の「**北爆**」の本格化です。

すなわち1965年から，またアジアは戦争の時代に入るわけです。**韓国軍**なども参加します。そして日本の米軍基地は，まさにベトナム戦争のための後方基地としてフル稼働をするようになっていく。

このベトナム戦争の長期化が，結論から言ってしまえば，**アメリカの経済力を一挙に衰退させる**原因となります。一方，日本は「**ベトナム特需**」で好景気になっていく。

日韓基本条約の史料をチェックしましょう。

30　日韓基本条約

第二条　千九百十年八月二十二日以前に大日本帝国と大韓帝国との間で締結されたすべての条約及び協定は，もはや無効であることが確認される。

第三条　大韓民国政府は，**国際連合総会決議第 195 号(III)**に明らかにされているとおりの朝鮮にある**唯一の合法的な政府**であることが確認される。

日韓基本条約については，「**韓国併合条約**」の **1910 年**あたりを思い出しておくことと，大韓民国を唯一合法的な政府であると確認し，**朝鮮民主主義人民共和国を認めなかった**というところが要点です。

▶小笠原諸島(1968 年)・沖縄(1972 年)の返還

次にサンフランシスコ平和条約の最大の問題であった**沖縄**，**小笠原諸島**の問題です。「**小笠原諸島返還**」については，1968 年 4 月にアメリカと協定が結ばれて，2 カ月後に実現します。

問題は沖縄でした。何といっても，沖縄はアメリカにとって，**極東における最大の軍事基地**ですから。新安保は **1970 年**に自動延長されましたが，何とか沖縄を祖国に復帰させたい。

そこで佐藤栄作は，政権の一番の課題として，**沖縄の祖国復帰**に焦点を絞っていきます。沖縄返還といっても，米軍基地が無くなるわけではないので，「基地に核兵器があるのではないか？」「軍港に入ってくる軍艦などに核兵器が載っているんじゃないか？」などの疑問があることに対して，佐藤首相は「**非核三原則**」を定めて，

非核三原則…核兵器を「持たず・つくらず・持ち込ませず」

と疑惑を否定する。

そして，**ニクソン**アメリカ大統領とのあいだで，「**日米共同声明**」を出すなど，返還の実現に向けて徐々に環境が整っていき，ようやく **1971 年**6 月に「核ぬき」で「**沖縄返還協定**」の調印にこぎつけました。そして **1972 年**5 月に，沖縄の祖国復帰が実現するわけです。

▲沖縄祖国復帰の記念碑
沖縄の海はホントーに美しい。沖縄の苦難の歴史はまだまだ続く。

第70回のテーマですが，1971年6月の沖縄返還協定調印の2カ月後，アメリカ大統領**ニクソン**は「**金ドル交換停止**」を発表し，世界に「**ドル危機**」を与えています。世界の基軸(きじく)通貨であったドルの金との交換を停止したんです。

佐藤栄作内閣のほうは，1972年，沖縄の施政権(しせいけん)返還の実現を機に，退陣します。ただプラスして覚えておくのは，平和な交渉によって，失われた領土を回復したということで，佐藤はその後**ノーベル平和賞**を受賞していること。

もう1つ。**1972年**5月の沖縄の祖国復帰が実現する前，2月に，アメリカ大統領**ニクソン**が訪中，北京(ペキン)で**毛沢東(もうたくとう)主席**・**周恩来(しゅうおんらい)首相**と会談し，米中国交正常化に向けて，「**米中共同声明**」を出した。これは大事件ですよ。完全な秘密外交の結果で，直前まで日本政府にも一切(いっさい)秘密。びっくりして「ニクソン=ショック」が走った。

なぜニクソンが北京にまで行って，**共産主義中国との国交正常化**を図(はか)ったのか？

1949年に**中華人民共和国**が誕生した後も，国連では台湾の**中華民国**が中国を代表し，安全保障理事会の常任理事国でした。しかし，1971年，**国**

連総会は中華人民共和国が中国の代表であることを決定し，中華民国（台湾政府）は国連から追放されてしまいます。常任理事国も中華人民共和国に代わります。

このように国際社会での地位が高くなった中華人民共和国との関係を，アメリカは重視しなければならなくなったんでしょう。具体的にも多くの理由があったと思われます。アメリカは泥沼のベトナム戦争からなんとか抜け出したい。北ベトナムの背後に中華人民共和国がいる。中国もソ連との対立が続いており，小規模ながら軍事的な衝突まで起こっていた。それにヨーロッパ情勢などが複雑に絡み合う。

日本との関係も影響したかもしれない。日本はアメリカに次ぐ，**西側諸国で第2位の経済大国**となっており，貿易赤字に苦しむアメリカは日本に繊維製品の輸出を規制するよう求めていたが，その「**日米繊維交渉**」が難航していた。いわゆる「**繊維摩擦**」です。日本がなかなか譲歩しないのでニクソンが怒っていた……など，理由として考えられることは山ほどあったんです。

田中角栄内閣（「日中共同声明」に調印）

田中角栄

さて，佐藤栄作内閣が退陣して総裁選挙が行われ，激烈な選挙戦の結果，勝ったのが**田中角栄**です。そこで**田中角栄内閣**は，実はかなり困難な時期に政権を担当することになりました。

▶「日中共同声明」（1972年）

田中首相は中華民国との国交断絶を覚悟のうえで，1972年，中国，北京を訪れ，「日中共同声明」を発表します。

史料

31　日中共同声明

……日本側は過去において日本が戦争を通じて中国国民に重大な損害を与えたことについての責任を痛感し，深く反省する……

一，日本国と**中華人民共和国**との間のこれまでの不正常な状態は，この共同声明が発出される日に終了する。

二，日本国政府は，**中華人民共和国政府**が中国の**唯一の合法政府**であることを承認する。

三，**中華人民共和国政府**は，**台湾**が**中華人民共和国**の領土の一部であることを重ねて表明する。日本国政府は，この**中華人民共和国政府**の立場を十分理解し，尊重し，……

五，**中華人民共和国政府**は，中日両国国民の友好のために，日本国に対する**戦争賠償の請求を放棄**することを宣言する。

田中角栄は**周恩来**首相と話し合い，**中華人民共和国**を唯一の合法政府であることを認めます。中華人民共和国政府は，**台湾がその領土の一部である**ことを表明し，日本側がこれを認めるとは言わず，「**十分理解し，尊重する**」という表現で終わっている。あとは，いわゆる「**戦争賠償請求の放棄**」が規定されています。

そこで問題なのは，日ソ共同宣言との対比です。大事なのは，**日ソ共同宣言**のほうは，宣言のあと「平和条約」は未締結のままですが，この**日中共同声明**のほうは，その後，次の**三木武夫内閣**を挟んで長い時間がかかるものの，**福田赳夫内閣**の 1978 年に，ついに「**日中平和友好条約**」が結ばれたことです。

田中 → 1972，日中共同声明
福田 → 1978，日中平和友好条約

▶「日本列島改造論」／第 1 次石油危機（1973 年）

さて，**田中角栄**はこのように日中共同声明で**日中国交正常化**に成功しますが，内政においては「**日本列島改造論**」という，土木工事，公共事業優先の内需拡大策をとります。これは地価の高騰を招きますが，そこへ**第 1 次石油危**

機が重なって，経済的に非常に困難な状況をつくり出してしまいます。

そして，ついに円の「**固定相場制**」が破れて，今日のような「**変動相場制**」に移行したのも田中角栄のときです。田中は，政治資金の不正な捻出がマスコミなどの報道によって明らかにされて非難を浴び，退陣に追いこまれます。さらに，その後，大きな贈収賄事件が起こります。

Q 田中角栄とアメリカの航空会社による贈収賄事件とは？

──ロッキード事件

三木武夫内閣（ロッキード事件）

三木武夫

田中角栄内閣に代わったのは，比較的**クリーンな政治姿勢**で有名だった**三木武夫**。この**三木武夫内閣**のときに，田中角栄前首相は「**ロッキード事件**」と呼ばれる汚職事件によって逮捕されます。自民党にとって戦後でもっとも大きな打撃を受ける事件となりました。前首相が逮捕される！

金権腐敗を批判して，**河野洋平**が「**新自由クラブ**」を結成して自民党から離脱しますが，やがて自民党に戻ります。

このようななかで，長期政権だった自民党政権に対する批判が徐々に強まっていき，1976年12月の総選挙では，自民党は大きく議席を減らして，「**保革伯仲**」──いわゆる「**55年体制**」が崩れかかって，保守と革新が互角の戦いができるようになる状況が現れてきます。

▶防衛費GNP1%枠

三木はクリーンといわれた清潔感とともに，自民党のなかで比較的**ハト派**，すなわち平和優先の姿勢が鮮明な人で，ドンドン膨れ上がる自衛隊に対する予算，**防衛費をGNPの1%以上は使わない**という，いわゆる「**1%枠**」に防衛費を抑制する政策をとります。

福田赳夫内閣(「日中平和友好条約」の締結)

福田赳夫

しかし，三木武夫は，やがて自民党の主流派からひきずり下ろされてしまい，**福田赳夫内閣**(ふくだたけお)が登場します。

この福田内閣のもとで「**日中平和友好条約**」が締結されたわけです。

大平正芳内閣(第2次石油危機)/鈴木善幸内閣

逮捕(たいほ)，起訴(きそ)されたあとも，自民党のなかで**田中角栄**の実力とその支配力は続き，福田から田中に近い内閣に交代します。これが**大平正芳内閣**(おおひらまさよし)です。

しかし大平内閣は衆議院選挙で**敗北**。衆議院の安定多数を確保できません。そして，**第2次石油危機**にも見舞(みま)われます。

昭和天皇が高齢(こうれい)になったこともあって，大平内閣は「**元号法**(げんごうほう)」**の制定**なども行います。昭和が終わっても，古代以来の元号を使って年を数えることを制度化したわけです。

そして大平は，一挙に勢力を挽回(ばんかい)するために，翌1980年，**衆議院・参議院の同日選挙**という手法を選んで選挙に突入しますが，なんとその選挙期間中に心臓病で死んでしまうのです。このときに，大平の人柄(ひとがら)もあって，同情票が多く集まり，自民党が圧勝する結果となりました。

しかし，その後も**自民党の長期低落傾向**はとまらなかったわけです。大平正芳の死を受けて**鈴木善幸内閣**(すずきぜんこう)が登場したころには，**財政赤字**(ざいせいあかじ)がいよいよ問題化して，「**第2次臨時行政調査会**」，いわゆる「**行革**(ぎょうかく)」(行政改革)が本格的に叫(さけ)ばれる時代になってきます。

国際情勢(1970年代後半～)

このように**1970年代**に入ると，経済も高度経済成長が望(のぞ)めないという時代だし，国際的にも，アメリカが**北爆**(ほくばく)によるベトナム戦争の本格介入(かいにゅう)の痛手(いたで)からだんだん国際的な地位を低下させていくという時期で，戦後の米ソ二極化の国際構造とはかなり変化してきます。

先ほども言ったように，国連においても中国代表権が**中華人民共和国**に変わる。**ニクソン**はやむを得(え)ず，**1972年**，北京(ペキン)を訪(おとず)れて中華人民共和国と和解し，さらに負け戦(いくさ)とわかった**ベトナム戦争からの撤退**を決断します。**アメリカは長い戦争に負けた。**

そして，世界の経済のエネルギー源が**石炭**(せきたん)から**石油**(せきゆ)に代わったという大きな変化のなかで，今度は**中東**(ちゅうとう)が世界の最大の焦点(しょうてん)になってきます。石油産出国がからんで，繰り返される**中東戦争**。イスラエル・アラブ間の第4次中東戦争のときに，その影響が**第1次石油危機**となって先進国を襲(おそ)う。

これに対応しようとして，先進国がパリに集まって対策を会議したのが，いわゆる**サミット**(**先進国首脳**(しゅのう)**会議**)の始まりです。

そして，今度は**イラン**で革命が起こり，**第2次石油危機**。いわゆる中東問題と絡(から)んで，石油問題がそのまま世界の経済に大きな影響を与えるという時代です。

一方で，**米ソ対立**がふたたび激化します。「雪どけ」を進めた**フルシチョフ**ソ連書記長が失脚(しっきゃく)すると，またもや米ソ対立が激(はげ)しくなってくる。とくにソ連の**アフガニスタン侵攻**(しんこう)以降，アメリカの**対ソ経済制裁**などが発動され，米ソ対立がまた激化してくる。これが1970年代の後半から末にかけての話です。

必ずもう一度，そのあたりのところまで，授業ノートの年表で確認してください。

第69回

現代 (6)

高度経済成長

現在の経済状態からは，ちょっと想像できないぐらいの経済成長が続いた「**高度経済成長**」が今回のテーマです。

キーワードは，「**技術革新**」・「**設備投資**」，そして，**1ドル＝360円の固定相場制**です。

当時のマスコミがつけたネーミングでいうと，「**神武景気**」から「**いざなぎ景気**」と好景気が続いた。

世界経済の中心，アメリカ中心の自由主義経済圏の一員として，経済成長を続けた。もちろん，冷戦の相手側，ソ連などの社会主義・共産主義陣営は計画経済，統制経済ですよ。

経済復興	➡	高度経済成長	➡	第1次石油危機
		‖		
特需		神武・岩戸・オリンピック・いざなぎ景気		

日本は自由主義経済体制。「**特需**」で一挙に経済復興の後も，経済成長は止まらず，**高度経済成長**が続く。IMF 体制のもとで，貿易も拡大し続けます。

そして，忘れてはならないのは，憲法第9条で戦争を放棄し，軍事予算が増大しなかったことが，経済成長を促したこと。ただし，経済成長にともなって，**農村の過疎化**が進んだこと。**公害問題が深刻化**したことも忘れてはならないところです。

1 高度経済成長

授業ノート p.55 参照

経済成長の要因

初めに，入試でよく出るグラフを見てください。

実質経済成長率の推移

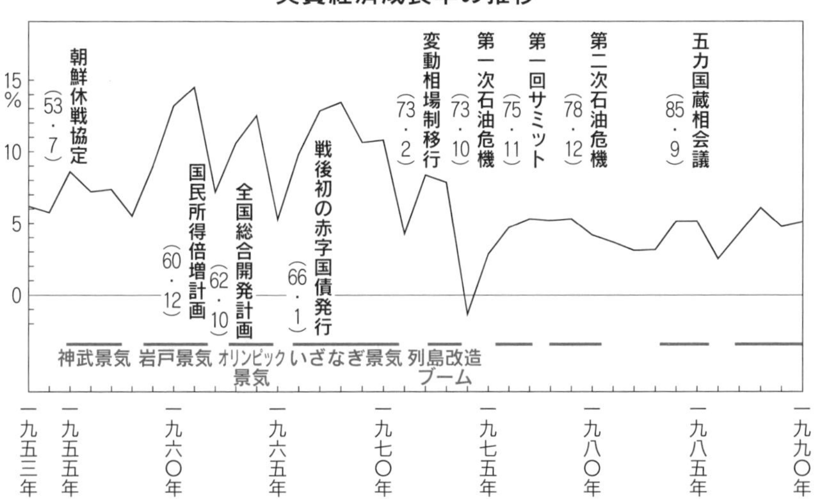

なんと1950年代から1970年代初めまで，経済成長率は5%をはるかに超えて，10%前後のきわめて高い成長率を示します。**高度経済成長**の時代です。

その背景は，外国技術の導入，新しい技術をどんどん取り入れた「**技術革新**」と，「**投資が投資を呼ぶ**」といわれた「**設備投資**」**の活発化**です。

エネルギーは**石炭**中心から**石油**に代わっていきます。「**エネルギー革命**」と呼ばれる転換です。そこで，戦後の花形だった**石炭業**は不況に見舞われ，**大規模な労働争議**が起こりますが，その象徴が1960年の**三井鉱山三池炭鉱**の争議（三井三池炭鉱争議，三池争議）です。

1960年といったら**安保**の**岸**から，「**所得倍増**」の**池田**のころですよ。

固定相場制

次に，高度成長を通貨の面で支えたのは，1ドル＝ **360円**の「**固定為替レート**」，「**単一為替レート**」です。**固定相場制**（固定為替相場制）。ここは大事なことだから，ちょっと思い出してください。

Q 金解禁から一転して金輸出再禁止に踏み切ったのは何年？

——1931年

満洲事変の勃発，若槻礼次郎内閣総辞職で犬養毅内閣が登場し，**高橋是清蔵相**は1931年12月，即座に金輸出を再禁止した。すると，急激な円安が進み，輸出が急増した。しかし，それは**保護貿易主義**を招いた。結局，太平洋戦争へ……という流れはいいですか。

その教訓は，為替の急激な変動は経済的対立を招き，戦争への道となってしまうということです。そこで，平和を維持するためには為替を安定させることが大事だということになった。そのために，突出した経済大国，**アメリカを中心とする通貨体制を安定させるシステム**が構築されたのです。

日本の敗戦前ですが，1944年，アメリカのニューハンプシャー州**ブレトン=ウッズ**で国際通貨体制を確立するために**IMF（国際通貨基金）の設立**が決まります。為替レートの安定のために，**金1オンス＝35ドル**（1ドル＝35分の1オンス）として，加盟国はおのおの1ドルに対する一定の自国通貨を決定する。これを固定して変えない，**ドルとの固定相場**を決めた。

日本の円も超均衡予算を組むことなどを条件に，1949年から**固定相場制**の仲間入りを認められた。

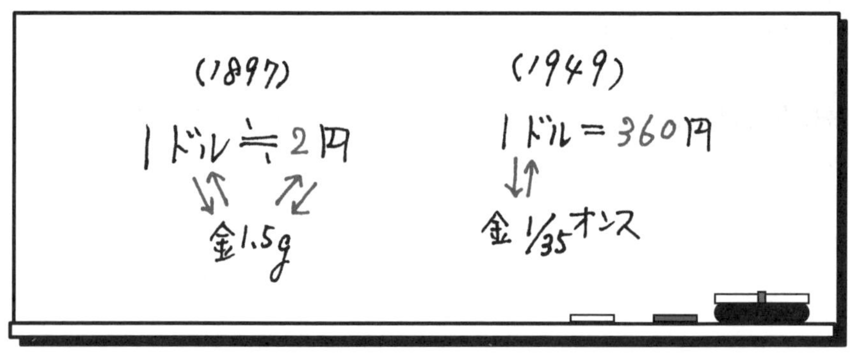

いいですか。かつての**金本位制**も，この際，思い出しておく。

さて，この**固定為替レート**がその後ずっと続きます。世界が現在のような**変動相場制**に移行するのは1970年代初めのことですから，**20年以上，固定相場**だった。そのあいだに，日本は高度経済成長を続ける。

経済成長が続き，日本はアメリカに追いついていきます。これからやるところですが，**1968年**には **GNP（国民総生産）**で日本は**アメリカに次いで世界第2位**の資本主義国となる。この間，変動相場制だったら，円・ドルの交換レートは，どんどん円高になっていたでしょう。

1ドル＝350円，340円，そして300円と，変動相場制だったら円が高くなっていったのに，固定相場で360円のまま。そこで事実上，**円安が進んでいった**という状況です。

日本とアメリカの経済で，たとえば1ドル＝120円がちょうどいい交換レートなのに，1ドル＝360円で固定していると，同じような性能，大きさの自動車なのに，アメリカ人がドルで日本車を輸入すると，3台買えることになる。そこで，

「固定為替レート」は実質的な円安を進めることとなった

ということを頭に入れておいてください。

さて，この**ブレトン＝ウッズ体制**を維持するための基金，**IMF（国際通貨基金）**が**1946年**に発足しています。また，自由貿易を守り，ふたたび保護貿易に戻ることがないように，

Q 1948年，なるべく関税を引き下げ，自由貿易を拡大しようという目的で結ばれた国際協定は？

——GATT（関税及び貿易に関する一般協定）

注意するのは，このあたりはまだ日本は独立前ですから，アメリカに支配されているだけで，自立的な経済活動はできません。そこで，日本は，1951年，サンフランシスコ平和条約で**独立**を達成すると，これらの組織に**加盟**します。そして，

「GATT11条国」(1963年),「IMF8条国」(1964年)に移行

1963年には「GATT11条国」に移行し,翌1964年には「IMF8条国」に移行するとともに,OECD(**経済協力開発機構**)に加盟する。

GATT11条国に移行するとはどういうことかというと,貿易赤字がどんどん膨(ふく)らんでいるからといって政府が輸入制限をしてはいけない。GATTの第11条の規約を守り,国際収支(しゅうし)などを理由に**輸入制限などをしてはいけませんよ**ということ。国民や会社が買いたいものは自由に買わせなさいということです。

それ以前はまだ成長の途中だから,国内産業の保護,あるいは国際収支のために貿易を制限してもいいですよということだったわけです。

IMF8条国もいっしょです。国際収支が悪化してきたからといって,**政府が為替(かわせ)を管理して貿易を統制しようとしてはいけない**。自由貿易を守らなければならないのがIMFの8条国です。

同じく**OECD**に加盟すると,「**資本の自由化**」を義務づけられます。資本の自由化というのは,外国の人が日本へ来て,日本で会社をつくって商売をしてもいいということ。要するに,**一人前の国,先進国としての義務を負うことになった**わけです。

①1952年…IMF加盟/IBRD加盟
②1955年…GATT加盟
③1963年…GATT11条国
④1964年…IMF8条国/OECD加盟

特需景気

では,年を追って経済成長の過程を特需(とくじゅ)景気から見ていきましょう。

まず,復習。朝鮮戦争勃発の翌年,独立が決まった年,

1951年…工業生産・実質国民総生産・実質個人消費
➡戦前の水準まで回復

もちろん，**朝鮮特需**の成果です。武器・弾薬の製造，自動車や機械の修理で文字どおり，「**極東の兵器廠**」となった。さらに，世界的な好景気，とくに**アメリカへの輸出**が増加。1950年からの5年間で特需は総額1900万ドルに達した。

1950年には**日本輸出銀行**・**日本開発銀行**を設立して，輸出の振興や産業資金を供給するだけでなく，1952年には設備投資を促すために**企業合理化促進法**を制定して優遇税制をとる。

あるいは，**電力事業**では，地域別に，発電から配給までを担う電力会社9社に再編成，「**地域別9電力体制**」を確立します。**電源開発株式会社**も設立され，佐久間(静岡・愛知県)や奥只見などに**水力発電所**を建設して電力需要の増大に対応していきました。

鉄鋼業でも1951年からの第1次鉄鋼合理化計画が策定され，川崎製鉄が鉄鋼一貫経営に転換していきます。

(第1次)高度経済成長

特需景気が終わり，一息ついて，1955年ごろから1957年ごろの大型景気を「**神武景気**」などと呼びます。いわゆる「**高度経済成長**」が始まった時期です。

神武景気 ⟷ **55年体制**

1955 米の自給，日本生産性本部，「春闘」始まる 《GATT加盟》
1956 「もはや戦後ではない」(「経済白書」)
造船量世界第1位（イギリスを抜く）

政治でいえば，1955年は**自由民主党**の成立で「**55年体制**」が始まった時期。国際的な貿易についていえば，1955 年は，**GATT に加盟**ですよ。

農業生産力も急速に回復し，1955 年は豊作もあり，「**米の自給**」が可能になった。それまでは，ガリオア資金（占領地行政救済資金）による食糧援助を必要としていたのが，自給できるようになった。

また，政府が援助して財界諸団体は**日本生産性本部**を設立し，労資協調・失業防止・成果の公正配分などを掲げて，**労働生産性を向上させる**とともに品質管理などをめざす集団活動などを始めます。労働運動の側も，**総評**が中心となって，春に一斉に賃上げを要求する「**春闘**」も始まりました。交渉が長引くと，鉄道などのストライキで電車が止まって学校が休みになるといった年も多かった。

翌年には，1947 年以降，政府が財政援助を与えて**造船業**を支援して「**計画造船**」が軌道に乗り，**造船量が世界第 1 位**となる。イギリスを抜いてしまう。

そして，1956 年の「**経済白書**」が日本の経済を，

> 1956 年…**もはや戦後ではない（経済白書）**

と表現します。入試では頻出のフレーズですよ。

もはやせんごではない　1956 年
もはやせんごではない　1956 年

必ず繰り返して覚えてください。

岩戸景気・オリンピック景気・いざなぎ景気

神話上の最初の天皇，神武天皇以来の好景気だというので，「**神武景気**」と名づけたのですが，その後もまだまだ好景気が続きます。そこで，神武即位以前の「天の岩戸」神話から「**岩戸景気**」と言うことにした。

次は，**東京オリンピック**にともなう好景気なので，「**オリンピック景気**」。1965 年にちょっと成長率が鈍化するのですが，続く**第 2 次高度経済成長**の

時期は，天地創造以来ということになって「**いざなぎ景気**」と呼ばれました。

第１次高度経済成長			第２次高度経済成長
（1955～57）	（1958～61）	（1964ごろ）	（1966～70）
神武景気 ➡	岩戸景気 ➡	オリンピック景気 ➡	いざなぎ景気

高度経済成長は，大企業による鉄鋼・造船・自動車・電気機械・化学などの**重化学工業**の工場建設などの「**設備投資**」が続いたことと，アメリカの「**技術革新**」の成果をどんどん取り入れて可能となったのですが，やがて，**石油化学**や**合成繊維**などの新しい分野も導入していきます。

そして，大企業の下請けで成り立っていた中小企業のなかから，特定の部品製作などで独自の技術を開発し，自立した経営を展開する**中堅企業**も誕生していきました。

その結果，第１次産業の比率は低下し，**第２次・３次産業の比重が高まり**，工業生産のなかでも，

重化学産業の生産額が工業生産額の３分の２を占める

までになります。

エネルギー革命

また，工業のためのエネルギーも，

石炭から石油への「エネルギー革命」

が進みます。その結果，**石炭業は不況**となり，閉山となる鉱山も増えてきます。

そこで生じた**労働争議**の最大のものが三井鉱山の**三池炭鉱**の閉山にともなう，**三池争議**です。1959年末から翌年の11月まで，長期の労働争議で，

「**総資本対総労働**」**の戦い**と呼ばれる大争議でしたが，最終的には会社側が勝利し，三池炭鉱は閉山となりました。「**エネルギー革命**」との関係からも頻出の争議ですから，次のように年号も覚えておきましょう。

1960 年…(三井)三池争議

日本的経営

このような経済成長の経過から，**日本の条件に適合する企業経営の形態**がはっきりしてきます。

日本的経営…終身雇用・年功序列・労資協調

今で言う「正社員」の雇用形態が「**終身雇用**」。ある会社に就職すると，定年までずっとその会社に勤務する。転職しないで一生，その会社に所属することです。

「**年功序列**」はわかりますね。年齢，勤務年数にしたがって出世していくのが，一般的な会社での経歴となっている。先輩を飛び越して一挙に役員なんていうことはほとんどあり得ない。若くて能力があっても，若いうちは安い給料で我慢するが，歳をとるにつれて給料が上がっていく。

そして「**労資協調**」。会社単位の労働組合が多く，労働争議もストライキなどの戦闘的な手段をなるべく取らない代わりに，会社側もできるだけ労働組合の要求を満たす努力をする。会社が潰れたら元も子もないから，話し合い重視でいこうという姿勢です。こうして，社員の給料もそれなりに上昇し，「**大衆消費社会**」の出現の原動力となっていくのです。要するに会社も社員も，**1つの家族のような感じの経営**になっていくということです。

大企業は財閥解体のところで触れたように，旧財閥系の会社が**銀行を中心に**「**企業集団**」**を形成**していったわけですが(p.219)，その内容は次の4点です。

企業集団

①銀行による系列企業への融資。

②系列の商社による系列会社間の取引を媒介(ばいかい)。

③会社どうしで株式を持ち合う。

④系列会社の社長会などで人的結合を固める。

簡単に言えば，系列企業が団結してその内部で経済活動を完結させ，系列外の会社を排除(はいじょ)していくという構造でした。

ちょっとめんどうですが，**六大企業集団**も暗記しておいてください。

六大企業集団
三井・三菱(みつびし)・住友(すみとも)・富士・三和(さんわ)・第一勧銀(かんぎん)

五大銀行，「三井・三菱・住友・安田(やすだ)・第一」とダブりますので，注意してください。安田銀行は1948年に「**富士銀行**」と改称。**三和銀行**というのは1933年に鴻池(こうのいけ)銀行など大阪の有力銀行3行が合併(がっぺい)したもの。**第一勧業(かんぎょう)銀行**は，1971年に第一銀行と日本勧業銀行が合併したものです。

貿易黒字

貿易では，**石油**など**安価**な資源が輸入され，通貨も実質的な**円安**が続いた結果，**輸出**も鉄鋼・船舶・自動車などを中心に伸長し，

1960年代後半から，大幅な貿易黒字

が続く状態となります。

その**貿易黒字**の実現には「**為替(かわせ)と資本の自由化**」が必要でした。政府は，1960年には「**貿易自由化大綱(たいこう)**」を決定しますが，具体的には，GATT11条国，IMF8条国への移行と，OECD加盟。先ほどやったばかりだから，ここはい

いですね。

60年安保の年には**池田勇人**が登場して，「**所得倍増計画**」。翌年，「**農業基本法**」。そして62年には**日中LT貿易**の開始，あるいは「**新産業都市建設促進法**」なども出ています。

「岩戸景気」から「オリンピック景気」と，高度経済成長は続きます。1959年のIOC総会で，1964年の**東京オリンピック**の開催が決定したころは「**岩戸景気**」。その1964年に向かって「**オリンピック景気**」と呼ばれる好景気がやってくる。

1964	**東海道新幹線・東京オリンピック（高速輸送時代）**
65	**名神高速道路　　　　　　　（モータリゼーション）**

新幹線，**高速道路の時代**が始まったのがこのころです。自家用自動車が普及し始め，高速道路が開通して「モータリゼーション」，**自動車社会**になった。新幹線によって「**高速輸送時代**」が到来した。

いざなぎ景気（第2次高度経済成長）

ところが，オリンピックの翌**1965年**，不況がやってきます。もっとも「**平成不況**」に比べればすごい好景気ですが，昭和でいうと40年にあたるので，これを「**40年不況**」といいます。さすがに，高度経済成長も行くところまでいった。

ところが，この年に，アメリカが**北爆**を本格的に開始します。すると翌年ぐらいから「**ベトナム特需**」，すなわちベトナム戦争にともなうアメリカから日本への物資の買付け等々が飛躍的に増えていきます。

そこへもってきて，政府は「**赤字国債**」を発行して景気の刺激を図りました。その結果起こった好景気を「**いざなぎ景気**」と当時は呼びました。国生み神話からのネーミングです。

これを通常は第1次高度経済成長と分けて，「**第2次高度経済成長**」と呼びますから，**1965年**がちょうどその谷間，境目ということです。1965年といわれたら，無条件で「日韓基本条約」，「北爆開始」，そして「40年不況」ですよ。

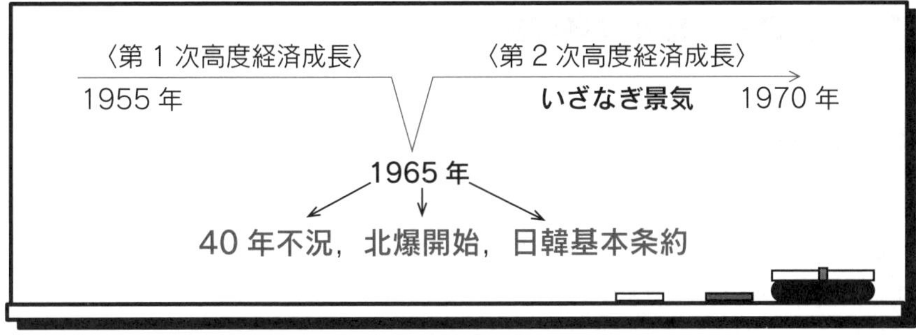

そして 1968 年には **GNP 世界第 2 位**となる。もちろん資本主義国のなかでですが，**アメリカに次ぐ経済大国**になっていったわけです。

1968 年…アメリカに次いで GNP 世界第 2 位となる

しかし，さしもの高度経済成長も 1970 年ぐらいまでです。

2 農村の過疎化と公害問題

授業ノート p.59 参照

農業と農村の変容

農業はさまざまな問題を抱えていきます。1950 年以降の大豊作が続いたおかげで，食糧危機からは完全に脱却しました。しかし，工業の飛躍的な成長に，農業の成長は追いつけません。

工業の進歩が農業に一番大きな影響を与えたのが，「**農業機械の導入**」です。そして防虫剤，除草剤，あるいは「**肥料の大量投入**」の一般化です。

「所得倍増」を掲げた池田勇人内閣は，農業を抜本的に改革しようとして「**農業基本法**」を制定しますが，工業に比べて**農業所得は停滞**します。そこで「機械化貧乏」が起こる。

農業所得の停滞…「機械化貧乏」「三ちゃん農業」

「機械化貧乏」と一体化した言葉，「三ちゃん農業」という言葉も現れます。

「**三ちゃん農業**」というのは，「じいちゃん・ばあちゃん・かあちゃん」による農業という意味です。父ちゃんとお兄ちゃんがいない農業です。

お父さんやお兄さんは工業地帯に働きに行ったほうが賃金は高い。で，残った「三ちゃん」でも，**機械化**によって農作業が可能になる。トラクターとかコンバインといった農業機械が普及して，女性でも農作業が楽にできるようになってくるわけです。

すると，機械のローンに追われて，ローン貧乏になる。それが「**機械化貧乏**」の意味です。やがて子供が離農し，**過疎化**が進みます。

「食糧管理法」

さらに財務上の問題も起こってきます。豊作が続く。戦時統制経済のもとで 1942 年に制定された「**食糧管理法**」によって，国が米を全部買い上げて，国が消費者に売ります。

生産者から国が米を買うときの値段を「**生産者米価**」といい，国が国民に米を配給して売るときの値段を「**消費者米価**」といいます。

農村を基盤とする自民党はどうしても農村地帯に甘い政策をとらざるを得ないから，生産者米価を上げていきます。高い値段で買います。すると，消費者は国際価格の何倍もの高い値段で生産者から買うことになる。

ところが一方で，都市の労働者たちも，総評などを中心にインフレ反対，値上げ反対で騒ぎますから，**消費者米価はあまり上げられない**。

やがて，100円で買った米を80円で売る。110円で買ったものをあいかわらず80円で売るというふうに，**生産者米価が消費者米価を上まわっていく**のです。その結果，国家に膨大な赤字が生まれます。食糧管理法にともなう赤字なので，これを「**食管赤字**」といいます。

減反政策

耐えかねた政府はついに**1970年**から，「米をつくらなかったら補助金を与えましょう」という新たな施策をとります。

Q 米の作付面積を減らそうとしたこの政策は？ ――「**減反政策**」

米づくりを休むことによって，逆にお金がもらえるという変な制度をとっていくわけです。

この結果，**食糧の自給率が低下**し，日本の食糧は**輸入に依存**するという今日の状態になっていく。そういったいろいろな条件が重なって，ますます「**農村の過疎化**」が深刻化するわけですね。

大衆消費社会

問題を抱えながらも，確かに消費生活は戦後みるみる豊かになっていきました。これを「**消費革命**」といいます。たとえば**1960年代**には，**電気洗濯機**，**白黒テレビ**，**電気冷蔵庫**の「**三種の神器**」という言葉が登場します。「家電」，家庭用の電気製品が普及する。

1970年代には，車（**カー**）を持とう，**カラーテレビ**を買おう。**クーラー**がうちに入ったといったような「**3C**」なども普及していきます。

松下電器（パナソニック）や**東芝**などは，この「三種の神器」などの家電製品を売るため，メーカーごとの系列販売網を組織して小売業界を支配下におさ

1950 年代後半～ 60 年代		1960 年代後半・70 年代～
【三種の神器】	➡	**【3C】(新三種の神器)**
電気洗濯機		**カー(自動車)**
電気冷蔵庫		**カラーテレビ**
白黒テレビ		**クーラー**

めますが，その小売業界にも**スーパーマーケット**と呼ばれる廉価販売，定価より安い価格で大量に売る**ダイエー**などが登場してきます。

中内㓛が設立した**ダイエー**は，1972 年には百貨店の**三越**を抜いて売上高第 1 位にまで成長する。「三越」は，例の越後屋呉服店(第 3 巻 p.20)に始まる老舗のデパートですよ。スーパーマーケットの登場を「**流通革命**」と呼んでいます。それまでの小売店にとっては，冬の時代がやってくる。

また，「3C」のカー，自家用自動車が普及して「**マイカー**」**時代**が到来した。あるいは**新幹線**が次つぎに開業する。移動が容易になれば家族旅行がさかんになり，**レジャー産業**が成り立つようになる。「**消費は美徳**」などという言葉がはやり，テレビのコマーシャルが消費を促し，文字どおり，「**大衆消費社会**」が成立するわけです。

多くの人びとが，自分をそこそこの富裕層ではあるが，富豪にはほど遠いと感じて「**中流意識**」を持つようになりますが，それは，画一化された生活様式が成立したことを物語っているといえるでしょう。

四大公害

このような大量生産・大量消費の時代，そしてとくに石炭から石油へエネルギー転換が進んでいくとともに，「**公害問題**」が深刻化する。すなわち，第 1 次高度経済成長の負の遺産，マイナス面が一挙に出てくるのが**第 2 次高度経済成長期**です。

Q 1967 年，公害を規制するために制定された法律は？

――「公害対策基本法」

Q 1971年，公害行政と環境保全のために発足した官庁は？

——「環境庁」

そしていわゆる「**四大公害訴訟**」が起こされます。これも単純暗記で4つ覚えておいてください。

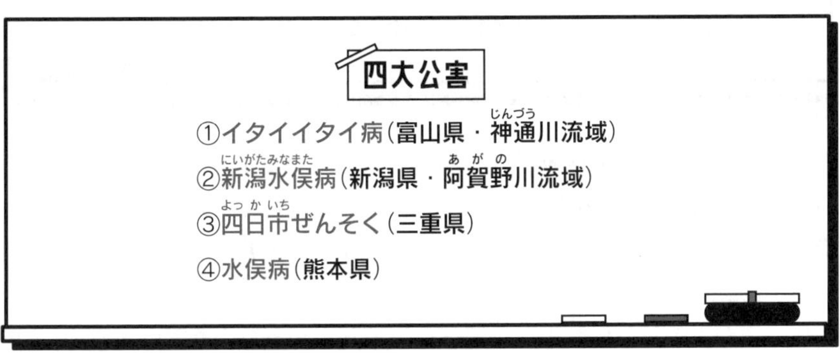

イタイイタイ病・新潟水俣病
四日市ぜんそく・水俣病

この「**四大公害**」は，入試問題では県名が決め手ですから，**富山県神通川**（**イタイイタイ病**）・**新潟県阿賀野川**（**新潟水俣病**）・**三重県**（**四日市ぜんそく**）・**熊本県**（**水俣病**）とセットで暗記しておいてください。

また，この時期には**部落差別**などの人権問題が深刻化します。**全国水平社**の運動を継承する**部落解放全国委員会**が1946年に結成され，1955年には**部落解放同盟**と改称していますが，差別解消はまだ達成されません。そこで，1969年には**同和対策事業特別措置法**が制定されました。

高度経済成長の負の側面

高度経済成長の負の側面は社会のあらゆる面に現れてきます。ほとんどが，現在でも課題となっている問題ですから，代表的なものを見ておきましょう。

高度経済成長の負の側面

産業・人口の大都市集中 ──► 農業人口の減少，「過疎化」

↘ 交通渋滞，交通戦争

↓ 産業公害，大気汚染

住宅難，スプロール化 ＝ 集合住宅群

今では，さらに**東京一極集中**が問題となっていますが，**大都市への人口集中が農村の過疎化を招いた**ことは，先ほど見たとおりです。都市では，**交通渋滞**と交通事故死の増加を招(まね)きます。毎年，**1万人を超える**事故死が深刻な社会問題となった。

住宅地が不足し，無計画に近郊(きんこう)へ住宅地が広がっていた。大阪府の「千里(せんり)ニュータウン」「泉北(せんぼく)ニュータウン」，東京都の「多摩(たま)ニュータウン」などの，いわゆる巨大団地が郊外に誕生します。正確に言うと「**鉄筋(てっきん)コンクリート造の集合住宅**」。

公団住宅の 2DK に**核家族**が生活するというのが一般的なイメージですが，もちろん数は到底(とうてい)不足。住宅難により**スプロール化**が起こる。「スプロール」というのは無秩序(むちつじょ)に広がっていくという意味だそうです。

高等教育の大衆化もこの時期の特徴ですが，それは「**受験戦争**」という言葉を生み出します。終身雇用・年功序列の大企業に就職することが有利だというので，有名大学をめざす競争が激化(げきか)した。「戦争」は，一方で「**三無(さんむ)主義**」を生んでいきます。無気力・無感動・無関心の３つの「無」を生み出した。今でもそのような傾向は残っているようですが……。

さて，「高度経済成長」についてはこのあたりで一段落。1970 年代からの現代史は次回で学習することにします。

復習は前回，第 68 回から始めてください。前回は第 70 回の範囲まで含みますので，予習にもなりますから，ぜひ，第 68･69 回を一緒に，がんばって復習してください。次回は，ついに最終回です。

第
70
回

現代 (7)

55 年体制の崩壊と昭和・平成の文化

1970 年代から平成まで。最終回です。70 年代の初めの部分は第 68 回でやりました。出だしの部分を確認しましょう。＊印が今回の最初のテーマです。

1970 年代前半のできごと

1971　**沖縄返還協定，環境庁**　　　**＊金ドル交換停止**

1972　**沖縄祖国復帰，日中共同声明**

1973　**＊円，変動相場制**

高度経済成長が終わって，低成長の時代に移る時期に，世界の通貨体制，**ブレトン=ウッズ体制が崩壊**します。

内政では佐藤栄作内閣の長期政権から**田中角栄内閣**。まだ 55 年体制が続きましたが，1993 年には非自民の 8 党派連立の**細川護熙内閣**が登場します。

国際情勢では，**冷戦構造が崩壊**します。1990 年には東西ドイツが統一，翌 1991 年にソ連が解体。そして，21 世紀に入った年，**2001 年**にはアメリカで**同時多発テロ**。アラブ世界を舞台とする紛争，戦争が複雑な様相を呈しつつ，いつ終わるとも予測がつかない混迷した状況が，まだまだ続いている。

明日にも，重要な事件，変動が起こるかもしれないテーマばかりです。このあたりを簡潔にまとめておくのが今回の課題です。

1 高度経済成長の終焉

授業ノート p.60 参照

1970 年代になると，「**安定成長**」，あるいは「**低成長**」と呼ばれる時代で，もはやかつてのような，日に日に経済が充実し，所得が上がっていく時代は過ぎてしまったわけです。

1970 年代を象徴する，経済の最大の事件が，**1971 年**の「**ドル危機**」です。はい，ベトナムからの撤退を決めた**ニクソン**大統領は，**1971 年 8 月**，大きなショックを世界に与えます。

ドル危機（1971 年）…金とドルの交換を停止

すなわちニクソンは「**金とドルの交換を停止**」した。これによって戦後の国際通貨金融制度を規定した「**ブレトン=ウッズ体制**」にともなう IMF，GATT といったさまざまなシステムが根幹から揺らいでしまうのです。

アメリカは北爆以降のベトナム戦争の負担がふくれ上がり，ドルをばらまいた。それを受け取った日本は，ベトナム特需，いわゆる「**いざなぎ景気**」で潤ったわけですが，アメリカがコケてしまった。

「もうドル紙幣と金貨の兌換は停止する！」となって，アメリカにずうっとぶら下がっていた 1 ドル＝ **360 円**という**固定為替レート**の恩恵は，その根本であるアメリカのドル金本位制の停止とともに当然崩れざるを得ない。

戦後初のマイナス成長（1974 年）

びっくりした日本や，同じく高度経済成長を遂げていた西ドイツなどがニューヨークの**スミソニアン博物館**に集まり，アメリカに対して「われわれの国の通貨を切り上げるから，何とか固定相場制を維持してほしい」ということで，ようやく話し合いがつきました。

Q スミソニアン協定で，日本円は 1 ドルいくらに切り上げられたか？

――308 円

ところが一度崩れてしまった信用経済，通貨制度はもとに戻らない。結局，市場は新しいレートを受け入れない。取引が成り立ちません。やむを得ず，ついに **1973 年**から「**変動相場制**」に移行した。これが今日の状態です。

1973 年…「固定相場制」から「変動相場制」に移行
1974 年…戦後初のマイナス成長となる

低経済成長下のいわゆる 1970 年以降のところも，授業ノートの 58 ページの年表で見ておいてください。

大事なのは，1973 年に円が**変動相場制**に移行して，今日のような日々刻々，為替レートが変わる状態になったこと。1974 年には，ついに**戦後初めて経済成長率がマイナスになった**こと。前回，283 ページの折れ線グラフを見てください。1974 年はマイナス成長になっていますね。いきなりマイナス成長ですが，それは**石油危機**が重なったためです。

1973 年の第 4 次中東戦争に際して，アラブの産油国が結成した，**OAPEC**（**アラブ石油輸出国機構**）が，イスラエルなどを支援するアメリカなどの敵対国に対して，原油供給の制限と価格の大幅な引き上げを行う，いわゆる**石油戦略**をとった。

エネルギー革命で石油が主たるエネルギー源になっている日本は，その直撃を受けるわけです。噂が流れ，トイレットペーパーを買い占めようとする騒ぎ，「**トイレットペーパー＝パニック**」が起こるような衝撃が走った。原油価格が上昇したり，供給が少なくなると日常生活もままならなくなる。

実際に，原油の輸入量は減少します。減少すれば，それはそのまま経済成長を阻害する……どころか，前年並みの生産も不可能になる。その結果が，**マイナス成長**だったわけです。

アメリカは，ベトナム戦争から脱け出して，1973 年には**ベトナム和平協定**も成立したのに，今度はアラブでの戦争に巻き込まれていくのですが，その **1973 年以降の世界経済**は，

世界経済…経済成長率の低下，物価上昇，失業率上昇

という状態になっていった。

■バブル経済の盛衰

その後，円が当然高くなっていきますから，日本は「**円高不況**」となる。何とかこれを克服しようと，**高度加工産業**が発達します。要するに，技術でこの不況をカバーしていくわけです。

日本はこれで何とか持ちこたえるのですが，アメリカは立ち直れない。そこで，1975年には先進国の首脳が集まって，第1回の**先進国首脳会議（サミット）**が開かれます。

先進国首脳会議（第1回）…米・日・西独・英・仏・伊

しかし，1979年，**第2次石油危機**がやってくる。さらに翌年，**イラン・イラク戦争**が始まる。アメリカ経済は非常に苦しい。ところが，日本からアメリカへの輸出は減らない。アメリカに対する貿易黒字はどんどん増えていく。アメリカの貿易赤字はふくらんでいく。

そこで1985年，「**プラザ合意**」でさらなる円高をめざし，日本の輸出を減らそう，何とかアメリカのドルを支えよう，アメリカ中心の戦後経済というものを何とか維持しようとした。ニューヨークのプラザホテルでの「**五カ国大蔵大臣（財務大臣）・中央銀行総裁会議**」で合意したので，「プラザ合意」と呼んでいます。それにともなって，日本も国内的には財政問題が深刻化してくる。

そこで金融機関も個人投資家も資金の運用先が見つからない。資金はたっぷりあるが，高度経済成長期のような設備投資などがない状態が続く。そこで，1987年ぐらいから不動産と株に投資が集中する。すると，地価と株価だけはいくらでも上がるという，いわゆる「**バブル経済**」が起こって，急に世の中がけばけばしく派手になっていきます。しかし，これはまさに泡のような経済，パチンと弾けて，「**バブル崩壊**」。

これが**1991年**ですから，1990年代に入ると，**日本経済はいよいよ破局的な局面**になってしまったわけです。

その間，公害問題も，個々の企業ではもう対処できなくなって，地球規模の環境問題が深刻化します。

そこで**1993年**には「**環境基本法**」が制定されていること。さらに**1995**

年には「**阪神・淡路大震災**」という関東大震災に匹敵するような大災害があった。あるいは住宅専門の金融会社が破綻した「**住専問題**」，そしてGATTが発展解消して，現在の**WTO(世界貿易機構)**が発足していること。このあたりまでカバーしておけば戦後経済はまず大丈夫です。

2　55年体制の崩壊

授業ノート p.60 参照

冷戦の終結と激動する世界

さて次に，戦後の米ソ冷戦から雪どけ，再緊張を経て，やがて「**国際的な55年体制**」**が崩壊する**というテーマは，国際的な問題として一応覚えておいてもらわなければいけません。

まず，**核兵器**を何とか廃絶しなければいけない。わずかな歩みですが，たとえば1987年には，米ソ首脳会談で「**中距離核戦力（INF）全廃条約**」が結ばれます。

やがて，ソ連の社会主義陣営に対する支配が次第に衰えていきます。そして東欧諸国，従来ソ連の支配下にあった社会主義諸国がだんだん**自由化**を求めて離脱していく。

その最大の象徴的な事件が，これはみなさんも映像などで見たことがあると思うけれども，**1989年**の「**ベルリンの壁崩壊**」，そして翌**1990年**の「**東西ドイツの統一**」です。もちろんその背景にソ連自身のいわゆる民主化，たとえば**ゴルバチョフ**による改革政治などがあった。

1989年には地中海の**マルタ島**でゴルバチョフとアメリカ大統領**ブッシュ**（ジョージ・H・W）が会談。**冷戦の終結が宣言**されたのです。「**ヤルタからマルタへ**」などと評されます。

一方，中東では**イラク**のクウェート侵攻などがありました。それにともなう「**湾岸戦争**」とか，1990年代に入っても，あいかわらず中東，そして石油をめぐる争いというのが深刻化しています。

ただ米ソ対立の一方の極であったソヴィエト共産党がついに1991年に崩壊して**ソヴィエト連邦が解体**し，「**独立国家共同体**」が発足します。もちろん中心は**ロシア**です。このロシアと日本との外交というものもすっきりしないし，平和友好条約もなかなか結べないというのが，今日の状況でしょう。

中曽根康弘内閣（国営企業の分割民営化）

では最後に，**1980年代**以降の内閣を簡単にまとめて，戦後史にけりをつけましょう。

鈴木善幸内閣に代わって**中曽根康弘内閣**が 1982 年 11 月に誕生すると，今日でも最大の課題である「**行財政改革**」のための具体的な施策がとられます。いまだに見通しが立たない巨額の財政赤字をどうするかが課題です。

▶国営企業の分割民営化 / 防衛費 GNP1%枠の突破

その柱となったのが，「**国営企業の分割民営化**」です。電電公社（NTT），専売公社（JT），国鉄（JR）はいずれも民営化されます。そして 1984 年，「**臨時教育審議会**」の設置によって，戦後教育の見直しも始まります。

また，この中曽根内閣のもとで，ついに**防衛費が GNP の 1%枠を突破**します。

Q 防衛費 GNP1%枠を決めたのは何内閣ですか？　——三木武夫内閣

ハイ，クリーン三木のときですよ。

低経済成長下で従来の軍事力をキープしようとすると，GNP1%枠を突破してしまうわけです。

竹下登内閣（消費税 /「平成」改元）

続く**竹下登内閣**。ここでは戦後税制の中心であった，例の**直接税**中心のシャウプ税制を改革しようと，いわゆる財政再建の一環としても必要であった**税制改革**に着手します。これが「**消費税**」。**3%**の消費税の導入です。

古代の律令も**租**は収穫の 3%です。明治 6 年の**地租改正条例**でも，地租は地価の 3%。「新しい税金を取るときには **3%**から始めようね」というのが必ず言われる覚え方です。

この竹下内閣のときに**昭和天皇**が亡くなり，新しい元号，「**平成**」を発表した。そのために，**第 1 次大平正芳内閣**で「**元号法**」が制定されていたのです。

竹下登内閣は，株疑惑の**リクルート事件**で退陣に追い込まれます。

宇野宗佑内閣 / 海部俊樹内閣（湾岸戦争）

次は弱体な**宇野宗佑内閣**。1989 年，参議院選挙の敗北で，**与野党が参議院で逆転**します。参議院では 55 年体制が崩壊したわけです。

次の**海部俊樹(かいふとしき)内閣**のときには**湾岸戦争(わんがん)**が起こっていて，このときに「日本は国際平和のために何の協力もしていないじゃないか」という国際批判が出まして，しょうがないからお金だけたんまり出そうというので，90 億ドルの資金協力をやります。

しかし，「ただ金だけ出せばいいのか」という国際世論の非難を浴(あ)びて，自衛隊を**ペルシア湾**に派遣します。**自衛隊の掃海部隊派遣(そうかいぶたいはけん)**です。このときにソ連が崩壊している。

宮沢喜一内閣(「PKO 協力法」)

そして，次の**宮沢喜一(みやざわきいち)内閣**のときに「**PKO 協力法**」が成立します(PKO：国連平和維持活動)。憲法第 9 条の枠内で，この「PKO 法」によって，初めて行われたのが**自衛隊のカンボジア派遣**です。

(湾岸戦争)
海部 → 自衛隊の掃海部隊派遣(ペルシア湾)
宮沢 → PKO協力法 → 自衛隊のカンボジア派遣

そして宮沢内閣のときに，ついにパチンと**バブルが崩壊**しました。そして不景気がずうっと深刻化していく。そのなかで**自由民主党が分裂**し，宮沢内閣の不信任案が可決されました。これで戦後の**55 年体制は本当に崩壊した**わけです。

衆議院を解散して選挙をやりましたが，当然，自民党は単独過半数が取れません。

細川護熙内閣 / 羽田孜内閣 / 村山富市内閣

その後，**非自民**の 7 党 1 会派，要するに 8 つのグループが担(かつ)いだ**細川護熙(ほそかわもりひろ)内閣**が成立します。

細川内閣は懸案であった選挙法の改正を最初の課題とし，

1994 年…（衆議院）小選挙区比例代表並立制

を成立させますが，ほかには，発足当初に GATT の交渉によって，米を一部分でもいいから輸入するという「**米のミニマム=アクセス**」などが決定されたぐらいで，疑惑事件が起こると，あっさり退陣。

続く**羽田 孜 内閣**は，日本社会党が連立から離脱したために弱体化して崩壊。

そこで自民党が，55 年体制で常にののしり合っていた**日本社会党**を巻き込んで，「**新党さきがけ**」を道連れに，なんと日本社会党の**村山富市**委員長を担ぐという離れ業をやってのけました。これが**村山富市内閣**です。

橋本龍太郎内閣 / 小渕恵三内閣 / 森喜朗内閣

続いて，同じ枠組みで成立したのが**橋本 龍 太郎内閣**です。1996 年にアメリカ大統領**クリントン**が来日し，「**日米安保共同宣言**」が出され米軍の兵力の維持が確認されました。内政では「**北海道 旧 土人保護法**」がようやく廃案になり，1997 年，「**アイヌ文化振興法**」が成立します。しかし，景気は回復せず，**平成不況**は深刻化，参院選で負け，退陣すると，次が**小渕恵三内閣**。

大型予算を組んで景気回復をめざすという自民党の手法をとり，衆参両院で**公明党**の政権参加によって安定多数を確保し，**新ガイドライン関連法**（周辺事態安全確保法），そして，日 章 旗・君が代を法律上の存在とする**国旗・国歌法**などを制定しました。

その小渕さんも選挙を直前に控えて病死するわけです。

代わった**森喜朗内閣**のときに**九州・沖縄サミット**が開かれますが，何が決められたかは，私も覚えていません。この森内閣は最初から支持率が低い内閣で，その後も低下し，自民党内部からのブーイングで退陣。

小泉純一郎内閣

そして，2001 年 4 月，**小 泉 純 一郎内閣**が，自由民主党・公明党・保守党の **3 党連立内閣**として発足します。

同じ年の2001年9月11日，アメリカで**同時多発テロ(9・11)**が発生しました。ニューヨーク世界貿易センタービルなどに航空機が自爆テロ攻撃。ブッシュ(ジョージ・W)大統領は激怒して，アフガニスタンのタリバン政権に対し軍事攻撃を開始。小泉内閣は2年間の時限立法で「**テロ対策特別措置法**」を成立させてこれに協力します。

さらに2003年3月には，米・英軍によるイラク侵攻(イラク戦争)が始まる。これに対しては，7月に「**イラク復興支援特別措置法**」を4年の時限立法として成立させ，自衛隊の派遣を強行します。しかし，戦争は第2のベトナム戦争のような状態になってしまいました。

内政では，2005年8月に「**郵政民営化法**」を衆議院で可決。参議院で否決されると，衆議院を解散するという変な手をつかって，選挙に圧勝し，ついに法案を通過させました。2006年9月に総辞職しましたが，案外，長い政権になったものです。

第1次安倍晋三内閣／福田康夫内閣／麻生太郎内閣

次は**第1次安倍晋三内閣**で，これも，自由民主党・公明党との**連立内閣**。「美しい日本」という標語のもと，2006年12月には「**教育基本法」の改正**を行い，教育の目標の1つに「我が国と郷土を愛する」ことが掲げられました。また，防衛庁を**防衛省**に昇格させ，翌年には憲法改正に備える「**国民投票法**」を制定するなどしたのですが，参議院選挙で大敗北し，参議院では与野党が逆転します。この結果，「ねじれ国会」となってしまい，あえなく総辞職。

そして，**福田康夫内閣**。「日中平和友好条約」の福田赳夫首相の息子ですね。しかし，前防衛事務次官の汚職，年金問題とはじめから難問山積。でも，なぜか本人は評論家風？ と思っていたら，いきなり政権投げ出して総辞職。

ともかく，選挙に勝つためには人気のある人物をということで，**麻生太郎内閣**が誕生します。吉田茂の孫で，毛並みはイイ。

そこで，選挙管理内閣という思惑だったのが，解散総選挙を拒み，アメリカに端を発する経済恐慌，サブプライム問題，リーマンショックで世界経済が落ち込むなかで，補正予算を何度も組むなどの対策に明け暮れました。

しかし，閣僚の不祥事があいついで，不支持率は70%を超えるという有様。ついに追いつめられて解散したら，大敗北ということとなって総辞職。

ついに，自由民主党は政権を失い，野党に転落してしまったのです。そこで，戦後政治の大きな節目が訪れました。

鳩山由紀夫内閣 / 菅直人内閣 / 野田佳彦内閣 / 第２次安倍晋三内閣

2009年8月の衆議院議員選挙は，戦後史のなかでも注目するべき選挙です。**鳩山由紀夫**を党首とする**民主党**が308議席を獲得。自由民主党は119議席。総議席数は480ですから民主党は3分の2に近いところまでいった。

ただし，**鳩山由紀夫内閣**は民主党単独政権ではなく，「政権交代」を掲げて協力した**社会民主党**（7議席）・**国民新党**（3議席）との**連立内閣**として発足しました。

それにしても，自由民主党を誕生させた鳩山一郎の孫に当たる鳩山由紀夫が**民主党**を率いて自由民主党を撃破するというのは皮肉なめぐり合わせですね。

しかし，鳩山内閣は党内をまとめきれず，あっさりと総辞職。民主党の新党首となった**菅直人内閣**が登場しますが，やはり党内をまとめきれず，そこへ，2011年3月11日，**東日本大震災**，**東京電力福島第一原子力発電所事故**が発生しました。その処理がうまくいかないこともあって，まもなく総辞職ということになってしまいました。

続く内閣も**国民新党**との連立内閣で，**民主党**の党首の**野田佳彦内閣**。ところが，翌年，2012年末の総選挙で大敗，総辞職に追い込まれてしまいます。野田内閣については**自衛隊の南スーダンへの派遣**を覚えておけばＯＫです。

結局，民主党を軸とした**非自民政権**は**鳩山・菅・野田**の三代で終わって自民党政権が復活。**第２次安倍晋三内閣**が誕生するわけですが，今度は長期政権となり，2015年には，従来の憲法第9条の解釈を大きく変更し，集団的自衛権を行使できるよう，「安全保障関連法案」を強行採決しました。

3 現代の課題

授業ノート p.62 参照

さて教科書では，最後のテーマは「現代の課題」ということになっています。ここまで日本史，歴史で扱うのか？ ちょっと違和感があるんですが，教科書はここまで書いているので，やっておきましょう。箇条書きでいいでしょう。

人口の減少・少子高齢化社会

高齢者の比率が高くなると，労働者人口が減少する。そして社会保障のための予算は増加します。それを誰が負担するかといえば若い労働者しかありませんから増税に踏み切るしかない。

地球の温暖化と生態系の破壊

もっと大きな問題も生じてきます。このままでは地球規模で温度が上がり，氷河が縮小し海面が上昇する。極端な場合は島が消滅する。長い目で見れば，寒冷化が進んでいけば何とかなるんでしょうが，当面は陸地が減少していくわけです。

エネルギー問題

石炭・石油などの資源が失われていく。経済発展にともなって，有限な化石燃料が失われていく。そこで，原子力発電が取り入れられていく。原子力発電は優れた方法で，エネルギー源として有望ですから，化石燃料から原子力に転換していくというのが国のエネルギー政策とされていきます。

しかし，発電所の事故が起こると甚大な被害が生ずる。さらに原子力の利用は核兵器の開発を促します。核保有国は核兵器廃絶に向けて努力しようということになりますが，現実にはなかなか進まない。

情報化社会

インターネットの利用が急速に進み，パソコンが家電化し日常生活に不可欠なものとなった。それにともない，不正な利用や情報操作が増加していく。

予想もしなかった新しい犯罪が次つぎに現れてくる。いちいち説明しなくても，みなさんも実感されているでしょう。

ということで，日本史の最後，「現代の課題」は暗い話題ばかりになってしまいますが，明治・大正といった時代に比べれば飛躍的に発展した部分はより多いことは言うまでもありません。

みなさんは，始めからインターネット，スマホのなかで成長してきた世代ですから，インターネット社会にふさわしい解決法を発見していくことを期待するしかありません。がんばってください……と，ここまで来れば，日本史学習はほぼ終わりですが，あと1テーマ。**昭和・平成の文化**を簡潔(かんけつ)にまとめておきましょう。

4 昭和・平成の文化

授業ノート p.62 参照

さて，最後に戦時下から占領期，そして独立後から平成までの文化です。

戦時下の文化

1930 年代から敗戦までの特殊な時代，**戦争の時代**ですが，政府の統制によってマルクス主義は抑え込まれ，思想的には伝統への回帰，**伝統文化の尊重**が唱えられ，雑誌『**日本浪曼派**』などで**亀井勝一郎**や**保田与重郎**が反近代，民族主義的な評論を発表します。しかし，日中戦争の泥沼化が進むころには，ナチズムの影響を受けて**全体主義的な論説**が台頭してきます。

▶文学

文学も**プロレタリア文学は壊滅**状態となり，マルクス主義を捨て「**転向**」する者が多くなると，いわゆる「**転向文学**」と呼ばれる特殊なジャンルの文学が生まれます。

一方で，**島崎藤村**が『**夜明け前**』を，**谷崎潤一郎**が『**細雪**』などの大作を発表し，既存の大家たちは執筆を続けましたが，日中戦争期になると，**火野葦平**の『**麦と兵隊**』に代表される「**戦争文学**」が登場します。日本軍の徐州作戦に従軍した体験にもとづくもので，入試では頻出。同じように日本兵の実際の様子を描いた**石川達三**の『**生きてゐる兵隊**』のほうは発禁処分とされたことを覚えておけば万全です。

占領期の文化

さて，次はポツダム宣言受諾から独立までの**占領期**。

幕末から明治の近代化が，米・英・独・仏などなど，さまざまな国の影響を受けたのとまったく違って，**アメリカの影響が圧倒的**だったことは言うまでもないでしょう。それが，現代文化の出発点にあたる，この時期の文化の最大の特徴です。

思想では，**マルクス主義が復活**し，天皇についての議論なども自由となる。

▶歴史学

教育でも**軍国主義的教育は廃止**され，歴史は神話，神武天皇から始まるのではなく，**考古学**から始まる。その考古学では，静岡県の登呂遺跡の発掘から水稲耕作の研究が始まる。そして，

Q 日本にも旧石器文化が存在したことが明確となった遺跡は何県の何という遺跡？
――群馬県・岩宿遺跡

Q 発見者は？
――相沢忠洋

というわけですね。それでは，1949年，**法隆寺金堂壁画の焼損**も覚えていますか？

Q この事件を機に，翌1950年に制定された法律は？
――文化財保護法

ここは入試で頻出のところですよ。

▶科学

社会科学の分野では**丸山真男**の政治学，**大塚久雄**の経済史学，**川島武宜**の法社会学などが注目を集めました。

自然科学では，もちろん湯川秀樹のノーベル賞**受賞**。**物理学賞**でしたね。年次をしっかり確認しておくこと。1949年ですから独立以前，まさに**占領期**ですよ。この年には，あらゆる分野の科学者を代表する機関として**日本学術会議**が設立されています。

▶文学

文学では，常識や単なるリアリズムに異議を唱える**太宰治**や**坂口安吾**が現れます。ちなみに，古代の行政機関の「大宰府」は「大」ですが，太宰春台や太宰治は「**太**」ですよ。作品は授業ノートの63ページの一覧表を参考にしてください。そして，戦後文学の頂点と評価されるのが**野間宏**と**大岡昇平**。とくに，大岡昇平の『**俘虜記**』はよく出題されますからしっかり確認してください。

大衆文化

次に，戦後文化の特徴でもある**大衆文化**も忘れてはならないところです。

▶歌謡曲

歌謡曲では，「**リンゴの唄**（うた）」が大ヒット。そして，天才少女ともてはやされた**美空**（みそら）**ひばり**が現れます。美空ひばりは若い人でも名前ぐらいは知っているでしょう？

▶映画・ラジオ

次に大衆文化と言えば**映画**。大正時代にも映画は娯楽の代表でしたが，戦後には国際的にも高い評価を得る映画監督が現れます。**溝口健二**（みぞぐちけんじ）と**黒澤明**（くろさわあきら）がその代表です。とくに，「**羅生門**（らしょうもん）」で1951年にヴェネチア国際映画祭のグランプリを授賞した黒澤明は現在でも名監督として世界的に有名です。

また，**ラジオ放送**もドラマやスポーツ中継など，大衆娯楽の面で大きな役割を果（は）たしました。再出発した**日本放送協会**が中心ですが，1951年からは**民間放送**も始まります。

独立～高度経済成長期

▶テレビ

独立後も，大衆文化はますます，多様（たよう）な発達を遂（と）げます。そのなかでも，特筆（とくひつ）するべきなのは**テレビの登場**です。テレビは，社会のあらゆる面で決定的と言えるほどの影響力を持つようになります。もう一度，確認。

1953年…テレビ放送開始

ちなみに，**カラーテレビ**の放送が始まったのは**1960年**です。そこで，「三種の神器」段階は白黒テレビ，「新三種の神器」「3C」ではカラーテレビになるんですよ。

▶出版

次に**出版文化**では，新聞・雑誌・書籍の出版部数の飛躍（ひやく）的な伸びが経済発展によって可能となりますが，雑誌では少年向けの**漫画週刊誌**が大人たちにも好まれたことが注目されます。

漫画・アニメブームの発達にとって決定的な役割を果たしたのは，**手塚治虫**でした。代表作『**鉄腕アトム**』は1952年から1968年までの長期連載の本格的なストーリー漫画であり，**現在の漫画・アニメブーム隆盛の基礎**となりました。そこで，ここはしっかり書けるように。

○手塚**治虫**

×手塚治

「虫」を忘れないように，「治虫」で「おさむ」ですよ。

▶文学

文学では，**純文学**の分野では**三島由紀夫**・**大江健三郎**・**高橋和巳**などが代表的な作家ですが，社会派推理小説とよばれるジャンルをひらいた**松本清張**，歴史小説の**司馬遼太郎**など，通俗小説でもない，純文学でもない「**中間小説**」などと評価されることのある小説が現れました。

▶科学

科学の分野では，1965年の**朝永振一郎**，1973年の**江崎玲於奈**が湯川秀樹と同じノーベル物理学賞を受賞しています。しかし，ノーベル賞はそのほかにも続々と受賞者が現れますので，国にとってはめでたいことですが，受験生にとってはどこまで暗記が必要か悩ましいことになってきました。

ここは思い切って，教科書本文に出てくる人だけでいいでしょう。できれば，物理学賞だけでなく，平和賞の**佐藤栄作**，文学賞の**川端康成**も押さえておく。

オリンピックと万博

あと，国家的なイベントとして，**東京オリンピック**と**日本万国博覧会**は年号も覚えておきましょう。さらに2度目のオリンピック開催も実現しました。

1964　〈第 18 回〉**オリンピック東京大会**
　　　　　　アジアで最初のオリンピック，91 カ国が参加
1970　（大阪）**日本万国博覧会**
2021　〈第 32 回〉**オリンピック東京大会（第 2 回）**

このあたりは政治史でも出題されますから注意しましょう。そして，冬季オリンピックだとか，科学博だとかが気になっても，切り捨てましょう。

実際のところ，戦後の文化史までちゃんと授業で教えることができるかどうか怪(あや)しいところがあります。実際の授業では，戦後史は政治・外交・経済の概略(がいりゃく)だけでも大変です。ひどい場合は，戦後史は一度も学習しないで入試なんていうこともあるでしょう。

だから，この 70 回までちゃんとやっただけで偉(えら)い！ ほかの回でもそうですが，3 割ぐらいは忘れても十分合格ラインです。忘れることなんか気にしない。それより，復習の回数をできるだけ増やすことです。

ということは，もし，まだ，受験まで 1 カ月以上あるなら，**さっそく，復習にとりかかりましょう**。

最後までつき合ってくださって，ありがとうございました。

（拍手）

がんばれ！
春は近い

索引

【き】

【く】

【け】

【こ】

【さ】

【し】

【す】

【せ】

索引

【そ】

【た】

【ち】

【つ】

【て】

【と】

索引

【な】

【に】

【ね】

【の】

【は】

【ひ】

索引

【ふ】

【へ】

【ほ】

【ま】

【み】

【む】

【め】

索引

【る】

【れ】

【ろ】

【わ】

石川 晶康　*Akiyasu ISHIKAWA*

人に頼まれると否と言えない親分気質で，現役高校生クラスから東大・早慶大クラスまで担当する，河合塾日本史科の中心的存在として活躍。学生に超人気の秘密は，歴史を捉えるいろいろな視点からのアプローチで，生徒の頭に上手に汗をかかせる手腕に隠されていたようだ。

河合塾サテライト講座などの映像事業のパイオニアでもある著者は，日本はもちろん，アジア各地まで足を伸ばし，「歴史の現場に立つ」ことを重視する。その成果は，本書にも歴史の現場の史料として活かされている。

〈おもな著書〉

『日本史探究授業の実況中継１～4』『石川晶康日本史Ｂテーマ史講義の実況中継』『トークで攻略する日本史Ｂノート①・②』（語学春秋社），『マーク式基礎問題集・日本史Ｂ（正誤問題）』『誤字で泣かない日本史』『ウソで固めた日本史』（河合出版），『結論！日本史１・2』『結論！日本史史料』（学研），『日本史Ｂ標準問題精講』『みんなのセンター教科書日本史Ｂ』『一問一答日本史Ｂターゲット 4000』（旺文社），〈共著〉『教科書よりやさしい日本史』（旺文社），『早慶大・日本史』『“考える”日本史論述』（河合出版），『日本史の考え方』（講談社現代新書）ほか。

〈写真提供〉

(学)河合塾メディア教育事業本部

日本史探究授業の実況中継４

2024 年 6 月 25 日　初版発行
2024 年 9 月 5 日　初版第 3 刷発行
著　者　石川 晶康
発行人　井村　敦
編集人　藤原 和則
発　行　(株)語学春秋社
東京都新宿区新宿 1-10-3
TEL 03-5315-4210
本文・カバーデザイン　(株)アイム
印刷・製本　壮光舎印刷

ISBN 978-4-87568-835-8

落丁・乱丁本はお取り替えいたします。

ここからブレイクスルー

日本史探究
授業の実況中継
［近現代］

授業ノート

日本史年表

語学春秋社

日本史探究
授業の実況中継 4

授業ノート

日本史年表

語学春秋社

目　次

日本史年表（トーク）

授業ノート

授業音声『日本史年表トーク』ダウンロードのご案内

別冊 p. iv ～ xxi に掲載「日本史年表」の音声ファイル（mp3 形式）を無料ダウンロードできます（パソコンでのご利用を推奨いたします）。

手順①　語学春秋社ホームページ（https://www.goshun.com/）にアクセスし，「実況中継 音声ダウンロード」のページからダウンロードしてください。

手順②　音声ファイル（mp3 形式）は，パスワード付きの zip ファイルに圧縮されていますので，ダウンロード後，お手元の解凍ソフトにて，解凍してご利用ください。なお，解凍時にはパスワード **E9tJuGUz** をご入力ください。

※お使いのパソコン環境によって，フォルダ名・ファイル名が文字化けする場合がありますが，音声は正しく再生されますので，ご安心ください。

日本史年表トーク

時代	年	内閣	政治・社会・経済	
大正時代	1912	西園寺②	明治天皇没，嘉仁親王践祚	
			上原陸相，単独辞任…西園寺内閣総辞職	
		桂③	**(第１次)護憲運動**	
	1913		桂内閣総辞職	史料1
		山本①	**軍部大臣現役武官制改正**	
			文官任用令再改正	
	1914		シ(ジ)ーメンス事件	
		大隈②	第１次世界大戦・ドイツに宣戦布告	史料2
	1915		二十一カ条の要求	史料3
	1916			
	1917	寺内	**西原借款**	
			石井・ランシング協定	史料4
	1918		米騒動	
	1919	原	パリ講和会議	
			衆議院議員選挙法改正…小選挙区制，納税資格３円以上	
			ヴェルサイユ条約調印	
	1920		日本初のメーデー	
			戦後恐慌	
	1921		原首相暗殺	
		高橋	ワシントン会議	
			四カ国条約	史料5
	1922		**海軍軍備制限(軍縮)条約**	史料7
			九カ国条約	史料6
	1923	加藤(友)	関東大震災…京浜地区に戒厳令	
		山本②	緊急勅令で支払猶予令	
			震災手形割引損失補償令	
			虎の門事件	
	1924	清浦	**(第２次)護憲運動**	
			第15回総選挙…護憲三派圧勝	

文化・史料・ゴロ覚えなど

“彼等は玉座を以て胸壁となし, 詔勅を以て弾丸に代へて政敵を倒さんとするもの…”

“英国からの依頼に基く同盟の情誼と, …此機会に独逸の根拠地を東洋から一掃…”

“支那国政府ハ, 独逸国ガ山東省ニ関シ, …日本国政府ガ独逸国政府ト協定スベキ一切ノ事項…”

◎(中国)段祺瑞政権成立

◎ロシア革命

“日本国ガ支那ニ於イテ特殊ノ利益ヲ有スル…。領土保全…。門戸開放又ハ…機会均等…”

大学令・改正高等学校令

◎(朝鮮)三・一独立運動

行く行く(1919)ホテルヴェルサイユ

◎(中国)五・四運動

新婦人協会

大正時代の文化

赤瀾会

“締約国ハ互ニ太平洋方面ニ於ケル其ノ島嶼タル属地…尊重スヘキコトヲ約ス”

“海軍軍備ノ制限ニ関スル…。締約国ハ…主力艦ヲ各自保有スルコトヲ得”

“支那国以外ノ締約国ハ…。支那ノ領土ヲ通シテ…商業及工業ニ対スル機会均等主義…”

全国水平社

◎第1次国共合作

時代	年	内閣	政治・社会・経済
大正時代	1925	加藤(高)①・②	日ソ基本条約
			治安維持法 史料8
			普通選挙法
	1926	若槻①	大正天皇没，裕仁親王践祚
昭和時代	1927		**金融恐慌**
			枢密院，台湾銀行救済緊急勅令案否決
		田中	緊急勅令で**支払猶予令**
			第1次山東出兵
			東方会議
	1928		最初の**普通選挙**…無産諸派8名当選
			三・一五事件
			第2次山東出兵
			済南事件
			張作霖爆殺事件
			緊急勅令で**治安維持法改正** 史料12
			(パリ)不戦条約 史料11
	1929		四・一六事件
		浜口	
	1930		**金輸出解禁** 昭和恐慌
			ロンドン海軍軍備制限(軍縮)条約
			日中関税協定
			浜口首相，狙撃
	1931		三月事件
		若槻②	**重要産業統制法**
			柳条湖事件
			十月事件
		犬養	**金輸出再禁止**
	1932		**第1次上海事変**
			血盟団事件
			リットン調査団来日 史料14
			満洲国建国宣言
			五・一五事件

文 化・史 料・ゴロ覚えなど

◎(中国)五・三〇事件

“国体ヲ変革シ又ハ私有財産制度ヲ否認スルコトヲ目的トシテ結社…十年以下ノ懲役…”

◎国民革命軍，北伐開始

◎上海で蔣介石反共クーデター

◎ジュネーヴ(海軍軍縮)会議

◎張学良，国民政府合流

“国体ヲ変革スルコトヲ目的トシテ結社…死刑又ハ無期若ハ五年以上ノ懲役…”

“国家ノ政策ノ手段トシテノ戦争ヲ放棄スルコトヲ，其ノ各自ノ人民ノ名ニ於テ厳粛ニ宣言ス”

◎ニューヨーク株式市場大暴落

“九月十八日…，吾人ハ「満洲国政府」ナルモノハ，地方ノ支那人ニヨリ日本ノ手先ト見ラレ”

時代	年	内閣	政治・社会・経済	
昭和時代		斎藤	日満議定書	史料13
	1933		**国際連盟脱退**	
			塘沽停戦協定	
	1934		日本製鉄会社設立	
			満洲国帝政	
			帝人事件	
		岡田	ワシントン海軍軍備制限(軍縮)条約単独廃棄	
	1935		**天皇機関説問題**	
			岡田首相，国体明徴声明	史料15
			相沢中佐事件	
	1936		ロンドン会議脱退	
			二・二六事件	
		広田	軍部大臣現役武官制復活	
			日独防共協定	
	1937	林		
		近衛①	盧溝橋事件	
			第2次上海事変	
			輸出入品等臨時措置法・臨時資金調整法	
			国民精神総動員運動	
			南京占領	
	1938		**第1次近衛声明**	史料16
			国家総動員法	史料18
			農地調整法	
			電力国家管理法	
			第2次近衛声明	史料17
			第3次近衛声明	
	1939	平沼	ノモンハン事件	
			国民徴用令	
			アメリカ，日米通商航海条約廃棄を通告	
		阿部	価格等統制令	
	1940	米内	畑陸相単独辞任，米内内閣総辞職	

文 化・史 料・ゴロ覚えなど

"満洲国が其ノ住民ノ意思ニ基キテ…。日本国軍ハ満洲国内ニ駐屯スルモノトス"

◎ドイツ，国際連盟脱退

"近時憲法学説を繞り国体の本義に関聯して…，政府は愈々国体の明徴に力を効し…"

トリプルセブン（777）で盧溝橋

◎イタリア，日独防共協定に参加

"帝国政府ハ南京攻略後，…仍テ帝国政府ハ爾後国民政府ヲ対手トセズ，…"

"国家総動員トハ，戦時…，国ノ全力ヲ…，人的及物的資源ヲ統制運用スルヲ謂フ"

◎中国，首都を重慶に移す

◎汪兆銘，重慶脱出

"東亜永遠ノ安定ヲ確保スベキ新秩序ノ建設ニ在リ。…新秩序ノ建設ハ日満支三国相携ヘ…"

いくさくるしい（1939）ノモンハン

◎第 2 次世界大戦はじまる

◎汪兆銘政府

◎パリ陥落

時代	年	内閣	政治・社会・経済
昭和時代		近衛②	**北部仏印進駐**
			日独伊三国同盟　史料19
			大政翼賛会
			大日本産業報国会
	1941		**日ソ中立条約**
		近衛③	関特演
			アメリカ，在米日本資産凍結
			南部仏印進駐
			アメリカ，対日石油輸出全面禁止
			帝国国策遂行要領　史料20
		東条	**ハル=ノート**
			マレー半島上陸・真珠湾攻撃…対英米宣戦布告
	1942		翼賛選挙
			ミッドウェー海戦
	1943		**大東亜会議**
	1944		サイパン陥落
	1945	小磯	**米軍，沖縄本島上陸**
		鈴木	**広島に原爆投下**
			ソ連，対日宣戦布告
			長崎に原爆投下
			ポツダム宣言受諾　史料23
		東久邇宮	降伏文書調印
			人権指令
		幣原	五大改革指令
			衆議院議員選挙法改正…大選挙区制・女性参政権
			労働組合法
	1946		**天皇人間宣言**　史料24
			GHQ，公職追放指令

文 化・史 料・ゴロ覚えなど

“日本国・独逸国及伊太利国ハ，…欧州戦争又ハ日支紛争ニ参入シ居ラザル一国ニ…”

国民学校令

◎独ソ戦開始

“帝国ハ自存自衛ヲ全フスル為対米(英蘭)戦争ヲ辞セザル決意ノ下ニ…”

学徒出陣

◎カイロ会談 史料 21

“清国人ヨリ盗取…中華民国ニ返還…。朝鮮ノ人民ノ奴隷状態ニ留意シ…自由且独立…”

◎ヤルタ会談 史料 22“千島列島ハソヴィエト連邦ニ引渡サルヘシ”

◎サンフランシスコ会議

◎ドイツ，無条件降伏

◎ポツダム会談

“合衆国大統領，中華民国政府主席及グレート・ブリテン国総理大臣は，…日本国に対し，…”

◎国際連合

“然レドモ朕ハ爾等国民ト共ニ在リ”

時代	年	内閣	政治・社会・経済
昭和時代		幣原	**金融緊急措置令**
			第22回総選挙…日本自由党第1党，女性議員39人当選
			メーデー復活
			極東国際軍事裁判所
			食糧メーデー
		吉田①	**労働関係調整法**
			農地調整法改正
			自作農創設特別措置法…**農地改革**
			日本国憲法公布(→翌1947年5月施行)
	1947		二・一ゼネスト宣言
			二・一ゼネスト中止指令
			労働基準法
			独占禁止法
			第1回参議院議員選挙…日本社会党第1党
			第23回総選挙…日本社会党第1党
		片山	**労働省**
			警察法
			過度経済力集中排除法
			内務省解体
	1948	芦田	教育委員会法
			政令201号
			昭和電工事件
		吉田②	**経済安定9原則**
	1949		第24回総選挙…民主自由党第1党
		吉田③	**ドッジ=ライン**
			1ドル360円の単一為替レート
			下山事件　三鷹事件　松川事件
			シャウプ勧告
	1950		**警察予備隊**
			レッド=パージ
			公職追放解除

文化・史料・ゴロ覚えなど

日本労働組合総同盟
全日本産業別労働組合会議

◎トルーマン・ドクトリン

教育基本法 史料25 **“教育の機会均等や人種, 信条, …などによる差別を否定する”**
学校教育法

◎大韓民国樹立宣言
◎朝鮮民主主義人民共和国成立

◎中華人民共和国成立

◎朝鮮戦争勃発

時代	年	内閣	政治・社会・経済	
昭和時代	1951	吉田③	サンフランシスコ講和会議で対日平和条約調印	史料26
			日米安全保障条約	史料27
	1952		日米行政協定	
			日華平和条約	
			破壊活動防止法	
			IMF・IBRD 加盟	
		吉田④	保安隊	
	1953		内灘事件	
	1954		第五福竜丸被災	
		吉田⑤	MSA 協定	
			改正警察法	
			自衛隊	
	1955	鳩山①	神武景気(～ 1957)	
		鳩山②	GATT 加盟	
			社会党統一大会	
			自由民主党結成(保守合同)	
	1956	鳩山③	日ソ共同宣言	史料28
			国際連合加盟	
	1957	石橋		
		岸①	なべ底不況(～ 1958)	
	1959	岸②	岩戸景気(～ 1961)	
	1960		日米新安全保障条約	史料29
			日米地位協定調印	
			安保闘争	
			岸内閣総辞職	
		池田①		
	1961	池田②	農業基本法	
	1962		LT 貿易	
	1963		オリンピック景気(～ 1964)	
	1964	池田③	IMF8 条国に移行	
			OECD 加盟	

文 化・史 料・ゴロ覚えなど

“合衆国を唯一の施政権者とする信託統治制度の下におくこととする国際連合に対する…”

単独講和でご(5)ーい(1)んに

“アメリカ合衆国の陸軍…を日本国内…配備する権利を, 日本国は許与し, アメリカ…受諾する”

◎朝鮮休戦協定調印

◎周恩来ら平和五原則

教育二法

◎バンドン会議

◎ジュネーヴ４巨頭会談

◎第１回原水爆禁止世界大会

“正常な外交が回復された後, 平和条約の締結に関する交渉を継続することに同意する”

“アメリカ合衆国は, その陸軍, …が日本国において施設及び区域を使用することを許される”

三井三池炭鉱争議

◎部分的核実験禁止条約調印

東海道新幹線

東京オリンピック

時代	年	内閣	政治・社会・経済
昭和時代			公明党
	1965	佐藤①	40年不況
			日韓基本条約　史料30
	1966		いざなぎ景気(～1970)
	1967	佐藤②	統一地方選…東京・美濃部亮吉当選
			公害対策基本法
	1968		小笠原返還協定調印(4月)→返還(6月)
	1969		佐藤・ニクソン会談…日米共同宣言：沖縄の1972年返還決定
	1970	佐藤③	日本万国博覧会(大阪万国博覧会)
	1971		沖縄返還協定
			環境庁設置
			1ドル＝308円に決定
	1972		**沖縄の施政権返還**
		田中①	日中共同声明　史料31
	1973	田中②	**円，変動相場制**移行
			(第1次)**石油危機**(トイレットペーパー＝パニック)
	1974		金脈問題で田中首相，辞意表明
	1975	三木	第1回サミット
	1976		ロッキード事件
	1978	福田	日中平和友好条約
	1979	大平①	(第2次)石油危機
			元号法
	1980	大平②	
	1981	鈴木(善)	
	1982		
	1983	中曽根①	
	1984	中曽根②	
	1985		NTT・日本たばこ産業開業
			男女雇用機会均等法

文化・史料・ゴロ覚えなど

“大韓民国政府は，…朝鮮にある唯一の合法的な政府であることが確認される”

名神高速道路

◎米軍，北爆開始

◎ EC 発足

◎ニクソン米大統領，金・ドル交換停止を発表

◎国連総会，中国代表権承認

“日本国政府は，中華人民共和国政府が中国の唯一の合法政府であることを承認する”

◎第 4 次中東戦争　OAPEC「石油戦略」決定

時代	年	内閣	政治・社会・経済
昭和時代		中曽根②	**プラザ合意**
	1986		
	1987	中曽根③	国鉄分割民営化，JR 各社発足
	1988	竹下	
平成時代	1989		昭和天皇没，皇太子明仁即位，平成と改元
			消費税実施（3%）
		宇野	
		海部①	連合
	1990		
	1991	海部②	自衛隊初の海外派遣
	1992	宮沢	PKO 法案衆議院本会議で可決
			カンボジア PKO 協力部隊派遣
	1993		第 40 回総選挙…自民党過半数割れ
		細川	
	1994		
		羽田	
		村山	
	1995		阪神・淡路大震災
	1996	橋本①	
	1997	橋本②	消費税率 5%
			アイヌ文化振興法
	1998	小渕	
	1999		周辺事態法
			国旗・国歌法
	2000	森①②	
	2001	小泉①	テロ対策特別措置法成立
	2002		日朝平壌宣言調印
	2003		イラク復興支援特別措置法成立
	2005	小泉②	
		小泉③	**郵政民営化法**成立
	2006	安倍①	教育基本法改正
	2007	福田	

文化・史料・ゴロ覚えなど

◎ドイツ統一

◎ソ連邦解体

環境基本法

青森県三内丸山遺跡発掘

京都議定書

★21世紀に入って

◎アメリカで同時多発テロ発生

時代	年	内閣	政治・社会・経済
平成時代	2008	麻生	
	2009	鳩山(由)	
	2010	菅	
	2011	野田	東日本大震災・東京電力福島第一原子力発電所事故
	2012	安倍②	
	2014		

文化・史料・ゴロ覚えなど

第53回 資本主義の成立

1 産業革命の進展

本編解説 p.2 ～ 14 参照

＊企業勃興…1886 ～ 1889 鉄道・紡績などの株式会社設立ブーム
➡ 1890 年恐慌

紡績業

大阪紡績会社（1883 開業）の成功…渋沢栄一(しぶさわえいいち)

- 輸入綿花（中国産→インド産）
- （一万錘(すい)規模）イギリス製紡績機械…ミュール ➡リング
- 蒸気機関使用，昼夜 2 交代制。

紡績会社設立ブーム…手紡(てつむぎ)・ガラ紡(ぼう)衰退。
綿糸(めんし)生産量が輸入量を超える（1890）
日清戦争後，中国・朝鮮への**綿糸輸出**を本格化。
綿糸**輸出**税撤廃（1894），綿花**輸入**税撤廃（1896）
綿糸輸出量が輸入量を超える（1897）

製糸業

- **器械製糸(きかいせいし)**によるマニュファクチュア経営増加。
- **器械製糸生産量が座繰(ざぐり)製糸生産量を超える**（1894）
- アメリカ・フランス向けに輸出拡大。

鉄道業

- 日本鉄道会社（1881 設立）の成功 ➡民営鉄道会社設立ブーム
- 民営鉄道，営業キロ数で官営鉄道を超える（1889）
- 官営の**東海道線全通**（1889）⬅大日本帝国憲法とともに。

主要輸出入品の割合

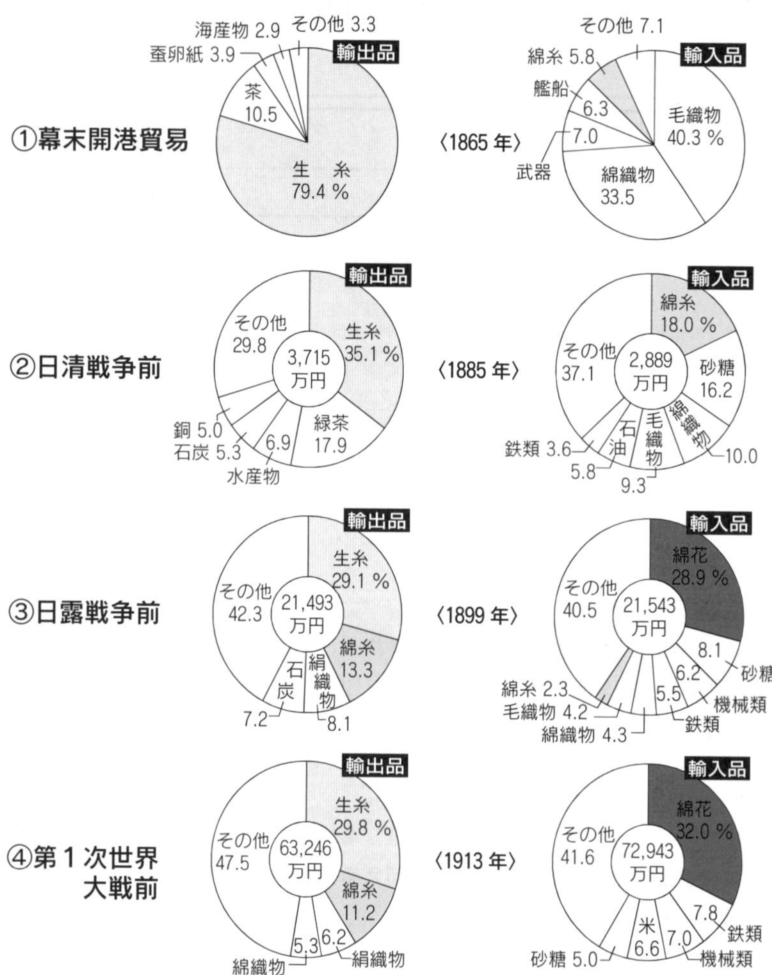

鉱山業

- 政商(せいしょう)による経営。
- 石炭…三井三池(みついみいけ)炭鉱・三菱高島(みつびしたかしま)炭鉱
- 銅山…古河市兵衛(ふるかわいちべえ)の足尾(あしお)銅山，住友(すみとも)の別子(べっし)銅山

海運業

- 日本郵船会社（1885 設立）…ボンベイ航路開設（1893）
- 航海奨励(しょうれい)法（1896）

造船業

- 造船奨励法(1896)
- 三菱長崎造船所・川崎兵庫造船所

製鉄業

- 官営八幡(やはた)製鉄所設立(1897), 操業開始(1901)
- 清(しん)国**大冶(たいや)鉄山**の鉄鉱石, 筑豊(ちくほう)の石炭, **ドイツ**の技術。

貨幣・金融制度の整備

金本位制確立

- 貨幣法制定(1897)
- 日清戦争賠償金が基礎。

特殊銀行
- **横浜正金(しょうきん)銀行**(1887 に特殊銀行化)
- 日本勧業(かんぎょう)銀行(1897)・日本興業(こうぎょう)銀行(1902)・台湾銀行(1899)

2 資本主義の成立

本編解説 p.15 ~ 17 参照

重工業

- 製鉄業…官営八幡製鉄所拡張, (民営)日本製鋼所設立(1907)
- 造船業…造船技術世界水準に。
- 工作機械…池貝鉄工所(いけがいてっこうじょ), アメリカ式旋盤(せんばん)を完成(1905)
- 電力業…水力発電, 大都市に電灯普及(ふきゅう)。
- 鉄道業…**鉄道国有法**(1906) ➡主要幹線を国有化。

繊維産業

- 紡績業…七大紡績会社の独占体制, 織布業(しょくふぎょう)を兼営。
- 綿織物業…**綿布輸出量が輸入量を超える**(1909)
  小型の力織機(りきしょっき)(豊田佐吉(とよださきち)ら)普及。
- 製糸業…**生糸(きいと)輸出量世界第 1 位**(1909, 中国を超える)
- 絹織物業…マニュファクチュア経営発展。

貿易の状況

- **三井物産会社**など商社の活動，**横浜正金(しょうきん)銀行**による貿易金融。
- 大幅な輸入超過。

┌輸出品…生糸・綿糸(めんし)・綿布(めんぷ)
└輸入品…綿花・機械・鉄鉱石

財閥の成立

- 三井・三菱・住友・安田の**四大財閥**
- コンツェルン形態
- **持株会社**である財閥本社が統轄。
  三井合名(ごうめい)会社(1909)・三菱合資(ごうし)会社(1918)
  住友合資会社(1921)・安田保善社(ほぜんしゃ)(1912)

3 農業

本編解説 p.18～21 参照

農業の停滞

特徴

- 米作を柱に，桑作(くわさく)・養蚕(ようさん)を副業とする零細(れいさい)経営 ➡米と繭の単純な構造。
- 綿花(めんか)・菜種(なたね)・麻(あさ)などの栽培後退。

寄生地主制の確立

- 小作地率拡大。
- 地主は小作農から**高率の現物小作料**を徴収し，**公債(こうさい)・株式に投資**。
- 小作農など**零細農家の子女**は繊維産業の女工に。

農政

- 農会法(のうかいほう)(1899)…農会に補助金交付。
- 産業組合法(1900)…農村の協同組合設立を推進。

植民地の役割

┌朝鮮…綿布移出，米移入
├台湾…米・砂糖移入
└満洲…綿布輸出，大豆粕(だいずかす)(肥料)輸入

第54回 大正政変・第1次世界大戦

1 第1次護憲運動と大正政変

本編解説 p.23 ～ 28 参照

第1次護憲運動・大正政変

第2次西園寺公望内閣

- 陸軍の2個師団増設要求を拒否(1912)
- 陸相上原勇作の単独辞任(帷幄上奏) ➡総辞職

第3次桂太郎内閣

内大臣兼侍従長の桂太郎に組閣の詔勅。

第1次護憲運動　史料1

- **「閥族打破・憲政擁護」**のスローガン。

┌立憲国民党の**犬養毅**
└立憲政友会の**尾崎行雄**　らが先頭に立つ。

- 国民的運動に発展。

桂，新党を組織して対抗。

大正政変(1913)…民衆デモ，議会を包囲 ➡桂内閣，53日で総辞職。

藩閥内閣継続

第1次山本権兵衛内閣…海軍・薩摩閥，与党**立憲政友会**

- 軍部大臣現役武官制の現役制を廃止(1913)
- 文官任用令再改正(1913)
- シ(ジ)ーメンス事件(1914) ➡総辞職

第2次大隈重信内閣

- 与党**立憲同志会**…1913結成，総裁加藤高明，外相に就任。
- 立憲同志会，総選挙で圧勝(1915)
- 2個師団増設を実現(1915)

2 第１次世界大戦

本編解説 p.29 ～ 41 参照

第１次世界大戦

大戦の勃発

- **資本主義の発達** ➡帝国主義 ➡植民地再分割競争
- **英独の対立**
  - ドイツの世界政策…三国同盟（1882 独・墺（おう）・伊）➡軍拡と植民政策。
  - 英・仏・露の結束…三国協商
- **サラエヴォ事件** ➡開戦（1914, 7）

三国協商 vs 三国同盟

（日本）
↙ ↓ ↘ ⬅ （第３次）日英同盟・日仏協約・日露協約

- 三国協商 … 英・仏・露
  （1894 露仏同盟・1904 英仏協商・1907 英露協商）
- 三国同盟 … 独・墺・伊
  （1882 締結）

＊「墺」はオーストリア

日本の参戦 史料２

- 大隈内閣，日英同盟の情誼（じょうぎ）を口実に，ドイツに宣戦布告（1914, 8）
- 中国大陸へ進出…東アジアのドイツ勢力一掃（いっそう）。

日本の軍事行動

- 青島（チンタオ）攻略…山東省（さんとうしょう）のドイツ権益を接収。
- 赤道以北のドイツ領南洋諸島を占領 ➡艦隊の地中海出動。

日本の大陸進出

辛亥革命

- 孫文（そんぶん）の三民（さんみん）主義 ➡辛亥（しんがい）革命（1911）➡清朝滅亡（1912）
  ➡中華民国（ちゅうかみんこく）成立（北京政府，大総統は軍閥の袁世凱（えんせいがい））

二十一カ条の要求（1915） 史料３

加藤高明外相，袁世凱政府に要求提出…日本の権益の拡大をはかる。

内容

- 山東省のドイツ権益継承。
- **南満洲・東部内蒙古**における権益の期限延長。
  (旅順・大連租借，満鉄経営など 99 年延長)
- 漢冶萍公司の日中共同経営。
- 沿岸不割譲。
- 中国政府に日本人顧問採用など。

＊最後通牒を通告し，第 4 号までを承認させる。

影響

- 中国の排日運動激化，**国恥記念日**(5 月 9 日)
- 欧米列強の対日感情悪化。

シベリア出兵と米騒動

＊**寺内正毅内閣**…長州出身，超然内閣

＊臨時外交調査委員会を設置。

石井・ランシング協定(1917)

- アメリカ，第 1 次世界大戦に参戦(1917, 4)
- 特派大使石井菊次郎とアメリカ国務長官ランシングの協定。
  - 満洲における日本の特殊権益の承認。
  - 中国の領土保全・門戸開放・機会均等などを確認。

金輸出禁止(1917)

西原借款(1917 ～)

- 中国段祺瑞政権へ借款供与…西原亀三

シベリア出兵(1918, 8 ～ 1922, 10)

- **ロシア革命**(1917, 11)…ソヴィエト政権樹立。
- **ブレスト=リトフスク条約**で単独講和。
- チェコ軍救出を名目に米・英・仏と共同出兵(1918)
- ロシア革命への干渉 ➡シベリアへの勢力拡大。
- **尼港**(ニコラエフスク)**事件**(1920)…原敬内閣
- ほかの諸国は 1920 年までに撤兵。
- 日本は 1922 年に撤兵(北樺太からは 1925 年に撤兵)

米騒動(1918)

【原因】…戦争景気 ➡物価上昇 ➡生活費高騰

- シベリア出兵を見越した米の買い占め，売り惜しみ。

【経過】

● 富山県の漁村の主婦の騒動（越中女一揆）を契機に全国に波及。

…1 道 3 府 38 県，参加者 70 万

● 軍隊出動で鎮圧。

● 米の安売り，台湾米移入。

【結果】

● 寺内内閣総辞職。

● 民衆運動・社会運動の発展。

● 原敬内閣成立。

第55回 大戦景気・原敬内閣

1 大戦景気

本編解説 p.43 ～ 50 参照

大戦景気…1915 年から 1919 年ごろまで好景気。

＊原因…交戦国の需要，アジア市場独占。

海運業…**船成金**，世界**第 3 位**の海運国へ躍進。

貿易…輸出急増，1915 ～ 1918 年 輸出超過。

金融…金輸出禁止(1917)

軽工業

- 紡績業，アジア市場を独占。
- 中国への資本輸出(**在華紡**)

重工業

- 造船ブーム，八幡製鉄所拡張。
- 満鉄が**鞍山製鉄所**設立(1918)
- 民間鉄鋼会社設立があいつぐ。

化学工業

- ドイツからの輸入がとだえ，国産化進む。
- 薬品・染料・肥料

電力事業

- 水力発電発達，**猪苗代**・東京間送電成功(1915)
- 電灯地方都市へ普及。
- 工業原動力の電化…電力 2 倍(**1917，蒸気力を超える**)

工業生産額**が農業生産額を超える**(1919)

工場労働者増加…150 万人を超える

債務国から**債権国**へ。

戦後恐慌(1920)

- 列強回復，市場狭隘，生産過剰
- 輸出不振，入超 ➡株価暴落 ➡銀行閉鎖，紡績・製糸業は操業短縮(操短)
- 日銀等の救済融資
- 中小企業・成金没落…独占資本・財閥強大化
- 在華紡増加

2 原敬内閣

本編解説 p.51 ～ 58 参照

原敬内閣…**立憲政友会総裁**

「**平民宰相**」の出現(1918, 9)

本格的政党内閣を組織…衆議院に議席をもつ初の首相。

国防の充実，鉄道の拡充，高等教育機関の拡充などの積極政策。

高等教育の拡充

- **大学令**・改正高等学校令(1918)

地方鉄道建設

選挙法の改正

- 普通選挙法には**反対**。
- 衆議院議員選挙法改正(1919)…直接国税 **3 円**以上，**小選挙区制**
- 普選運動の高揚。

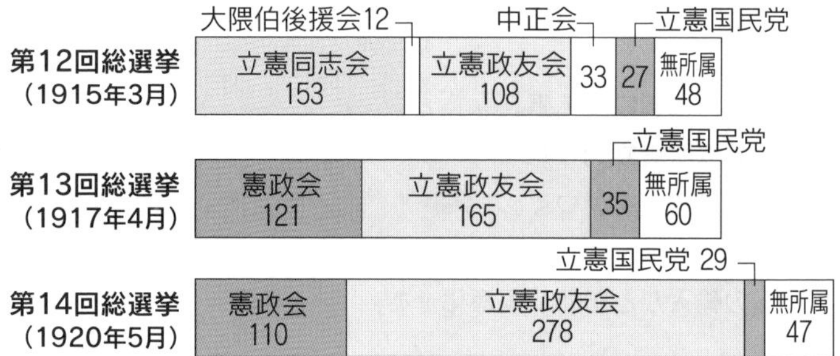

社会運動・思想の弾圧

- **森戸事件**(1920)…東大助教授の森戸辰男のクロポトキンに関する論文が危険思想と見なされ，森戸は休職。

植民地支配機構の改革

- **パリ講和会議**(1919) ➡朝鮮で **三・一独立運動**(1919) ➡「**文化政治**」へ。
- 関東都督府［関東庁(行政面)／**関東軍**(軍事面)］に分離・設置(1919)

戦後恐慌(1920)

原敬の暗殺(1921, 11)

高橋是清内閣

- **ワシントン会議**(1921 ～ 1922)
- 治安警察法第 5 条改正(1922)

第56回 ワシントン体制・政党内閣の成立

1 パリ講和会議

本編解説 p.60 ～ 62 参照

パリ講和会議(1919)

＊日本首席全権…西園寺公望(さいおんじきんもち)・牧野伸顕(まきののぶあき)

ヴェルサイユ条約

- 米大統領**ウィルソン**提唱の 14 カ条が講和の基礎。
- ドイツの処分…領土削減・軍備制限・賠償金

民族自決の原則 ➡朝鮮での**三・一独立運動**の契機。

日本の利得

- **ドイツ領南洋諸島**(赤道以北)の委任統治権。
- 山東省のドイツ権益継承。

中国は山東省権益の返還と二十一カ条要求の無効を主張 ➡**五・四運動**

国際連盟(1920)

- **成立**…米大統領ウィルソンの提唱 ➡ヴェルサイユ条約で規定。
- **目的**…国際平和の確保(紛争の平和的処理)と文化の向上。
- **本部**…スイスの**ジュネーヴ**。
- **機構**…総会・理事会・連盟事務局
- **常任理事国**…英・日・仏・伊

＊米・ソ・独は連盟不参加(独 1926，ソ連 1934 加盟)

ヴェルサイユ体制

＊アメリカ大統領ウィルソンの 14 カ条

＊「民族自決」の原則 ➡東欧諸国の独立

1919　ヴェルサイユ条約 (**中国はヴェルサイユ条約には調印せず**)

- 日本全権…西園寺公望・牧野伸顕
- ドイツに巨額の賠償金，領土の一部割譲
- 日本…山東省の旧ドイツ権益の継承
  赤道以北の旧ドイツ領南洋諸島の委任統治権

➡ 1919 中国…五・四運動　　朝鮮…三・一独立運動

1920　国際連盟(**42 カ国，アメリカは参加せず**)

- 常任理事国…英・日・仏・伊
- 事務次長に新渡戸稲造

2 ワシントン会議

本編解説 p.63 ～ 68 参照

＊米大統領ハーディングの提唱

＊日本首席全権…加藤友三郎(海相)

四カ国条約…米・英・日・仏(1921)　史料 5

- 太平洋方面における勢力の現状維持。
- 日英同盟廃棄(1923，8)

九カ国条約…米・英・日・仏・伊・白・蘭・葡・中(1922)　史料 6

- 中国の領土主権の尊重，門戸(もんこ)開放，機会均等
- 石井・ランシング協定廃棄
- 日中交渉で山東省(さんとうしょう)の旧ドイツ権益を放棄。

ワシントン海軍軍備制限条約…米・英・日・仏・伊(1922)　史料 7

- **主力艦**保有制限…米 5：英 5：日 3：仏 1.67：伊 1.67
- 10 年間主力艦建造中止。

ワシントン会議

パリ講和会議
(1919 年)

米	英	日	仏	伊

＊5大国が会議を主導。

①**四カ国条約**
(1921 年)

米	英	日	仏

＊5大国から**イタリア**を除く。
＊日英同盟終了。

②**九カ国条約**
(1922 年)

米	英	日	仏	伊	白	蘭	葡	中国

＊5大国に「白」(ベルギー)・「葡」(ポルトガル)・「蘭」(オランダ)・中国が加わる。
＊石井・ランシング協定**破棄**。

③**五カ国条約**
(1922 年)

米	英	日	仏	伊
5	5	3	1.67	1.67

＊5大国，「ワシントン海軍軍備制限条約」は締結国の数から「**五カ国条約**」と呼ぶこともある。

3　第 2 次護憲運動

本編解説 p.69 ～ 73 参照

非政党内閣の継続

加藤友三郎内閣…海軍軍縮実施，病死

第 2 次山本権兵衛(ごんべえ)内閣

- **関東大震災**(1923, 9, 1)…朝鮮人・中国人の虐殺(ぎゃくさつ)
  甘粕(あまかす)事件(大杉栄・伊藤野枝(のえ)殺害)，亀戸事件
  震災恐慌…モラトリアム(1 カ月間)，震災手形
- **虎の門事件**(1923, 12)

第 2 次護憲運動

清浦奎吾(きようらけいご)内閣…貴族院を基盤とする超然内閣。

- **立憲政友会**(高橋是清)・**憲政会**(加藤高明)・**革新倶楽部**(犬養毅)
  ➡倒閣運動…「普選断行・貴族院改革・行政整理」を主張。
- 政友本党は清浦内閣支持・普選反対。
- 衆院解散，総選挙 ➡**護憲三派勝利**

護憲三派内閣成立（第 1 次加藤高明内閣）

- **普通選挙法**（1925）…満 25 歳以上の男子に選挙権。
- **治安維持法**（1925）…無政府主義者・共産主義者の活動取り締まり。

- **日ソ基本条約**（1925）…日ソ国交樹立
- 宇垣（うがき）軍縮…陸相宇垣一成（かずしげ）

第57回

大正時代の社会と文化

1 大正デモクラシー

本編解説 p.75～81 参照

大正デモクラシーの思潮

史料 9

- 吉野作造の民本主義
- 美濃部達吉の天皇機関説

社会運動の発展

背景

- ロシア革命の成功。
- 植民地・民族の独立運動高揚。
- 米騒動

労働運動

- **友愛会**(1912)…鈴木文治，労資協調
- 工場法の施行(1916)
- 大日本労働総同盟友愛会(1919) ➡**日本労働総同盟**(1921)
- 日本最初のメーデー(1920，5，2)

農民運動…**日本農民組合**(1922)，杉山元治郎・賀川豊彦ら，小作争議増加

部落解放運動…**全国水平社**(1922)

婦人運動

- **青鞜社**…平塚らいてう(明)，雑誌『青鞜』(1911)
- **新婦人協会**(1920)…市川房枝・平塚らいてう
  ➡治安警察法第５条の改正を実現(1922)
- **婦人参政権獲得期成同盟会**(1924) ➡**婦選獲得同盟**(1925)
- **赤瀾会**(1921)…山川菊栄・伊藤野枝ら

社会主義運動

- 日本社会主義同盟(1920)
- **日本共産党**(非合法，1922)…堺利彦・山川均ら

知識人の啓蒙運動

- 吉野作造ら**黎明会**を組織(1918)
- 東大新人会(1918)

社会運動の発展

①**労働運動**………1912，友愛会→ 1919，大日本労働総同盟友愛会
→ 1921，日本労働総同盟

②**農民運動**………1922，日本農民組合

③**部落解放運動**…1922，全国水平社

④**婦人運動**………1911～1916，青鞜社
1920～1922，新婦人協会
(→ 1922，治安警察法第 5 条改正)
1924, 婦人参政権獲得期成同盟会→ 1925, 婦選獲得同盟

⑤**社会主義運動**…1920～1921，日本社会主義同盟
1922，日本共産党(非合法)

2 市民文化の展開(大正・昭和初期)

本編解説 p.82 ～ 89 参照

文化の特徴

- 市民文化・大衆文化…**都市中間層**・知識階級の成長。
- 思想界の多様化(たようか)…国家主義・社会主義・自由主義など。

建築・鉄道・風俗

- (関東大震災後)鉄筋コンクリート造…「丸ビル」(丸の内ビルディング)
- 文化住宅，同潤会(どうじゅんかい)のアパート
- ライト…帝国ホテル，辰野金吾(たつのきんご)…東京駅
- 東京・大阪に地下鉄，「円タク」
- モボ・モガ ➡モダンボーイ・モダンガール
- **洋食**…「**トンカツ**」「**カレーライス**」
- 百貨店(デパート)…三越，**ターミナルデパート**(白木屋など)
- **小林一三**(いちぞう)…箕面有馬電気軌道(みのおありまでんききどう)，宝塚(たからづか)少女歌劇団

教育・学問・思想

高等教育の拡充…大学令(1918)，公私立大学・単科大学公認。

自由教育運動

- 羽仁もと子，自由学園
- 生活教育・生活綴方教育

自然科学

- 研究機関…北里研究所・理化学研究所(民間の研究所)
- 本多光太郎(KS磁石鋼)，野口英世(黄熱病)

人文科学

- 西田幾多郎『善の研究』(哲学)
- 津田左右吉『神代史の研究』(史学)，柳田国男(民俗学)

社会科学

- 河上肇『貧乏物語』(マルクス主義研究へ)，**森戸事件**
- **美濃部達吉**(天皇機関説)，**吉野作造**(民本主義)
- 北一輝『日本改造法案大綱』(国家主義)

文学

- 耽美派・白樺派・新思潮派
- プロレタリア文学

芸術

絵画

- 洋画……安井曽太郎・梅原龍三郎らの二科会，岸田劉生らの春陽会
- 日本画…横山大観(日本美術院を再興)，下村観山

彫刻…高村光太郎

演劇

- 島村抱月・松井須磨子…芸術座(1913)
- 小山内薫・土方与志ら…築地小劇場(1924)

音楽…山田耕筰，日本交響楽協会(1925)

大衆文化の成長

- 映画…無声映画(活動写真) ➡トーキー
- 新聞…『大阪毎日新聞』・『大阪朝日新聞』
- 雑誌…『改造』・『東洋経済新報』(石橋湛山)・『キング』
  『赤い鳥』鈴木三重吉(児童雑誌)

● 大衆文学…円本・岩波文庫
● ラジオ放送…東京・大阪・名古屋(1925)➡日本放送協会(1926)

美術作品(大正〜昭和戦前期)

【絵画】〈日本画〉生々流転……横山大観
黄瀬川の陣…安田靫彦
〈洋　画〉金蓉…………安井曽太郎
紫禁城………梅原龍三郎
麗子像………岸田劉生
【彫刻】手……………高村光太郎

近代文学(明治末〜昭和戦前期)

反自然主義 (明治末期)	耽美派	**谷崎潤一郎**『痴人の愛』 **永井荷風**『腕くらべ』
人道主義 (大正期)	白樺派 (学習院系)	**武者小路実篤**『お目出たき人』 **有島武郎**『或る女』 **志賀直哉**『暗夜行路』 **長与善郎**『青銅の基督』
新現実主義 (大正期)	新思潮派 (東大系)	**芥川龍之介**『羅生門』・『鼻』・『河童』 **菊池寛**『父帰る』・『恩讐の彼方に』 **久米正雄**『破船』 **山本有三**『波』・『女の一生』
新感覚派 (大正・昭和)	雑誌『文芸時代』 (1924 〜 1927)	**横光利一**『日輪』・『機械』 **川端康成**『伊豆の踊子』
大衆文学 (大正・昭和)		**中里介山**『大菩薩峠』 **直木三十五**『南国太平記』

プロレタリア文学 （大正・昭和）	社会主義運動 雑誌『種蒔く人』 『文芸戦線』 『戦旗』など	**葉山嘉樹**『海に生くる人々』 **小林多喜二**『蟹工船』 **徳永直**『太陽のない街』
児童文学 （大正期）	雑誌『赤い鳥』	

第58回 金融恐慌・山東出兵

1 金融恐慌

本編解説 p.91 ～ 99 参照

原因

- **戦後恐慌**(1920)・**震災恐慌**(1923)…日本経済は慢性的(まんせいてき)不況
- **震災手形**処理の法案審議の不手際(ふてぎわ)
  - ➡**第 1 次若槻礼次郎(わかつきれいじろう)内閣**(憲政会)…片岡直温(かたおかなおはる)蔵相の失言。

経過

第 1 次動揺(1927, 3)

- 渡辺銀行休業，取付(とりつ)け騒ぎ発生。
- 東京の二流銀行休業。

第 2 次動揺(1927, 4)

- 鈴木商店倒産 ➡台湾銀行休業，第十五銀行休業。
- 全国的に銀行取付け拡大。
- **枢密院**(すうみついん)，台湾銀行救済緊急勅令案否決 ➡若槻内閣総辞職

田中義一(ぎいち)内閣(立憲政友会)成立

- モラトリアム(支払猶予令 3 週間)発令…蔵相高橋是清(これきよ)
- 日銀の**非常貸出**，台湾銀行救済案可決 ➡金融恐慌おさまる。

結果

- **五大銀行**に預金集中…三井・三菱・住友・安田・第一
- **財閥の支配**…金融資本の産業支配。
- 政党と財閥の結びつき強まる…
  - 三井と立憲政友会
  - 三菱と憲政会(立憲民政党)

2 山東出兵

本編解説 p.100 ～ 108 参照

中国情勢の変化

- **第 1 次国共合作**(1924)
  …中国国民党(孫文)と中国共産党が提携，反帝国主義・軍閥の打倒を目標。
- **五・三〇事件**(1925)
  …上海の在華紡でのスト弾圧を契機，反帝国主義運動高揚。
- **北伐**開始(1926)…総司令官蔣介石
- 南京国民政府樹立(1927)…**国共分離**

田中義一内閣の強硬外交と内政

強硬外交

- 山東出兵…北伐への干渉，日本の権益・居留民保護を名目。
  第 1 次(1927)・第 2 次(→**済南事件**，1928)・第 3 次(1928)
- **東方会議**(1927)…「対支政策綱領」で強硬外交を決定。
- **満洲某重大事件**(張作霖爆殺事件，1928)…関東軍の謀略。
  ➡田中内閣退陣(1929)
- 不戦条約調印(1928)…欧米には協調的態度。  史料 11
  「人民ノ名ニ於テ」⬅立憲民政党の批判。

社会運動に対する弾圧

- **第 1 回普通選挙実施**(1928，2)…無産政党進出，8 名の無産党員当選。
- **三・一五事件**…共産党員らを大量検挙。
- **治安維持法改悪**…緊急勅令による ➡最高刑を**死刑**とする。 史料 12
- 特別高等課(特高)を全国に配置。
- **四・一六事件**(1929)

第59回

昭和恐慌・協調外交

1 金解禁と昭和恐慌

本編解説 p.110 ～ 121 参照

金輸出の禁止・解禁・再禁止

国名	禁止	解禁	再禁止
イタリア	1914,8	1927,12	1934,5
フランス	1915,7	1928,6	1936,9
ドイツ	1915,11	1924,10	1931,7
アメリカ	**1917,9**	1919,6	1933,4
日本	**1917,9**	1930,1	1931,12
イギリス	**1919,4**	1925,4	1931,9

日本経済の行き詰まり

- 日銀券（事実上の不換紙幣）増発 ➡インフレ傾向
- 工業の国際競争力不足 ➡輸入超過
- 外国為替相場不安定…**円は動揺しつつ下落。**

浜口雄幸内閣（立憲民政党）の経済政策

蔵相井上準之助

- **財政緊縮，金解禁，産業合理化**
- ニューヨーク株式大暴落…アメリカ→ヨーロッパ→世界へ恐慌が波及。

＊**世界恐慌**（1929）

金解禁**実施**（1930，1）

- 為替相場の安定，輸出振興が目的。
- 旧平価解禁と世界恐慌のため，輸出不振，輸入激増，**正貨の流出。**

昭和恐慌（1930 ～ 1933）

- 失業者増加（全国の失業者約 40 万），労働争議頻発。

農業恐慌深刻化

- **生糸**輸出減退 ➡**繭**価暴落，製糸業・**養蚕**業に大打撃。
- **米価**下落，農家負債の累積，娘の身売り，欠食児童。

●小作争議激化。

重要産業統制法(1931)…カルテル協定に法的強制力。

2 ロンドン会議

本編解説 p.122 ~ 124 参照

＊外相幣原喜重郎…**幣原外交**

ロンドン会議(1930)

＊参加国…米・英・日・仏・伊　＊日本全権…若槻礼次郎

ロンドン海軍軍備制限条約

●仏・伊は調印せず。

●米・英・日の補助艦保有量の制限…対英米 6 ~ 7 割

●主力艦の建造禁止を 1936 年まで延長。

国内の反響

●**統帥権干犯問題**(とうすいけんかんぱん)…海軍軍令部条例を利用した批判,
軍部・右翼(うよく)・立憲政友会の不満。

●浜口首相狙撃(そげき)事件(1930 → 1931, 死亡)

第 2 次若槻礼次郎内閣成立(1931)

第60回

満洲事変

国際協調時代の諸会議 (×は決裂)

年代	内閣	会議開催地	日本全権	参加国	条約内容など
1919	原	パリ	西園寺公望 牧野伸顕(まきののぶあき)	27カ国	ヴェルサイユ条約 国際連盟の設立
1921～22	高橋	ワシントン	加藤友三郎(ともさぶろう) 徳川家達(とくがわいえさと) 幣原喜重郎	米英日仏 伊白蘭葡 中	四カ国条約 九カ国条約 海軍軍備制限条約
×1927	田中	ジュネーヴ	斎藤実(まこと) 石井菊次郎	米英日 (仏伊不参加)	海軍軍縮会議 (補助艦制限交渉,決裂)
1928	田中	パリ	内田康哉(うちだやすや)	15カ国	不戦条約
1930	浜口	ロンドン	若槻礼次郎 財部彪(たからべたけし)	米英日仏 伊	海軍軍備制限条約 (米英日)

(白：ベルギー，葡：ポルトガル)

1 満洲事変

本編解説 p.128～137 参照

背景

中国民族運動高揚

- 満洲軍閥張学良(ちょうがくりょう)…国民政府に合流，易幟(えきし)(1928)
- 日本の満蒙権益(まんもうけんえき)に対する国権回復運動。

関東軍の満洲占領計画…第2次若槻(わかつき)内閣の協調外交に反発。

- 石原莞爾(いしわらかんじ)「世界最終戦論」

満洲事変の経過

- **柳条湖事件**(1931, 9, 18)…奉天郊外の柳条湖で満鉄線爆破，関東軍の謀略。
  ➡若槻内閣は**不拡大方針**。
- 戦火拡大(満洲全域へ) ➡東三省(奉天省・吉林省・黒竜江省)を制圧。
- (第1次)**上海事変**(1932, 1～5)
- 国際連盟 ➡**リットン調査団来日**(1932, 2)
- **熱河占領**(1933, 3)
- 塘沽停戦協定(1933, 5) ➡華北分離工作

「満洲国」建国

- **「満洲国」建国宣言**(1932, 3)…清朝最後の皇帝溥儀を**執政**とする。
- **日満議定書**(1932, 9)…斎藤実内閣，「満洲国」を承認。 史料13
- 「満洲国」帝政実施(1934, 3)…溥儀，執政から**皇帝**となる。

国際連盟脱退

リットン調査団の報告書提出(1932, 10)…日本軍の行動を否認。
連盟総会，リットン報告書を採択(42対1) 史料14
- 「満洲国」否認と撤兵勧告。
- 全権松岡洋右退場(1933, 2)

国際連盟脱退通告(1933, 3)

2 政党政治の崩壊

本編解説 p.138～142 参照

犬養毅内閣

- **金輸出再禁止**，管理通貨制度…高橋財政
- リットン調査団来日
- 五・一五事件 ➡**政党政治の断絶**

斎藤実内閣

- 海軍出身「挙国一致」内閣…**日満議定書**締結，**国際連盟脱退**。
- 塘沽停戦協定 ➡満洲国帝政
- 帝人事件で総辞職。

岡田啓介内閣

- ワシントン海軍軍備制限条約破棄通告（1934），ロンドン会議脱退（1936）
- 天皇機関説問題，国体明徴声明
- 二・二六事件

　…殺害されたのは，高橋是清大蔵大臣，斎藤実内大臣，渡辺錠太郎（陸軍）教育総監ら。

第61回

満洲事変後の経済

1 高橋財政と国内経済

本編解説 p.144 ～ 149 参照

高橋是清蔵相(犬養毅・斎藤実・岡田啓介 3 内閣)の財政政策

金輸出再禁止，管理通貨制度(1931，12)…犬養内閣

金輸出の禁止・解禁・再禁止

国名	禁止	解禁	再禁止
イタリア	1914,8	1927,12	1934,5
フランス	1915,7	1928,6	1936,9
ドイツ	1915,11	1924,10	1931,7
アメリカ	**1917,9**	1919,6	1933,4
日本	**1917,9**	1930,1	1931,12
イギリス	**1919,4**	1925,4	1931,9

財政膨張政策(積極財政)

- 恐慌からの脱出をはかる。
- 軍事費中心…赤字公債(こうさい)の発行。
- 農村対策
  - 時局匡救事業(じきょくきょうきゅう)(斎藤内閣)
  - 農山漁村経済更生(こうせい)運動

輸出の促進

- **低為替**(ていかわせ)で輸出増大…**綿織物輸出は世界第 1 位**(1934)
- **ソーシャル・ダンピング**の非難。
- **ブロック経済**…スターリング・ブロック / ドル・ブロック
- 日本・満洲・中国の提携強化(円ブロック)

製鉄大合同

- 日本製鉄会社(1934)…半官半民の国策会社。

2 新興財閥の台頭

本編解説 p.150 〜 152 参照

特徴

- 軍需拡大による**重化学工業**を中心に成長，高い技術力。
- 独自の金融機関をもたず，株式の公開性が高い。
- **満洲**・**朝鮮**にも進出。

おもな新興財閥

- **日産コンツェルン**…鮎川義介（あいかわよしすけ），日本産業会社
  ＊満洲進出＝**満洲重工業開発会社**(1937)
- **日窒コンツェルン**…野口遵（のぐちしたがう），日本窒素（ちっそ）肥料会社
  ＊朝鮮進出＝コンビナート形成
- 理研コンツェルン…大河内正敏（おおこうちまさとし），理化学興業
- 森コンツェルン……森矗昶（のぶてる），森興業，昭和電工
- 日曹（にっそう）コンツェルン…中野友礼（とものり），日本曹達（ソーダ）会社
- 中島コンツェルン…中島知久平（なかじまちくへい），中島飛行機会社

第62回
日中戦争

1 ファシズムの台頭

本編解説 p.154 ～ 158 参照

特徴

● 軍部の主導…中堅将校の危機意識，北一輝の思想の影響。
　➡大衆運動には結びつかない。

重要な事件

三月事件・十月事件(1931)
● 桜会の中堅将校，軍部独裁のクーデター計画(未遂)

血盟団事件(1932)…井上日召らの一人一殺主義。
● 井上準之助(前蔵相)・団琢磨(三井合名会社理事長)暗殺。

五・一五事件(1932)
● 海軍将校ら，犬養首相を暗殺 ➡政党内閣断絶

滝川事件(1933)
● 京大教授滝川幸辰の刑法学説非難 ➡休職処分

陸軍パンフレット問題(1934)
● 陸軍省「国防の本義と其強化の提唱」配布。

天皇機関説問題(1935)
● **美濃部達吉**喚問 ➡貴族院議員辞職。
● **国体明徴声明** 史料15

相沢事件(1935)…相沢三郎が軍務局長永田鉄山を殺害。
● 陸軍皇道派・統制派の抗争。

二・二六事件(1936)
● 皇道派将校ら千余名の兵を率いて反乱。
● 高橋是清蔵相・斎藤実内大臣・渡辺錠太郎(陸軍)教育総監らを殺害。
● 事件後，陸軍内部における**統制派**の主導権確立。

2 日中戦争の勃発

本編解説 p.159 ～ 171 参照

軍部の政治進出

二・二六事件 ➡岡田啓介内閣総辞職

広田弘毅内閣

- **軍部大臣現役武官制**の復活(1936, 5)
- 「**広義国防国家**」の建設を唱える。
- 馬場財政(大規模な軍拡予算を組む) ➡準戦時体制づくり。
- **華北分離**の方針を決定。
- 日独防共協定締結(1936)

林銑十郎内閣…軍財抱合

日中戦争

第 1 次近衛文麿内閣…貴族院議長の近衛文麿が組閣(1937, 6)

日中戦争の勃発

- 国共分離(1927) ➡中国国民党と共産党の内戦(1930 ～)
- **西安事件**(張学良, 1936, 12) ➡国共内戦停止(**第 2 次国共合作**)
  ➡**抗日民族統一戦線**(1937, 9)
- **盧溝橋事件**…北京郊外で日中両軍衝突(1937, 7, 7)
- **第 2 次上海事変**(1937, 8)
- 中国の首都**南京陥落**(1937, 12) ➡日本軍, 中国民間人を殺害(**南京事件**)
- 国民政府は首都を**重慶**に移して徹底抗戦。

戦争の長期化

- **第 1 次近衛声明**…「国民政府ヲ対手トセズ」と声明(1938, 1)
  ➡日本は和平の道をみずから閉ざす。 **史料 16**
- **第 2 次近衛声明**…**東亜新秩序**建設を表明(1938, 11) **史料 17**
  ➡**汪兆銘**を重慶から脱出させる(1938, 12)
  ➡南京に傀儡政権樹立(1940, 3)
- **第 3 次近衛声明**…近衛三原則(1938, 12)

張鼓峰事件(1938)…日ソ両軍衝突

戦時体制の強化

国民精神総動員運動（1937～）

戦時経済統制の強化

戦時経済統制立法（1937）

- 輸出入品等臨時措置法
- 臨時資金調整法

企画院創設（1937）

国家総動員法制定（1938） 史料18

- 物資・資金・労務を政府の統制下に置く。
- 法の発動は勅令による ➡帝国議会の審議権を形骸（けいがい）化。
- 国家総動員法関係勅令
  - **国民徴用（ちょうよう）令**・賃金統制令・価格等統制令
  - 重要産業団体令・工場事業場管理令

電力国家管理法制定（1938）

国民生活規制

- 「ぜいたくは敵だ」のスローガン。
- 生活必需品の**配給制**・**切符制**・通帳制。

第
63
回
アジア・太平洋戦争

1　第２次世界大戦

本編解説 p.173 〜 184 参照

第２次世界大戦勃発

平沼騏一郎内閣

- **ノモンハン事件**…満洲ソ連国境で日ソ両軍衝突(1939)
  ➡日本軍敗北　＊日本の侵略計画は「**北守南進**」へ。
- アメリカ，**日米通商航海条約破棄を通告**(1939) ➡失効(1940，米内内閣)
- 独ソ不可侵条約締結(1939，8)
  ➡「欧州情勢は複雑怪奇」と声明して内閣総辞職。

阿部信行内閣

- ドイツ軍，ポーランドへ侵攻(1939，9) ➡第２次世界大戦勃発
- 大戦不介入を声明。

米内光政内閣

- 大戦不介入方針の継続。
- ドイツ軍，パリ占領(1940)

近衛新体制と枢軸の結成

＊第２次**近衛文麿内閣**…枢密院議長を辞した近衛が組閣。

新体制運動

- **大政翼賛会**結成(1940)…政党解散，総裁近衛首相
- 上意下達の官製機関 ➡下部組織(町内会・隣組など)
- 大日本産業報国会結成(1940)…労働組合解散。
- 国民学校令制定(1941)…小学校を国民学校と改称。

大戦不介入方針の転換…独伊との提携強化。

- 北部仏印**進駐**(1940)…**援蔣ルート**の遮断。
- 日独伊三国同盟締結(1940) ➡日独伊の枢軸完成。　史料 19
- 日ソ中立条約締結(1941，5 年間有効)…外相松岡洋右

日米交渉本格化(1941，4 〜)…駐米大使の野村吉三郎と国務長官ハル。

独ソ戦争開始(1941，6) ➡関東軍特種演習(関特演) ➡中止

第3次近衛文麿内閣

松岡洋右をはずして組閣。

南部仏印**進駐**(1941) ➡米，**対日石油輸出全面禁止**

米・英・蘭との決定的対立

- ABCD包囲陣
- 日米交渉不調(野村吉三郎大使)

帝国国策遂行要領(1941, 9, 6 御前会議)…米英蘭との戦争準備へ。　史料20

近衛内閣総辞職 ➡東条英機内閣

2 太平洋戦争

本編解説 p.185 ～ 192 参照

東条英機内閣

太平洋戦争の勃発…米，ハル・ノート提出 ➡日米交渉決裂 ➡日本開戦決意。

＊開戦…1941年12月8日

- 日本海軍，**ハワイ真珠湾奇襲**
- 陸軍，マレー半島上陸

　┘➡米英に宣戦布告。

西太平洋・東南アジア制圧 ➡**ミッドウェー海戦**(1942)を転機に戦局悪化。

大東亜会議(1943)…「大東亜共栄圏」

戦時下の国内政治と国民生活

国内政治…**翼賛選挙**の実施(1942, 4) ➡**翼賛政治会**の結成。

動員体制の強化

- 兵力不足…**学徒出陣**(1943 ～)
- 労働力不足…中学生以上の学生・生徒を勤労動員。
  独身女性を**女子挺身隊**に組織。

生活の窮乏・統制経済

- 食糧不足…米の配給制，**食糧管理法**制定(1942)…食糧を国家管理。
  都市民は農村への買い出し。
- 物資不足…民需産業縮小 ➡日常生活物資の配給制・切符制
  ➡代用品利用

(戦時)統制経済

1931, 4　重要産業統制法
1937　臨時資金調整法・輸出入品等臨時措置法
　　　(企画院)
1938　国家総動員法　　(産業報国会)
　　　農地調整法
1939　国民徴用令〈平沼内閣〉
　　　価格等統制令〈阿部内閣〉
1940　七・七禁令
　　　切符制
　　　(米)供出制
1941　(米)配給制・(衣料)切符制
1943　軍需省

戦局の展開

- **ミッドウェー海戦**(1942, 6)…日本軍の敗北(戦局悪化)
- イタリア降伏(1943, 9)
- カイロ会談(1943, 11)
- サイパン島**陥落**(1944, 7) ➡東条内閣総辞職(1944, 7) ➡小磯国昭(こいそくにあき)内閣
- **本土空襲本格化**(1944, 11～)…学童疎開(がくどうそかい)(1944～) ➡東京大空襲(1945, 3)
- ヤルタ会談(1945, 2)
- ドイツ降伏(1945, 5)
- **米軍沖縄上陸**(1945, 4～6)…小磯内閣総辞職(1945, 4) ➡鈴木貫太郎(かんたろう)内閣
  ＊沖縄戦…ひめゆり隊・鉄血勤皇隊(てっけつきんのうたい)
- ポツダム会談(1945, 7)
- 広島原爆投下(1945, 8, 6) ➡ソ連対日参戦(8, 8) ➡長崎原爆投下(8, 9)

敗戦

鈴木貫太郎内閣

- ポツダム宣言の受諾を決定(1945, 8, 14) ➡無条件降伏
- 「終戦の詔勅(しょうちょく)」(1945, 8, 15)

鈴木貫太郎内閣総辞職 ➡**東久邇宮稔彦内閣**（初の皇族内閣）

降伏文書調印（1945, 9, 2）

戦時下の朝鮮・台湾

- **皇民化政策**の推進…神社参拝の強制，日本語教育の徹底，「**創氏改名**」の強制など。
- 徴兵制の施行…朝鮮（1943），台湾（1945）
- 強制連行
- （従軍）慰安婦問題

第64回

占領期の日本

1 ポツダム宣言

本編解説 p.194 ～ 202 参照

おもな戦争処理会議

1943,11	カイロ会談 （カイロ宣言） 史料 21	● F. ローズヴェルト・チャーチル・蔣介石 ● 日本の無条件降伏と領土の限定
1945,2	ヤルタ会談 （ヤルタ協定） 史料 22	● F. ローズヴェルト・チャーチル・スターリン ● 対独最終作戦と処分案・秘密協定でソヴィエトの対日参戦と旧ロシア領の回復決定
1945,4～6	サンフランシスコ会議 （国際連合憲章）	● 米・英・ソ・中が招集。51 カ国が署名 ● 国際連合設立を決定 ● 常任理事国 米・英・仏・ソ・中
1945,7	ポツダム会談 （ポツダム宣言） 史料 23	●（米）トルーマン・（英）チャーチル（→アトリー）・（ソ）スターリン ● 米・英・中の名で勧告 ● 日本の無条件降伏と基本条件 ● 欧州の戦後処理

2 占領行政

本編解説 p.203～210 参照

占領体制

- **連合国(軍)最高司令官**…アメリカの**マッカーサー**。
- **連合国(軍)最高司令官総司令部**(**GHQ**/SCAP)設置。
- 指令・勧告にもとづく**間接統治**方式。
- ポツダム勅令
- 占領の基本目的…日本の「非軍事化と民主化」
- 占領軍への批判は禁止 ➡プレス=コード(新聞検閲(けんえつ))・ラジオ規制

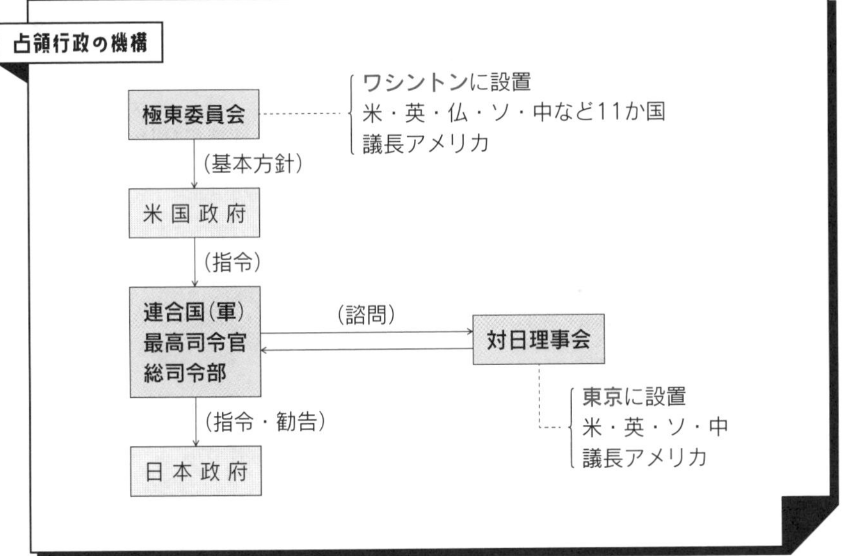

占領軍の民主化方針

GHQ,「**民主化**」**指令**(1945, 10)

- 政治犯釈放, 治安維持法(ちあんいじほう)廃止, 天皇批判の自由など。
- 東久邇宮稔彦(ひがしくにのみやなるひこ)内閣, これを実行不可能として総辞職。

幣原喜重郎(しではらきじゅうろう)内閣成立(1945, 10)

五大改革指令(1945, 10)

五大改革指令に対応する施策

①婦人(女性)の解放……新選挙法(20歳以上, 婦人(女性)参政権), 民法改正(戸主権の廃止, 男女平等)
②労働組合の助長………労働三法(労働組合法・労働関係調整法・労働基準法), 労働省設置
③教育の自由主義化……軍国主義教育の停止, 教育基本法, 学校教育法(六・三・三・四制)
④圧政的諸制度の廃止…秘密警察などの廃止
⑤経済機構の民主化……財閥解体, 農地改革

非軍事化・民主化の遂行

極東国際軍事裁判(1946〜1948) ← GHQ, 戦争犯罪人逮捕(1945, 9)

- A級戦犯28名起訴 ➡ 7名絞首刑(こうしゅけい)(1948, 執行(しっこう))
- B級・C級戦犯
- 天皇の戦争責任は追及せず。

政治犯釈放, 特高警察・治安維持法廃止(1945, 10〜11)

天皇の人間宣言(1946, 1) 史料24

軍国主義者の公職追放令(1946, 1)

復員, 引揚げ, 軍需産業の禁止。

第65回

民主化と日本国憲法

1 労働組合の助長と教育の民主化

本編解説 p.212 ~ 216 参照

労働三法

労働組合法制定(1945, 12)

- 労働者に団結権・団体交渉権・争議(そうぎ)権(ストライキ権)を保障。

労働関係調整法制定(1946, 9)

- 公益事業の争議行為を制限。

労働基準法制定(1947, 4)

- 8時間(週48時間)労働制など。
- 工場法は廃止。

＊**労働省**設置(1947, 9)

教育改革

＊教育の**国家統制排除**

- **軍国主義教育の停止**(1945)…GHQ, 修身・日本歴史・地理の授業停止を指令。
  アメリカ教育使節団来日(1946)
- **教育基本法制定**(1947)…教育の基本理念を規定。 史料25
- **学校教育法制定**(1947)…新学制を6・3・3・4制とする, 義務教育9年。
- **教育委員会設置**(1948)…教育委員の公選制 ➡任命制(1956)
- **教育勅語廃止**(1948)…衆参両院, 教育勅語の失効を確認。

2 財閥解体

本編解説 p.217 ~ 219 参照

財閥解体

15財閥の資産凍結指令(1945)

持株(もちかぶ)会社整理委員会を設置(1946)

- 83社を持株会社に指定 ➡43社を解体。

●財閥所有株式の処分…**株式の民主化**。

独占禁止法制定(1947)

●持株会社・トラスト・カルテルを禁止。

●**公正取引委員会**設置。

過度経済力集中排除法制定(1947)

●各産業部門の巨大独占企業を分割。

● 325 社が対象 ➡分割 11 社

結果

●銀行は解体されず ➡**企業集団**形成，占領政策の転換により不徹底。

●独占禁止法改正(1949)，**過度経済力集中排除法廃止**(1955)

3 農地改革

本編解説 p.220 ~ 223 参照

寄生地主制の解体

＊改革推進機関として市町村に**農地委員会**設置

第 1 次農地改革(1946, 2 ~)

●農地調整法改正により実施 ➡不徹底として GHQ の勧告。

第 2 次農地改革(1947, 3 ~ 1950)

自作農創設特別措置法制定，農地調整法再改正。

内容

●**農地委員会**の構成…地主 3：自作農 2：小作農 5

●不在地主の小作地所有を認めず。

●在村地主の小作地所有限度は内地 1 町歩，北海道 4 町歩。

●国家が小作地を強制買収し，小作人に優先的に売却。

●小作料は**金納**…最高限度は田 25%，畑 15%

成果…寄生地主制解体 ➡自作農増大，小作農激減。

限界…山林原野は解放されず，水利権民主化されず。

農地改革の要点

	第 1 次	第 2 次
法的根拠	農地調整法改正	農地調整法再改正 自作農創設特別措置法
小作地保有限度 (不在地主)	保有を認めず	
(在村地主)	5 町歩	内地 1 町歩 北海道 4 町歩
自小作地保有限度	規定なし	内地 3 町歩 北海道 12 町歩
譲渡方法	地主・小作人間の協議	国家による強制買収 →小作人に売却
小作料	金納(小作人の希望で物納も可)	金納：最高限度 { 田 25% 畑 15%
農地委員会	地主　自作農　小作農 5 : 5 : 5	地主　自作農　小作農 3 : 2 : 5

4　日本国憲法

本編解説 p.224 ～ 229 参照

日本国憲法の制定経過

- マッカーサー，改憲を示唆(しさ)。
- 幣原(しではら)内閣，**憲法問題調査委員会**(委員長松本烝治(じょうじ)国務相)設置。
- 民間の憲法構想…憲法研究会(高野岩三郎ら)
  「憲法草案要綱」…大統領制，主権在民，立憲君主制
- 松本委員会の改正案 ➡ GHQ 改正案(マッカーサー草案)提示
  ➡幣原内閣，政府原案発表 ➡吉田茂内閣継承
  ➡改正草案を帝国議会で審議・修正可決。
- 日本国憲法**公布**(1946，11，3)
- 日本国憲法**施行**(しこう)(1947，5，3)

日本国憲法の特徴

- **国民主権**（主権在民）
  …天皇は「日本国の象徴であり日本国民統合の象徴」。
  国会は国権の最高機関，衆議院と参議院，**衆議院の優越**。
- **戦争放棄**…戦力不保持，平和主義
- **基本的人権の尊重**
  …思想・信条・結社・学問等の自由，生存権・労働基本権の保障。

諸制度の改革

家族制度改革

- **民法改正**（1947）…戸主権廃止，男女・夫婦・兄弟の平等。

地方制度改革

- 地方自治法制定（1947）…首長公選，リコール制

警察の民主化

- 警察法公布（1947）…自治体警察と国家地方警察，公安委員会創設。

司法制度改革

- 刑法改正（1947）…不敬罪・大逆罪・姦通罪廃止。
- 刑事訴訟法改正（1948）
- 裁判制度の民主化…**最高裁判所裁判官国民審査制度**（裁判官弾劾制度）

日本国憲法

第1条〔天皇の地位・国民主権〕 天皇は，日本国の**象徴**であり日本国民統合の**象徴**であって，この地位は，主権の存する日本国民の総意に基く。

第9条〔戦争の放棄，戦力の不保持，交戦権の否認〕

① 日本国民は，正義と秩序を基調とする国際平和を誠実に希求し，国権の発動たる**戦争**と，**武力による威嚇又は武力の行使**は，国際紛争を解決する手段としては，永久にこれを放棄する。

② 前項の目的を達するため，**陸海空軍その他の戦力は，これを保持しない**。国の**交戦権**は，これを認めない。

第11条〔基本的人権の享有〕 国民は，すべての**基本的人権**の享有を妨げられない。この憲法が国民に保障する**基本的人権**は，侵すことのできない永久の権利として，現在及び将来の国民に与へられる。

第41条〔国会の地位〕 国会は，**国権の最高機関**であって，国の**唯一の立法機関**である。

第42条〔国会の両院制〕国会は，**衆議院**及び**参議院**の両議院でこれを構成する。

第60条〔予算の衆議院先議，衆議院の優越〕

第61条〔条約の国会承認，衆議院の優越〕

第65条〔行政権と内閣〕行政権は，内閣に属する。

第66条〔内閣の組織，国務大臣の資格，国会に対する連帯責任〕

① 内閣は，法律の定めるところにより，その首長たる内閣総理大臣及びその他の国務大臣でこれを組織する。

② 内閣総理大臣その他の国務大臣は，**文民**でなければならない。

③ 内閣は，行政権の行使について，**国会に対し連帯して責任**を負ふ。

第67条〔内閣総理大臣の指名，衆議院の優越〕① 内閣総理大臣は，**国会議員**の中から**国会の議決**で，これを指名する。この指名は，他のすべての案件に先だって，これを行ふ。

第68条〔国務大臣の任命・罷免〕

① 内閣総理大臣は，**国務大臣を任命**する。但し，その過半数は，国会議員の中から選ばれなければならない。

② 内閣総理大臣は，任意の**国務大臣を罷免**することができる。

第96条〔改正〕

① この憲法の改正は，各議院の総議員の**3分の2以上の賛成**で，**国会**が，これを発議し，国民に提案してその承認を経なければならない。この承認には，特別の**国民投票**又は国会の定める選挙の際行はれる投票において，その**過半数の賛成**を必要とする。

② 憲法改正について前項の承認を経たときは，天皇は，国民の名で，この憲法と一体を成すものとして，直ちにこれを公布する。

第66回

政党政治の復活・経済の再建

1 政党政治の復活

本編解説 p.231 ～ 237 参照

政党の再建

● ┌日本自由党(総裁鳩山一郎)…旧**立憲政友会**系，非推薦(翼賛選挙)
　 └日本進歩党(総裁町田忠治)…旧**立憲民政党**系，推薦(翼賛選挙)
● 日本社会党(書記長片山哲)…旧**無産政党**系
● 日本共産党(書記長徳田球一)…初めて合法政党となる。
● 日本協同党(委員長山本実彦)…協同組合主義，労資協調。

政党政治の復活

東久邇宮稔彦内閣

● 「一億総ざんげ」，「国体の護持」
● 人権指令 ➡総辞職

幣原喜重郎内閣

● 衆議院議員選挙法改正(1945, 12)
● 婦人(女性)参政権(20 歳以上)，大選挙区
● **金融緊急措置令**(1946, 2)
● **戦後初の総選挙実施**(1946, 4)
…婦人(女性)参政権を実現，
女性議員 39 人当選，
第一党日本自由党（自 140，進 94，社 92，
協 14，共 5）
● 幣原内閣総辞職(1946, 4)
● 自由党総裁鳩山一郎公職追放…以後，1 か月の政治的空白。

新選挙法による選挙

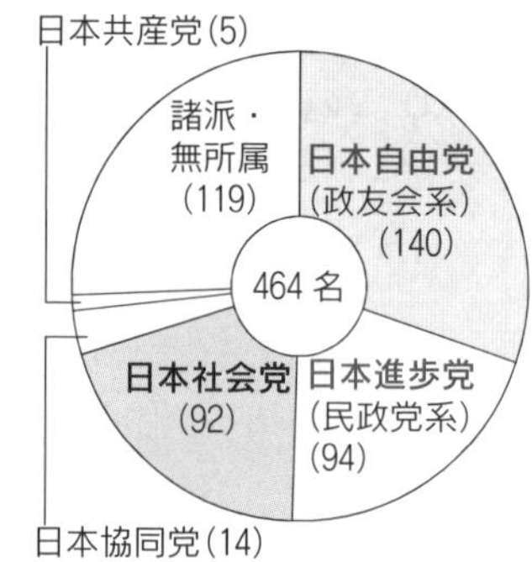

(1946 年 4 月)

第 1 次吉田茂内閣(1946, 6 ～)

＊政党内閣復活

● 農地改革，財閥解体
● 二・一ゼネスト ➡中止
● 日本国憲法公布・施行

新憲法下，初の選挙

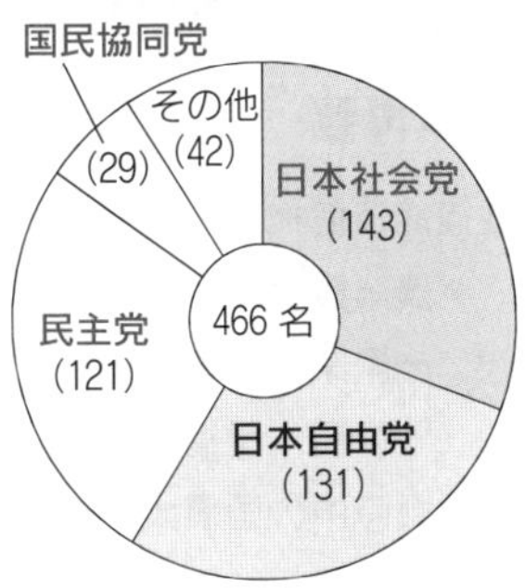

(1947 年 4 月)

- 新憲法にもとづく初の総選挙(1947, 4)
  …第一党**日本社会党**
  (社 143・自 131・民主 121・国協 29)

片山哲(てつ)内閣(1947, 5 ～)

＊社会党の片山哲が首相。

- 日本社会党・民主党・国民協同党の連立内閣。
- 経済復興政策をめぐり社会党の内部対立(左派の攻撃)

芦田均(あしだひとし)内閣(1948, 3 ～)

＊民主党の芦田均が首相。

- 同じく日本社会党・民主党・国民協同党の 3 党連立。
- **昭和電工事件**…内閣総辞職，前首相芦田均も逮捕。

第 2 次吉田茂内閣(1948, 10 ～)

＊少数与党の民主自由党内閣

- 内閣不信任案可決 ➡国会解散 ➡総選挙(1949, 1)
- 民主自由党初めて単独過半数獲得(264/466)
  ➡民主 69・社会 48・共産 35・国協 14

第 3 次吉田茂内閣(1949, 2 ～)

＊安定与党を擁(よう)した長期政権(民主自由党→自由党)

- ドッジ=ライン
- **朝鮮戦争勃発**(1950)
- **サンフランシスコ講和会議**(1951)

第 4 次吉田茂内閣(1952, 10 ～)

第 5 次吉田茂内閣(1953, 5 ～)

2 国内経済の再建

本編解説 p.238 ～ 243 参照

経済再建

戦後経済危機

- 農業資材・畜力・肥料不足と戦災による国土荒廃(こうはい)。

┌農業生産低下┐
└復員・引揚げ┘➡食糧不足

- 戦時中の国債大量発行，日本銀行券増発，預金増加 ➡破局的なインフレ
- 物不足・物価高騰(こうとう)が家計を直撃。

金融緊急措置令公布(1946, 2)

- 幣原喜重郎内閣…預金封鎖(ふうさ)，新円切替，払戻し制限 ➡効果は一時的。

傾斜生産方式

- 第１次吉田茂内閣，経済安定本部を設置し，**傾斜生産方式**を決定。
  ➡**石炭業**と**鉄鋼業**に資金資財を集中。
- **復興金融金庫**の融資，補給金支給 ➡復金インフレ
- 片山哲内閣で本格的に推進…石炭業の国家管理問題。
- 芦田均内閣…**昭和電工事件**

労働運動・社会運動の発展

労働組合の全国組織結成

┌**日本労働組合総同盟**(**総同盟**：1946)…右派(社会党系)
└**全日本産業別労働組合会議**(**産別会議**：1946)…左派(共産党系)

農民運動再開…日本農民組合(1946)

部落解放運動再開…部落解放全国委員会(1946)

メーデー復活(1946, 5：第 17 回メーデー) …食糧メーデー

二・一ゼネスト…官公庁労働者を中心に計画 ➡ GHQ，中止指令(1947, 1, 31)

政令 201 号(1948, 7)

- 国家公務員法改正(1948, 11) …公務員のストライキ禁止，人事院設置。

戦後の政党変遷(1993年まで)

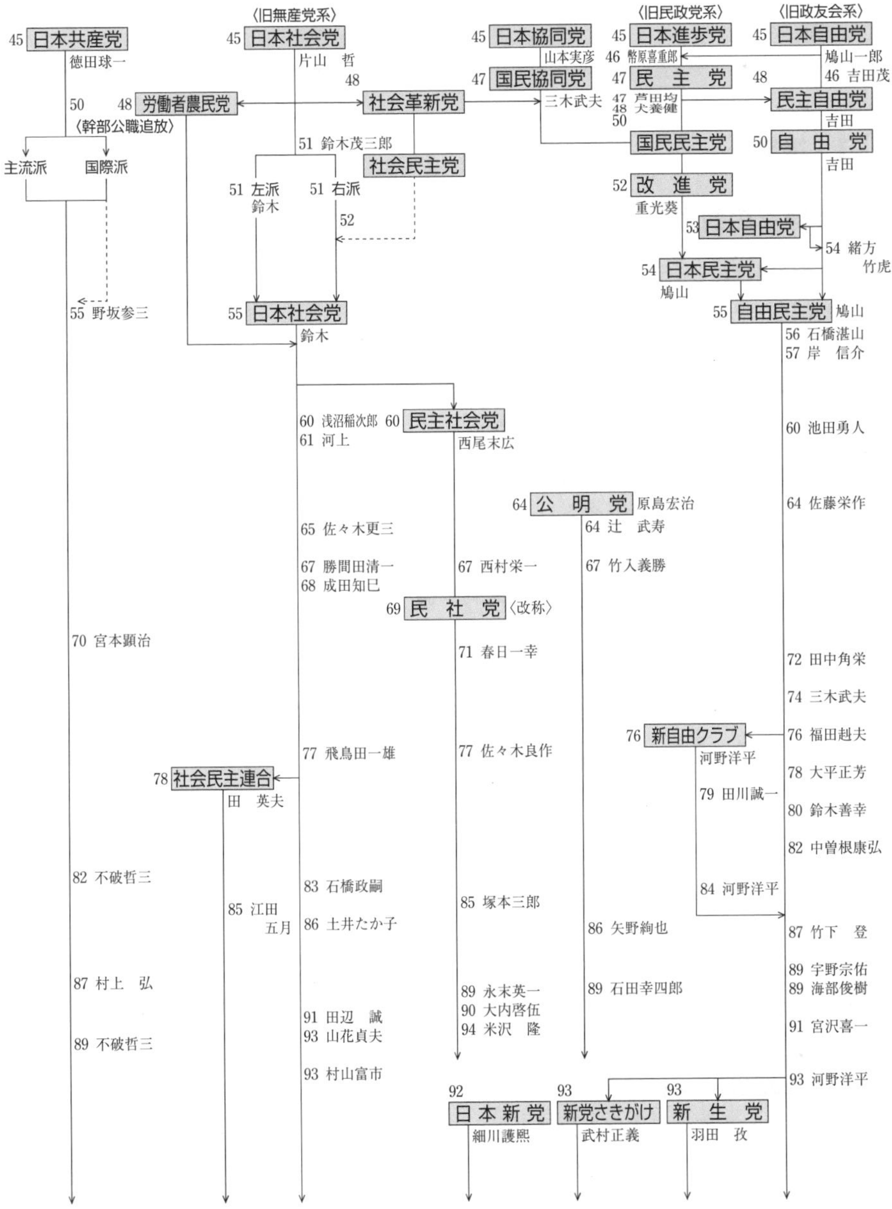

第67回 冷戦・朝鮮戦争・講和

1 冷戦

本編解説 p.245 ～ 251 参照

二大陣営の対立

国際連合発足(1945)

- 集団安全保障体制
- 安全保障理事会…米・英・仏・ソ・中五大国が**拒否権**。

冷戦(冷たい戦争)

- 西側…アメリカ中心の資本主義陣営
- 東側…ソ連中心の社会主義陣営

- **西側**
  - トルーマン=ドクトリン(1947，表明)
  - マーシャル=プラン(1947，公表)
  - NATO(1949，北大西洋条約機構)
- **東側**
  - コミンフォルム(1947)
  - ワルシャワ条約機構(1955，友好協力相互援助条約)
- 朝鮮分裂…**大韓民国**(だいかんみんこく)と**朝鮮民主主義人民共和国**の成立(1948)
- 中国革命…**中華人民共和国**の成立(1949)
  - ➡蔣介石の国民党政権，中華民国は台湾へ。

占領政策転換

- ロイヤル米陸軍長官の演説(1948)
  - …日本を「反共の防壁，極東の兵器廠(へいきしょう)」とする。

日本経済の自立

経済安定九原則(1948, 12)

- **予算の均衡**(きんこう)・**徴税強化**・賃金安定・物価統制・輸出増加など９項目。
- インフレ克服…日本経済自立のためのデフレ政策。

ドッジ=ライン

- ドッジ(デトロイト銀行頭取)…超均衡予算を指導。
- **単一為替レート設定**…1 ドル＝ **360 円**

- 公務員・国鉄の人員整理強行。

シャウプ税制改革

- **シャウプ**(コロンビア大学教授)…税制改革を指導。
- 所得税中心主義

深刻な不況(安定恐慌・ドッジ=デフレ)

- 中小企業倒産，失業者増大。
- 労働運動激化…下山《しもやま》事件(1949, 7)・三鷹《みたか》事件(1949, 7)・松川《まつかわ》事件(1949, 8)

2　朝鮮戦争

本編解説 p.252 ～ 255 参照

朝鮮戦争の勃発

朝鮮戦争(1950, 6 ～ 1953, 7)

┌**大韓民国**(李承晩《イスンマン》)…アメリカを中心とする国連軍
└**朝鮮民主主義人民共和国**(金日成《キムイルソン》)…中国人民義勇軍

- 休戦協定(1953, 7 板門店)…北緯 38 度線

国内への影響

- 共産党幹部**公職追放**(1950, 6) ➡レッド=パージ(1950, 9)
- 日本労働組合総評議会(総評)結成(1950, 7)
- 警察予備隊の創設(1950, 8)
- 戦争協力者の**公職追放を解除**(1950, 10)
- アメリカ，対日講和を急ぐ ➡ダレス米国務省顧問来日。

朝鮮特需

特需景気

- 日本は米軍の出撃基地・補給廠《ほきゅうしょう》。
- 米軍の特需，輸出増加 ➡ドッジ=ラインによる不況から脱《だっ》す。
- 鉱工業生産，戦前水準(1934 ～ 1936 基準)を上回る(1951)

国際経済への復帰

- IMF(**国際通貨基金**)加盟(1952)
- IBRD(**世界銀行**)加盟(1952)
- GATT 加盟(1955)

3 サンフランシスコ平和条約

本編解説 p.256 ~ 263 参照

サンフランシスコ講和

単独(片面)講和…第 3 次吉田茂内閣，全面講和の要求を無視。

サンフランシスコ講和会議

＊日本全権…吉田茂ら(52 カ国が参加，日本と 48 カ国が調印)

- ソ連・ポーランド・チェコスロヴァキアは出席したが調印拒否。
- インド・ビルマ・ユーゴスラヴィアは会議に出席せず。
- 中華人民共和国・中華民国は招かれず。

サンフランシスコ平和条約 史料 26

- **調印**(1951，9，8)…発効(1952，4，28) ➡日本の独立
- **内容**
  - 朝鮮の独立を承認。
  - 台湾・澎湖(ほうこ)諸島の権利を放棄，千島(ちしま)列島および南樺太(からふと)を放棄。
  - 沖縄および小笠原(おがさわら)をアメリカの信託統治下に置くことに同意。

日米安全保障条約(1951，9，8) 史料 27

- 米軍の駐留(ちゅうりゅう)を認め，基地を貸与(たいよ)。
- **日米行政協定**(1952，2)…細目(さいもく)を規定，駐留費の一部を日本が負担。

アジア諸国との関係回復

- 日華平和条約(1952)，日印平和条約(1952)，日ビルマ平和条約(1954)
- 賠償協定…フィリピン・インドネシア・ビルマ・南ベトナム

逆コース

再軍備

- 警察予備隊を**保安隊**に改組(かいそ)，海上警備隊(1952)
- **MSA 協定**(日米相互防衛援助協定)締結(1954)
- **自衛隊設置**…陸海空の 3 軍，防衛庁設置(1954)

治安体制強化

- 血のメーデー事件 ➡**破壊活動防止法**制定(1952)
- 新警察法公布(1954)…自治体(じちたい)警察・国家地方警察を廃止。

教育の国家統制強化

- 教育二法公布(1954)…教職員の政治活動規制。
- 新教育委員会法公布(1956)…教育委員の**任命制**。

米軍基地反対闘争

- 内灘(うちなだ)事件(石川県)・砂川事件(東京都)など。

原水爆禁止運動

- **第五福竜丸事件**(1954)
- 第1回**原水爆禁止世界大会**(1955 広島)

第68回

55年体制・安保体制

1 55年体制

本編解説 p.265～270 参照

55年体制

鳩山一郎内閣(1954, 12～)

- 少数党の**日本民主党**内閣。
- 自主憲法制定・日ソ国交回復の方針。
- 総選挙(1955)…野党, 改憲阻止(そし)に必要な議席(定数の3分の1)獲得。

社会党再統一

- 講和条約に対する態度で分裂していた左派・右派社会党再統一(1955, 10)

保守合同

- 日本民主党と自由党合同 ➡**自由民主党**(1955, 11)

日ソ共同宣言に調印(1956, 10)…日ソ国交回復 史料28

国際連合加盟実現(1956, 12)

➡**鳩山一郎内閣退陣** ➡石橋湛山(いしばしたんざん)内閣(1956, 12～) ➡首相病気退陣

国際情勢の展開(1950～1960年代)

平和共存への動き…「雪どけ」

- 朝鮮休戦協定成立(1953)
- **平和五原則**確認(1954)…インドのネルー首相と中国の周恩来(しゅうおんらい)首相。
- 第1回**アジア=アフリカ会議**(1955, バンドン会議)
- **ジュネーヴ四巨頭会談**(1955)…米・英・仏・ソ4国の首脳。

核軍縮

- **部分的核実験禁止条約**(1963)…米・英・ソ調印, 中・仏参加せず。

多極化

- 中ソ対立(1963～)　● EC発足(1967)…西ヨーロッパ

ベトナム戦争

- 米の支援でベトナム共和国(南ベトナム)成立(1955)
- 南ベトナム解放民族戦線結成(1960) ➡内乱
- アメリカによる**北爆**本格化(1965) ➡在日米軍基地は後方基地となる。

2 安保体制

本編解説 p.271 ～ 281 参照

岸信介内閣～佐藤栄作内閣

岸信介内閣(1957, 2 ～)

- **軍備増強**…第 1 次防衛力整備計画(1958 ～ 1960)
- **安保闘争**…内閣，日米安全保障条約の改定を策(さく)す。
  警察官職務執行法(警職法(けいしょくほう))改正に失敗。
  安保改定阻止国民会議を中心に反対運動。
  アイゼンハワー米大統領の訪日中止。
  衆議院，新安保を強行採決 ➡参議院審議せず
  ➡条約自然成立(1960)

日米相互協力及び安全保障条約(1960，新安保条約)　史料 29

- 日本・在日米軍基地攻撃への共同行動。
- 防衛力増強義務，日米経済協力強化。
- 条約固定期限 **10 年**，自動延長。
- **日米地位協定**(1960)…細目(さいもく)を規定。

池田勇人(はやと)内閣(1960, 7 ～)…「寛容(かんよう)と忍耐(にんたい)」をスローガン。

- **所得倍増計画**発表 ➡高度経済成長
- **農業基本法**公布(1961)
- LT 貿易(日中準政府間貿易)開始(1962)
- 東海道新幹線開通，東京オリンピック開催(1964)
- 開放経済体制へ移行…貿易・資本の自由化。

佐藤栄作内閣(1964, 11 ～)…長期政権

- **日韓基本条約**締結(1965)　史料 30
- 小笠原(おがさわら)返還協定締結(1968, 4) ➡ 1968, 6 実現
- 日米安全保障条約自動延長(1970)
- **沖縄返還協定**調印(1971, 6) ➡ 1972, 5 実現，米軍基地残存。

保守政権の継続

田中角栄(かくえい)内閣(1972, 7 ～)

- **日中共同声明**調印(1972) ➡日中国交正常化　史料 31
- 「日本列島改造論」を唱(とな)えて内需拡大 ➡地価高騰(こうとう)
- 円の変動相場制移行，第 1 次石油危機
- 金脈問題で退陣。

三木武夫内閣(1974, 12 ～)

- ロッキード事件(1976) ➡田中角栄逮捕，有罪判決
- 新自由クラブ結成(1976 → 1986 解党)…河野洋平(こうのようへい)
- 総選挙(1976, 12)で自民党敗北 ➡「保革伯仲(ほかくはくちゅう)」
- 防衛費…GNP1％枠設定。

福田赳夫(たけお)内閣(1976, 12 ～)

- 日中平和友好条約締結(1978)

大平正芳(おおひらまさよし)内閣(1978, 12 ～)

- 衆議院選挙で自民党惨敗(ざんぱい)(1979)…安定多数を確保できず。
- 第 2 次石油危機(1979)
- 元号法(げんごう)(1979)
- 大平首相急死 ➡衆参同日選挙で自民党圧勝(1980)

鈴木善幸内閣(1980, 7 ～)…第 2 次臨時行政調査会発足(1981)

世界情勢の転換(1970 年代)

アメリカの地位低下

- 国連の中国代表権交代(1971)…台湾政府(中華民国)から
  中華人民共和国へ。
- 米大統領ニクソン訪中(1972)…米中和解
- 米軍のベトナム撤退(1973) ➡ベトナム戦争終結(1975)

国際的経済危機

- 第 4 次中東戦争開始(1973) ➡**第 1 次石油危機**
- 第 1 回先進国首脳会議(サミット)…パリで開催。
- イラン革命(1978 ～ 1979) ➡**第 2 次石油危機**

米ソ対立の再激化

- ソ連のアフガニスタン侵攻(1979) ➡アメリカ，対ソ経済制裁。

第69回 高度経済成長

1 高度経済成長

本編解説 p.283 ~ 293 参照

高度経済成長の条件

- 外国技術導入による技術革新。
- 民間企業の設備投資…「投資が投資を呼ぶ」
- 石炭から石油へのエネルギー転換(エネルギー革命)
  - ➡三井三池炭鉱争議(1960)
- 1ドル=360円の固定為替レート。

経済組織への加盟

①1952年…IMF加盟・IBRD加盟
②1955年…GATT加盟
③1963年…GATT11条国
④1964年…IMF8条国・OECD加盟

1950年代の日本経済

- 日本輸出銀行・日本開発銀行(1950)
- 企業合理化促進法(1952)
- 電源開発株式会社(1952)
- 地域別9電力体制

朝鮮休戦協定(1953) ➡特需景気後退。

高度経済成長の開始(1955 ~ 1959)

- GNP,戦前水準突破(1955)
- 「**もはや戦後ではない**」(1956年版「経済白書」)
  - **神武**(じんむ)**景気**(1955 ~ 1957,32カ月)
  - 鍋底(なべぞこ)不況(1957 ~ 1958)
  - **岩戸**(いわと)**景気**(1959 ~ 1961,42カ月)

日本的経営…終身雇用，年功序列，労資協調

企業集団…六大企業集団(三井・三菱・住友・富士・三和・第一勧銀)

労働運動の激化

- **春闘**(1955 ～)…総評の主導，労働組合の春の一斉(いっせい)賃上げ闘争。

1960 年代の日本経済

所得倍増計画(1960)…池田内閣

開放経済体制への移行…貿易と資本の自由化。

- **GATT11 条国への移行**(1963)…国際収支を理由とした輸入制限を行えない。
- **IMF8 条国への移行**(1964)…国際収支を理由とした為替管理を行えない。
- **OECD 加盟**(1964)

オリンピック景気(1963 ～ 1964)

昭和 40 年不況(1964 ～ 1965)…赤字国債発行。

いざなぎ景気(1966 ～ 1970，57 カ月)…高度成長の第 2 期。

- 重化学工業中心の成長…素材型産業の大型投資。
- 企業の大型合併…新日本製鉄(1970)
- 重化学工業製品の輸出拡大…国際収支黒字化。
- **ベトナム特需**
- **資本主義世界で GNP 第 2 位**(1968)

①戦後〜1960年代の経済の動向

1944(年) **ブレトン・ウッズ協定**（1944，金1オンス=35ドルのドル金本位制）

(昭20)1945　ガリオア資金（〜51）

46　金融緊急措置令　**IBRD業務開始・IMF 創立**

47　独占禁止法

48　経済安定九原則　**GATT 発足**

49　ドッジ・ライン，シャウプ税制，単一為替レート
└→1ドル=360円（固定相場制）
エロア資金（〜51）

50　朝鮮戦争　日本輸出銀行・日本開発銀行　【特需】

51　**サンフランシスコ平和条約調印**　★**鉱工業生産が戦前水準に**

52　**IMF 加盟**・**IBRD加盟**　企業合理化促進法

53

54　MSA 協定

(昭30)55　**GATT 加盟**，春闘方式，日米原子力協定，米の大豊作　【神武】

56　造船量世界第1位　★**経済白書「もはや戦後ではない」**

57　茨城県東海村原子力研究所で原子炉運転開始

58　**ヨーロッパ経済共同体（EEC）発足**《ナベ底不況》

59　【岩戸】

60　「所得倍増」計画，三井三池炭鉱争議

61　農業基本法

62　日中準政府間貿易（LT 貿易），新産業都市建設促進法　【オリンピック】

63　**GATT 11条国**

64　東海道新幹線，東京オリンピック
IMF 8条国，**OECD 加盟**，ケネディ・ラウンド（〜67）

（55〜64：第1次高度経済成長）（55〜63：エネルギー転換）

(昭40)65　名神高速道路　**米，北爆開始**《40年不況》

66　赤字国債

67　公害対策基本法　**ヨーロッパ共同体（EC）結成**　【いざなぎ】

68　★**GNP 世界第2位（資本主義国）**

69

70　減反政策　★**第2種兼業農家が50%に達する**

（66〜70：第2次高度経済成長）

②高度経済成長から低成長へ

	71	環境庁 金・ドル交換停止(ニクソン＝ショック)円切上げ→１ドル=308円(スミソニアン協定)		
	72			
	73	第１次石油危機，円変動相場制，東京ラウンド（〜79）		
	74	★マイナス成長	高加工度産業	円高不況 貿易黒字問題
（昭50）	75	第１回サミット（先進国首脳会議），山陽新幹線開通		
	76	キングストン体制（78，発効）		
	77	１ドル=290〜170円，200海里漁業専管水域		
	78			
	79	第２次石油危機		
	80	イラン・イラク戦争		
	81			
	82	東北・上越新幹線開通		
	⋮			
（昭60）	85	五カ国蔵相会議（G 5）・プラザ合意→円高進行（一時は120円） 電電公社・専売公社民営化（NTT・JT），男女雇用機会均等法		
	86	ウルグアイ・ラウンド（新多角的貿易交渉）		
	87	国鉄分割民営化（JR）	産業の空洞化	バブル経済
	88	消費税法案国会通過　青函トンネル・瀬戸大橋		
（平元）	89	実施　日米構造協議(〜90)		
	90	ドイツ統一		
	91	湾岸戦争　★バブル崩壊		
	92			
	93	環境基本法，ヨーロッパ連合(EU)，決着：コメ市場の部分的開放		
	94			
	95	阪神淡路大震災，住専問題，WTO（世界貿易機構）		
	⋮			

★日米経済摩擦

60年代（繊維）→70年代前半（鉄鋼・テレビ）→70年代後半（工作機械・自動車）→80年代（半導体・農産物）

2 農村の過疎化と公害問題

本編解説 p.294 ～ 298 参照

農業の立ちおくれ

1950 年代

- 豊作が連年続く。
- 生産力の発達…農業機械導入，防虫・除草剤や肥料の多投入。

1960 年代

- 農業基本法公布(1961)…農業の構造改革。
- 高度成長の進展にともなう工農格差顕在化(けんざいか) ➡農業所得停滞 ➡機械化貧乏
- 農家労働力の流出…兼業化の進展，三ちゃん農業。
- 減反(げんたん)政策(1970 ～)…食糧自給率の低下。
- 農村の過疎化。

国民生活の変化

消費革命

- 1960 年代…「**三種の神器**」(電気洗濯機・白黒テレビ・電気冷蔵庫)普及。
- 1970 年代…「**3C**」(カー・カラーテレビ・クーラー)普及。

公害の発生・深刻化

- **四大公害裁判**
  - イタイイタイ病・新潟水俣病
  - 四日市ぜんそく・水俣病
- 政府の対策
  - 公害対策基本法制定(1967)
  - 環境庁創設(1971)

部落差別…部落解放同盟(1955)，同和対策事業特別措置法(1969)

高度経済成長の負の側面

- 大都市への人口集中 ➡農村の過疎化，交通渋滞の発生。
- 住宅難によるスプロール化。
- 高等教育の大衆化 ➡受験戦争，三無主義

第70回 55年体制の崩壊と昭和・平成の文化

1 高度経済成長の終焉

本編解説 p.300 ～ 303 参照

＊低成長・安定成長時代

ドル危機（1971）

- ニクソン米大統領，「新経済政策」発表（1971，8）…**金とドルの交換停止。**
- **スミソニアン協定**…円切り上げ，1ドル＝308円（1971，12）
- 円の変動相場制移行（**1973**）

石油危機（1973）

- 第4次中東戦争 ➡ OAPEC（オアペック）石油供給制限 ➡石油価格高騰（こうとう）
- 「狂乱（きょうらん）物価」

マイナス成長…経済成長率，戦後初めて**マイナス**を記録（**1974**）

輸出振興…貿易摩擦（まさつ），円高問題

2 55年体制の崩壊

本編解説 p.304 ～ 309 参照

冷戦の終結と激動する世界

- 中距離核戦力（INF）全廃条約締結（1987）…米・ソ首脳会談
- 東欧諸国が社会主義圏から離脱（1989）
- ベルリンの壁崩壊（1989）➡**東西ドイツの統一**（1990）
- イラクのクウェート侵攻（1990）➡湾岸戦争（1991）
- ソ連共産党の崩壊（1991）➡**ソ連邦の解体**（1991）

国内政治動向

中曽根康弘（なかそねやすひろ）内閣（1982，11 ～）…「戦後政治の総決算」

- 国営企業の分割民営化…電電公社（NTT）・専売公社（JT）・国鉄（JR）
- 臨時教育審議会設置（1984）
- 対アメリカ貿易黒字巨額化 ➡日米貿易摩擦
- 防衛費，GNP1％枠突破。

竹下登内閣(1987, 11 ～)

- **消費税**実施，3% (1989)…シャウプ税制改革以来の税制改革。
- 昭和天皇没 ➡平成改元(1989, 1)
- **リクルート事件**(1988) ➡内閣退陣

宇野宗佑内閣(1989, 6 ～)

- 参議院選挙で自民党敗北，与野党逆転。

海部俊樹内閣(1989, 8 ～)

- **湾岸戦争**支援…90億ドルの資金協力，自衛隊掃海部隊派遣。
- ソ連邦崩壊

宮沢喜一内閣(1991, 11 ～)

- PKO協力法成立(1992)…自衛隊のカンボジア派遣(1992)
- **「バブル経済」崩壊**
- 宮沢内閣不信任案可決 ➡衆議院解散 ➡自民党単独過半数を割る(1993)

細川護熙内閣(1993, 8 ～)

- 38年ぶりに**非自民党政権**成立。
- 小選挙区比例代表並立制。

羽田孜内閣(1994, 4 ～)…少数与党内閣

村山富市内閣(1994, 6 ～)…社会党・新党さきがけ・自民党の3党連立内閣。

橋本龍太郎内閣(1996, 1 ～)…アイヌ文化振興法，平成不況，参院選敗北。

小渕恵三内閣(1998, 7 ～)…新ガイドライン関連法，国旗・国歌法。

森喜朗内閣(2000, 4 ～)…九州・沖縄サミット

小泉純一郎内閣(2001, 4 ～)…テロ対策特別措置法，郵政民営化法

安倍晋三内閣(第1次，2006, 9 ～)…教育基本法改正

福田康夫内閣(2007, 9 ～)

麻生太郎内閣(2008, 9 ～)…衆議院選挙で自民党大敗。

鳩山由紀夫内閣(2009, 9 ～)

- 民主党・社会民主党(2010, 5連立離脱)・国民新党の連立内閣。

菅直人内閣(2010, 6 ～)

- 民主党・国民新党の連立内閣。
- **東日本大震災・東京電力福島第一原子力発電所事故**(2011, 3, 11)

野田佳彦内閣(2011, 8 ～)

安倍晋三内閣(第2次～，2012, 12 ～)

菅義偉内閣(2020, 9 ～)

岸田文雄内閣(2021, 10 ～)

3 現代の課題

本編解説 p.310 ～ 311 参照

● 人口の減少・少子高齢化社会　● 地球の温暖化と生態系の破壊
● エネルギー問題　● 情報化社会

4 昭和・平成の文化

本編解説 p.312 ～ 316 参照

戦時下の文化

● マルクス主義の弾圧 ➡転向(てんこう) ➡「転向文学」
● プロレタリア文学の衰退(すいたい)。
● 伝統文化の尊重と回帰(かいき)…雑誌『日本浪曼派』
● 島崎藤村(しまざきとうそん)『夜明け前』，谷崎潤一郎(たにざきじゅんいちろう)『細雪(ささめゆき)』
● 日中戦争期…火野葦平(ひのあしへい)『麦と兵隊』などの「戦争文学」。
　石川達三(たつぞう)『生きてゐる兵隊』は発禁。

占領期の文化

● **価値観の大転換**。　● **アメリカ文化**の急激な流入。
● **マス・メディア**の発達…1953 年からテレビ放送開始。
● **大衆文化**の開花。

学問の新展開

● 歴史学……登呂(とろ)遺跡発掘調査(1947 ～ 1952)
● 社会科学…丸山真男(まさお)(政治学)，大塚久雄(ひさお)(経済史学)，川島武宜(かわしまたけよし)(法社会学)
● 自然科学…**湯川秀樹(ゆかわひでき)**(物理学) ➡日本初の**ノーベル賞**受賞(1949)

ノーベル賞受賞者

1949 年…**湯川秀樹(ゆかわひでき)**(物理学賞)
1965 年…**朝永振一郎(ともながしんいちろう)**(物理学賞)
1968 年…**川端康成(かわばたやすなり)**(文学賞)
1973 年…**江崎玲於奈(えざきれおな)**(物理学賞)
1974 年…**佐藤栄作(さとうえいさく)**(平和賞)
1981 年…**福井謙一(ふくいけんいち)**(化学賞)
1987 年…**利根川進(とねがわすすむ)**(医学・生理学賞)
1994 年…**大江健三郎(おおえけんざぶろう)**(文学賞)
2000 年…**白川英樹(しらかわひでき)**(化学賞)
2001 年…**野依良治(のよりりょうじ)**(化学賞)
2002 年…**小柴昌俊(こしばまさとし)**(物理学賞)
　田中耕一(こういち)(化学賞)

文化行政

- 日本学術会議(1949)
- 文化財保護法(1950) ⬅法隆寺金堂壁画焼損(1949)
- 文化庁設置(1968)

芸術・芸能

- 戦後文学…野間宏・太宰治・三島由紀夫ら。
- 映画…黒澤明「羅生門」(1950)，溝口健二「西鶴一代女」(1952)
- 歌謡曲の流行…「リンゴの唄」(並木路子・霧島昇)，美空ひばり

独立～高度経済成長期

- 1953 年…テレビ放送開始。
- 1960 年…カラーテレビ放送。
- 少年向けの漫画週刊誌。
- 手塚治虫『鉄腕アトム』(1952 ～ 1968)
- 純文学…三島由紀夫・大江健三郎・高橋和巳
- 中間小説…社会派推理小説・松本清張，歴史小説・司馬遼太郎
- 1964 年…〈第 18 回〉**オリンピック東京大会(第 1 回)**
  アジアで最初のオリンピック，91 カ国が参加。
- 1970 年…(大阪)**日本万国博覧会**
- 2021 年…〈第 32 回〉**オリンピック東京大会(第 2 回)**

戦後の文学作品

坂口安吾……『白痴』(1946)
太宰治………『斜陽』(1947)
大岡昇平……『俘虜記』(1948)
谷崎潤一郎…『細雪』(1948)
三島由紀夫…『仮面の告白』(1949)
峠三吉………『原爆詩集』(1951)
野間宏………『真空地帯』(1952)
石原慎太郎…『太陽の季節』(1955)
井上靖………『天平の甍』(1957)
松本清張……『点と線』(1958)

MEMO

MEMO

MEMO

LIVE